李兵——编著

中华传统家教家风

习训齐家

中华书局

图书在版编目(CIP)数据

习训齐家:中华传统家教家风/李兵编著. —北京:中华书局,
2020.11(2025.4重印)
ISBN 978-7-101-14337-9

Ⅰ.习… Ⅱ.李… Ⅲ.①家庭教育-中国②家庭道德-中国
Ⅳ.①G78②B823.1

中国版本图书馆 CIP 数据核字(2019)第 293031 号

书　　　名	习训齐家:中华传统家教家风
编 著 者	李　兵
责任编辑	胡正娟
封面设计	毛　淳
责任印制	管　斌
出版发行	中华书局
	(北京市丰台区太平桥西里 38 号　100073)
	http://www.zhbc.com.cn
	E-mail:zhbc@zhbc.com.cn
印　　　刷	北京新华印刷有限公司
版　　　次	2020 年 11 月第 1 版
	2025 年 4 月第 5 次印刷
规　　　格	开本/880×1230 毫米　1/32
	印张 12¼　插页 2　字数 260 千字
印　　　数	26001-28000 册
国际书号	ISBN 978-7-101-14337-9
定　　　价	48.00 元

目　录

绪　论

☆《大学》：古之欲明德于天下者，先治其国；欲治其国者，先齐其家；欲齐其家者，先修其身；欲修其身者，先正其心；欲正其心者，先诚其意；欲诚其意者，先致其知。致知在格物。

☆《孟子》：天下之本在国，国之本在家，家之本在身。

一、家与家教

一个家庭的精神风貌是社会和国家风气的缩影，家庭成员能够友好相处，家庭才能够和谐发展，国之大家才能风清气正。而一个家庭的良性发展，家教家风是其中一条充满正能量的精神纽带。家教家风作为规范家庭道德、维护家庭秩序的伦理道德文化，潜移默化于人们成长的每一个发展阶段。它不仅引导着家庭成员的成长、成才，有助于维护幸福和谐的家庭生活，而且对良好的社会、国家风气的形成有直接的推动作用。

家是家教家风的载体。"家"在中国人心目中确实有着非常特殊的地位。每逢过节，尤其是春节，大家都会不约而同地想到"家"，想着要回家，所谓"有钱没钱，回家过年"。无论火车票多难买，或者提前抢票，或者从票贩子手里高价买，"我要坐火车回家"；无论路上车有多少，无论怎么堵，"我要开车回家"；无论机票有没有折扣，无论航班怎么延误，"我要乘飞机回家"；在广东、福建等地打工的人，组成"铁骑大军"，载着妻儿骑行数百、上千公里，"我要回家"。"回家"与家人团聚，在春节期间成为比什么都重要的头等大事。

"家"字与猪相关。猪是人类最早驯养的动物之一，它对于人类生活生产都具有重要作用。"家"的甲骨文是𤋮，这个字以"猪"作为重要部件，是用屋内一只猪来会意。家的金文一共有五个字形，前两个是𤘫𤘪，字形中所展示的"猪"非常形象，后面三个是𤘨𤙐𤘾，与前两个字的区别在于屋内的"豕"的样子，尤其是后两个字形已经和后来的小篆的𤙇很相似了，"猪"写作"豕"。小篆以此为基础进行了调整，"家"由"宀"和"豕"构成。隶书和小篆的结构是一致的，只是笔画有所变化而已。

由于"家"是个会意字，通过两个部件的意思相加，我们大致可以知道"家"字意思的来源了。"家"的本义，《说文解字》："家"，"居也，从宀，豭省声"。这个解释侧重表明家的功用，即"家"是用来居住的地方。与其他的牲畜相比较，猪是一种可以在家圈养的动物，不需要像牛、羊一样放养，因此更能体现家的本质用途。《玉篇》则认为："家，人所居，通曰家。"由于居住在同一个空间的人，通常是有亲缘关系的，因此"家"又引申为家庭，这是"家"最为普遍的意思了，例如"家和万事兴""家人""家书""家政""家教"等的"家"都是家庭的意思。

家之所以有着独特的地位，是与儒家文化中关于个人、家庭（族）、国家、天下的思想密切相关的。儒家经典《大学》中有一段经典的表述：

古之欲明明德于天下者，先治其国；欲治其国者，先齐其家；欲齐其家者，先修其身；欲修其身者，先正其心；欲正其心者，先诚其意；欲诚其意者，先致其知。致知在格物。

在这段话中，"治其国"中的"治"是"使国家安定"，后面的"齐""修""正"的用法都跟这个"治"相同，都有"使……"的意思。"正其心"中的"心"是指"主宰人的行为的思想"。"诚其意"中的"诚"是"使……充实"；"意"，"形成心的本原"。"致知"，"推究知识的极致"。"格物"，"探究事物的本原"。

"古之欲明明德于天下者，先治其国"，古代有想要明了各种事物发展变化本原道理的人，就要先使他的国家安定。"欲治其国者，先齐其家"，要想使国家安定，就要先使他自己的家庭、家族有秩序，即管理好自己的家庭、家族。"欲齐其家者，先修其身"，要使他自己的家庭、家族有秩序，管理好家庭、家族，就要先提高自身的修养。"欲修其身者，先正其心"，要提高自身的修养，就要先端正主宰自己行为的思想。"欲正其心者，先诚其意"，要端正主宰自己行为的思想，就先要充实这种思想的本原因素，使它专一于善而不自欺。"欲诚其意者，先致其知。致知在格物"，要充实这种思想的本原因素，就要先获得知识；要获得知识，就要先探索事物发展变化的道理。

这里所说的格物、致知、诚意、正心、修身、齐家、治国、平天下，就是后世所称的《大学》"八条目"。"八条目"的中心环节是修身，格物、致知是修身的外部途径，诚意、正心是修身的内在前提，齐家、治国、平天下是修身更高层次的自我实现。在"八条目"中，齐家和修身上连国家、天下，下连着每一个个体，或者说是家庭成员。对于这一点，孟子的论述非常清楚，"天下之本在国，国之本在家，家之本在身"（《孟子·离娄上》）。在孟子等儒家学者看来，人的管理能力、教育能力首先是在家庭中培养起来的，一个人只有通过提高自身素质，才能齐家（包括教育子女）；只有通过齐家，才能提高教育和管理的能力，进而妥善处理与社会其他人员的关系，从而具备治国的能力。因此，孟子等儒家学者认为治家教子是实现治国、平天下的前提条件。儒家学者还认为人的道德素质首先是在家庭中形成的，只有在家庭中接受正确的教育，养成良好的道德品质，才能成为符合儒家道德要求的社会成员。正如孔子所说："其为人也孝弟，而好犯上者，鲜矣；不好犯上，而好作乱者，未之有也。"（《论语·学而》）

很显然，包括孔子、孟子在内的儒家学者将个人、家庭、社会看作密切关联的大系统，将家庭教育视为个体成长的最基础的教育。因此，在中国传统文化中，家庭教育有着极其重要的地位。正如人类学家李亦园在《人类的视野》中所说："家庭是社会和人群最基本的单位，家庭中子女的培养与教育，对于整个民族文化有非常深远的影响。从社会学和人类学的观点来看，家庭其实就是基础文化养成之地。"

"家庭教育"是一个极常见的名词。《辞海》（第六版）的释义是："父母或其他年长者在家庭中对儿童和青少年进行的教育。"与家庭教育直接相关的名词是"家教"。"家教"一词除了有"家庭教育"这一层意思之外，还有"旧时对儿童的启蒙读物"和"家庭教师的简称"两个释义，但后两者并不常用，我们现在一般把"家教"视为"家庭教育"的简称。

二、家风与家训

"家风"是与"家""家庭""家族""家教"等密切相关的、耳熟能详的一个名词。《辞海》（第六版）中"家风"一词的释义是："一个家庭或家族的传统风尚。"当家风逐渐形成之后，其影响就不仅仅局限在一个家庭、家族内部，也与社会、政治、经济、文化息息相关。

"家风"一词，最早见于西晋著名文学家潘岳的作品中。潘岳（247—300），即潘安，荥阳中牟（今河南中牟）人。他被誉为"古代第一美男"，受到女性追捧，《世说新语》记："妇人遇者，莫不连手共萦之。"用我们现在的话来说，就是说他有很多女性粉丝，这些粉丝都非常狂热地想跟他握手、击掌，可见对他的迷恋程度。《世说新语》记：潘岳有个好朋友叫夏侯湛，人长得英俊潇洒，而且喜欢与潘岳同行，时人称为"连璧"。夏侯湛不但长相出众，而且自恃文才超群，将《诗经》中有目无文的六篇"笙诗"补缀成《周诗》，拿给潘岳看。潘岳认为这些诗篇不仅温文尔雅，而且还可以从中看到诗人们的孝悌本性。为与夏侯湛唱和，潘岳写了《家风诗》，自述家族风尚：

> 绾发绾发，发亦鬑止。日祗日祗，敬亦慎止。靡专靡有，受之父母。鸣鹤匪和，析薪弗荷。隐忧孔疚，我堂靡构。义方既训，家道颖颖。岂敢荒宁，一日三省。

"义方"，"做人的正道"。"家道颖颖"，"家世显赫、家风纯正的样子"。在这首诗中，潘岳虽然并没有具体描述自己的家世，但是通过歌颂自己家族的家教，赞美了自己的家风，并以此自我激励。

两晋以后，"家风"一词逐渐流行，尤其在北朝，使用更加普遍。《三国志》卷二四《魏书·韩暨传》裴松之注："自暨已下，世治素业，寿能敦尚家风，性尤忠厚。"《后汉书》卷五四《杨修传》李贤等注引《华峤书》："东京杨氏、袁氏，累世宰相，为汉名族。然袁氏车马衣服极为奢僭，能守家风，为世所贵，不及杨氏也。"《魏书》卷四〇《陆俟传》："陆俟威略智器有过人者。馛识干明厉，不替家风。"《北齐书》卷四二《崔劼传》载：崔劼"少而清虚寡欲，好学有家风"。《周书》卷三八《李昶传》载："昶年十数岁，为《明堂赋》。虽优洽未足，而才制可观，见者咸曰'有家风矣'。"

与"家风"互用的还有"门风"一词。"门风"在文献中也多次出现，比如《魏书》卷三八《刁雍传》记："(刁雍)子连城，为冀州开府掾。刁氏世有荣禄，而门风不甚修洁，为时所鄙。"在被奉为"古今家训之祖"的《颜氏家训》中，"家风"和"门风"两词都出现了。颜之推在《颜氏家训·序致第一》中说："吾家风教，素为整密。"这就是说，我们颜家的门风、家教，一向是严肃缜密的。

北京师范大学徐勇教授认为，我们可以将家风理解为家庭的风气，将它看作是一个家庭的传统，是一个家庭的文化。如同一个人有气质、一个国家有性格一样，一个家庭在长期的延续过程中，也会形成自己独特的风习和风貌。这样一种看不见的精神风貌、摸不着的风尚习气，以一种隐性的形态，存在于特定家庭的日常生活之中，家庭成员的一举手、一投足，无不体现出这样一种习性，这就是家风。（参见徐梓《家风的意蕴》，《寻根》2014年第3期）

家风作为一个特定家庭、家族的传统与风尚，是这个家庭、家族长时期汰选、沉淀的结果，是一辈又一辈人生活的结晶。那么家风需要多少代才能形成呢？我们可以借用美国学者爱德华·希尔斯在《论传统》中关于"传统"形成时间的阐述来界定家风形成的时间。他说：

> 如果一种信仰在形成后立刻被摒弃，如果其创始人或倡导者提出或身体力行这种信仰，但却没有人接受它，那么它就显然不是传统。如果一种信仰或惯例"流行"了起来，然而仅存活了很短的时间，那么，它也不能成为传统，虽然在其核心部分包含了作为传统本质的延传范型，即从倡导者到接受者这样的过程。它至少要持续三代人——无论长短——才能成为传统。

家风也应该是这样。作为特定家庭、家族的传统风尚，也是该家庭、家族至少经历了三代以上才有可能逐渐形成的。

如果说家教是在家庭、家族生活中对家庭、家族成员涵养的日常教育与教化，那么家风则是经历了三代以上的教育与教化的结果。家风一旦形成，又反过来可以成为教育与教化家庭、家族子弟的资源。因此，我认为家风与家教是相互影响、密不可分的。

"家训"是与家教、家风直接相关的一个名词。家教是对家庭、家族成员的教育与教化，家风是对家庭、家族成员长期教育与教化所形成的传统风尚，家训是开展家庭、家族教育的教科书或者文本文献。"家训"一词，《辞海》（第六版）有两个释义。其一是："父母对子弟的训导。"其二是："父祖为子孙写的训导之辞。"现在一般使用后一种释义，即认为家训是某一特定家庭、家族中父祖辈对子孙辈，或兄辈对弟辈，或丈夫对妻子所做的训导言辞。家训的内容既可以是父祖辈、兄辈、丈夫等人自己制定的，也可以是他们沿用、选取家庭、家族上辈的遗言，或者家族的族规、族训、俗训，甚至乡约等。家训包括口头家训和书面家训两种形式，现存的古代家训一般是书面家训。

"家训"一词很早就出现了。据《后汉书》卷八〇《边让传》载，东汉时期的蔡邕（133—192），也就是才女蔡文姬的父亲，在向何进推荐边让时就说："窃见令史陈留边让，天授逸才，聪明贤智。髫龀夙孤，不尽家训。"《华阳国志》卷一一《后贤志·常宽传》中也有这样的记载："时蜀郡太守巴西黄容亦好述作，著《家训》《梁州巴纪姓族》《左传钞》，凡数十篇。"我国家教史上最著名的家训专著、被后人称之为"古今家训之祖"的《颜氏家训》所用的正是"家训"这一名称。此后，南宋赵鼎《家训笔录》、陆游《放翁家训》、叶梦得《石林家训》等均以"家训"命名。至明清时期，以家训为名的著作更是数以百计，比如有霍韬《霍渭厓家训》、高攀龙《家训》、孙奇逢《孝友堂家训》等。

在中国家庭教育史上，家训有多种不同的名称或者表现形式。比如"家范"，著名的有北宋史学家司马光所撰《司马温公家范》（《温公家范》）、南宋吕祖谦所著《家范》等。再比如"家诫"，有三国时期王昶《家诫》、王肃《家诫》、嵇康《家诫》等。此外，还有"家书"，早期的家书往往是家庭、家族的长辈针对具体的人、具体的事，对子弟所作的训诫或规范，一般以"训子书""诫子书""与子书"之类的名称出现，比如刘向《诫子歆书》、马援《诫兄子严敦书》、诸葛亮《诫子书》《诫外生书》、王昶《诫子浑深书》等。此后，很多名人虽然没有特意写出家训或家范之类的著作，但是他们的后代子孙或门生等，摘录其家书中的内容编撰成以"家训"命名的著作。比如，清末广为流传的湖南传忠书局刊行的二卷本《曾文正公家训》，即是后人从曾国藩保存下来的一千五百多封家书中，选编一百二十封家书而成的，其中一百一十六封是写给儿子曾纪泽和曾纪鸿的，两封是写给夫人欧阳氏的，一封是写给丹阁十叔的，一封是写给其弟曾国荃的儿子曾纪瑞的。民国十四年（1925），上海共和书局刊行了清朝胡林翼、左宗棠、彭玉麟和李鸿章等十大名人家书，这些家书大多可以归入家训之列。在所有家训中，家书是涉及面最广、数量最多的。

除了以上这些与家训相近似的典型名词之外，"家规""家仪""训子诗""宗规""祠规""家约""乡约""格言""遗令""遗记""遗敕""遗书""遗命""遗诫（戒）""终制""顾命""遗言""迪训"等都属于家训。

三、齐家与治国

党的十八大以来，党中央高度重视家教家风的传承与建设，习近平同志多次就家教家风发表重要讲话和指示。2015年春节团拜会上，习近平总书记发表重要讲话，特别阐述了重视家庭、家教、家风的意义，他说："家庭是社会的基本细胞，是人生的第一所学校。不论时代发生多大变化，不论生活格局发生多大变化，我们都要重视家庭建设，注重家庭、注重家教、注重家风，紧密结合培育和弘扬社会主义核心价值观，发扬光大中华民族传统家庭美德。"

从2016年开始实行的《中国共产党廉洁自律准则》第八条明确要求，党员领导干部要"廉洁齐家，自觉带头树立良好家风"。同年10月，十八届六中全会审议通过《关于新形势下党内政治生活的若干准则》，其中要求："领导干部特别是高级干部必须注重家庭、家教、家风，教育管理好亲属和身边工作人员。""禁止利用职权或影响力为家属亲友谋求特殊照顾，禁止领导干部家属亲友插手领导干部职权范围内的工作、插手人事安排。"《中国共产党党内监督条例》第十四条规定：中央政治局委员要"带头树立良好家风，加强对亲属和身边工作人员的教育和约束，严格要求配偶、子女及其配偶不得违规经商办企业，不得违规任职、兼职取酬"。

对领导干部来说，家教家风关系的不仅是一身之进退、一家之荣辱，更关系到党风、政风、国风。对身居领导岗位、握有权力的官员来说，败坏的家风往往成为牵引其自身及亲属走向牢狱的绳索。根据中央纪委、监察部网站公布的数据，从2015年2月13日至12月31日，中央纪委共发布34份部级及以上领导干部纪律处分通报，其中有21份违纪涉及亲属、家属，比例高近62%。家风坏，腐败现，"家风败坏往往是领导干部走向严重违纪违法的重要原因"，习近平同志的这句话直指要害，也更加突显出了加强家教家风对于加强党风廉政建设的重要现实意义。

随着社会的飞速发展，现在的家庭结构、家庭关系都发生了显著的变化，这种变化使得重视家教家风显得尤其有必要。中国传统社会中的四世同堂、五世同堂逐渐被三口之家、四口之家所代替，家庭结构呈现小型化、单一化趋势，家庭成员的地位也发生了明显的变化，孩子无可避免地成了家庭的中心，受到了极大的呵护，这使得古代在大家族内传承的、针对多子多孙的家教逐渐失去了原有的约束力。爷爷奶奶、外公外婆、爸爸妈妈等长辈往往把所有的爱都倾注在孩子身上，无意识地培养出了大量的"小公主""小皇帝"。在这种家庭氛围中成长起来的孩子往往过分重视自己的感受，片面要求享受自己的权利。因此，有必要加强家庭教育，尤其需要让为人父母的家长了解、掌握基本的家教知识和理论，进而提升家长的素质，提高育人的水平，这一点得到了党和政府的高度重视。2015年10月，教育部发布《教育部关于加强家庭教育工作的指导意见》，明确要求"不断加强家庭教育工作，进一步明确家长在家庭教育中的主体责任，充分发挥学校在家庭教育中的重要作用，加快形成家庭教育社会支持网络"。2018年9月10日召开的全国教育大会上，习近平同志再次强调家教的重要性："家庭是人生的第一所学校，家长是孩子的第一任老师，要给孩子讲好'人生第一课'，帮助扣好人生第一粒扣子。教育、妇联等部门要统筹协调社会资源支持服务家庭教育。"

回望中华五千余年文明发展史，在漫长的历史长河中，有识之士在开展家庭教育中积累的经验，以及其逐渐形成的家风，虽历经沧桑变迁，但其内容仍然保持着一定的合理性。这些内容依然能为当下家庭教育的开展提供理论支撑。因此，通过解读历代家训、名人的家教言论与事迹，深入挖掘中华传统家教思想，淬炼中华传统家教思想中的精华，其理论价值和现实意义都十分明显。

先秦家教家风

☆周公：然我一沐三捉发，一饭三吐哺，起以待士，犹恐失天下之贤人。子之鲁，慎无以国骄人。

☆孔子：不学《诗》，无以言。……不学《礼》，无以立。

☆孟子：古者易子而教之，父子之间不责善。责善则离，离则不祥莫大焉。

先秦是我国家教的萌芽时期，上自帝王、下至普通士大夫家庭都开展家教，而且家教的效果比较明显。不少在中国历史上有重要影响的先秦人物都曾经接受过良好的家教。这一时期的家教思想是在家教实践中提出的，尽管比较零散，但为后世的家教开展提供了实践的范例和理论的基础。

一、周文王母亲太任的胎教

在礼乐文明得到发展的背景下，西周的家庭教育也有了突破性的发展，出现了胎教、帝王家教、贵族家教，后世的家教形式在这一时期基本形成了。

胎教是教育孩子的第一步。《辞海》（第六版）关于胎教的释义是："孕妇加强自身的调养和修养，给胎儿以良好影响。"从西周时期开始，有的统治者和士大夫高度重视胎教。《大戴礼记·保傅》记："胎教之道，书之玉板，藏之金匮，置之宗庙，以为后世戒。""玉板"即"玉版"，是古代用来刻字的玉片，也泛指珍贵的典籍。"金匮"也写作"金柜"，古代用以收藏文献或文物的柜子。"宗庙"是帝王或者诸侯祭祀祖先的场所。胎教的理论被记录在玉片之上，藏在专门用来收藏珍贵典籍的金柜之中，被放置在帝王或者诸侯祭祀的场所，以此显示胎教所受到的重视程度。与先秦时期就重视胎教不同，西方科学界直到20世纪50年代才普遍肯定胎教对胎儿乃至儿童智力的发展是有着重要意义的。

西周最著名的胎教实践者是周文王的母亲太任。她是有史料记载的开展胎教的第一位母亲。刘向《古列女传》载：

> 太任之性，端一诚庄，惟德之行。及其有娠，目不视恶色，耳不听淫声，口不出敖言，能以胎教。溲于豕牢而生文王。文王生而明圣，太任教之以一而识百。君子谓太任为能胎教。

太任在怀周文王的时候，非常重视胎教的作用。她在怀孕期间，不看不高雅的东西，不听淫逸无礼的声音，不讲傲慢自大的言语，言行端庄、得体。虽然她是在猪圈生下周文王的，但是周文王从生下来就表现出非同一般的智慧。太任教他一件事，他就能够联想到其他几件事，用现在的话来说，周文王有发散性思维，能举一反三，最后成为中国历史上的一代明君。有人认为，周文王之所以有如此的成就，与他母亲太任的胎教做得好是密不可分的。

二、周公教伯禽治鲁

除了胎教，西周的帝王家教也非常突出，周文王和周武王都曾经对子孙进行训诫。周文王担心后祀不保，就把自己的儿子姬发（即后来的周武王）叫来，作了一番训诫，现存的文书后世将其命名为《诏太子发》，其内容主要是要求周武王体察民情、领会民意、顺应民心、恭敬慎重、谨守勿失等，要做一位圣明的君主。

如果从文献记载的真实性角度而言，周公对儿子伯禽的训诫应该是最早而又可信的。周公姓姬，名旦，是周文王之子。因采邑在周（今陕西岐山北），所以称"周公"。周武王死后，由于成王年幼，因此由他摄政。在摄政期间，他出师东征平叛，营建洛邑（今河南洛阳），制礼作乐，建立典章制度，功勋卓著。周武王灭商之后，大封同姓功臣，周公被封到曲阜，建立了鲁国，然而因朝中政务繁忙，走不开，周公便派儿子伯禽前往。

伯禽称"禽父"，是周文王姬昌之孙，周公旦的长子，周武王姬发的侄儿，周代鲁国的第一任国君。由于当时伯禽还非常年轻，缺乏治世经验，所以在临行前，周公教其治世之道。为使教育的针对性更强，周公曾与伯禽的老师进行了交流，了解到伯禽"为人宽，好自用"——为人比较宽厚，但是也很自负，看不起其他人。除此之外，周公还了解到伯禽不善于与有知识、有学问的士人交朋友。

对伯禽的情况有了比较全面的了解之后，周公有针对性地对他进行教育。周公教育伯禽，为政之道要文武相济，缺一不可。他说：

> 夫有文无武，无以威下；有武无文，民畏不亲；文武俱行，威德乃成。既成威德，民亲以服。清白上通，巧佞下塞。

谏者得进，忠信乃畜。(《说苑·君道》)

周公教育伯禽要善于用人之长。他说：

君子力如牛，不与牛争力；走如马，不与马争走；知如士，不与士争知。(《荀子·尧问》)

对于人才，周公教育伯禽不能求全责备，大臣"故旧无大故，则不弃也。无求备于一人"(《论语·微子》)。在对待士人的态度方面，周公要求伯禽谦虚谨慎，礼贤下士。他说：

我文王之子，武王之弟，成王之叔父，我于天下亦不贱矣。然我一沐三捉发，一饭三吐哺，起以待士，犹恐失天下之贤人。子之鲁，慎无以国骄人。(《史记·鲁周公世家第三》)

周公说自己是文王之子、武王之弟，成王之叔父，自己的地位已经不低了，甚至可以说是一人之下万人之上了。但在接待贤能之士时，从不怠慢他们。每次遇到有贤能之士来访，哪怕是自己在洗头、在吃饭，他都不会让这些贤能之士等待。他经常洗一次头要多次握起头发，吃一顿饭要多次停止，以便及时接见接待贤能之士。即使这样做，他还担心失去天下贤能之士的信任。周公以自己为例，教育伯禽到鲁国之后，一定要礼贤下士，千万不要因有国土而骄慢于人。后来曹操《短歌行》中"周公吐哺，天下归心"就是来自这个典故，激励着中华儿女永远保持谦虚谨慎的美德。

周公教伯禽为政以谦，礼贤下士，为世人所传诵。作为鲁国的第一任国君，伯禽在位期间，曾经率军督师于费（今山东费县北），进攻淮夷、徐戎，坚持以周礼治国，使鲁国政治、经济、文化出现新局面，享有"礼仪之邦"的美誉。

三、《礼记》教子女行为规范

《礼记》是古代学者在研习、传授《仪礼》的过程中所撰写的解释经文、发挥义理，以及作补充说明的若干文章的汇编，是我国古代一部重要的典章制度书籍，也是儒家的重要经典著作之一。

《礼记》的"记"就是指对"经"作解释、阐发的文章，近似于经传的"传"。《礼记》从先秦时期流传下来，有《大戴礼记》和《小戴礼记》两种。《大戴礼记》又名《大戴礼》《大戴记》，相传出自西汉末年礼学家戴德（世称"大戴"）之手，共八十五篇。《小戴礼记》又名《小戴记》，据传为孔子的七十二弟子及其学生们所作，为戴德之侄戴圣所编，共四十九篇。由于有汉末著名学者郑玄为其作注，因此《小戴礼记》在后世流传很广，现在一般说到《礼记》，指的就是《小戴礼记》。目前通行的《十三经注疏》中的《礼记正义》就是郑玄作注、唐代孔颖达作疏的《小戴礼记》。

《礼记》的《内则》《曲礼》两篇对于家庭教育有诸多精辟的论述。《内则》对孩子教育程序作了比较细致的要求："子能食食，教以右手。能言，男'唯'女'俞'。"等小孩会自己吃饭了，就要教他使用右手。孩子会说话了，就要教他们学习答话，男孩回答用"唯"，女孩回答用"俞"。一般来说"唯"声比较直接，"俞"声比较婉转。这是要求家教要尽早开始，从儿童能自己吃饭、说话开始，就要培养正确的饮食和言语习惯。并且强调家教的时候，对于男孩和女孩要实行差异化的教育，语言和衣饰要符合男女不同的性别特点，男孩的应答要恭敬，女孩则要柔顺。应该说，《礼记》确立了我国古代以"能言能食"作为家教起点的传统。

《内则》说："六年，教之数与方名。七年，男女不同席，不共食。""数"，数字。"方名"，方位名称。从六岁开始，父母要开始教孩子文化知识，要教他们数数和辨别方位等。从七岁起，要男女异处，不让他（她）们在一起吃饭。

《内则》又指出："八年，出入门户及即席饮食，必后长者，始教之让。九年，教之数日。"等孩子到了八岁，在日常生活中，父母要教育孩子懂得尊老敬长、礼貌谦让。到了九岁，父母就要教孩子学会以干支记日子等基本生活常识。

《内则》又要求："十年，出就外傅，居宿于外，学书计；衣不帛襦袴；礼帅初，朝夕学幼仪，请肄简、谅。""外傅"字面意思是"外面的师傅"，实际是指外出求学，这是先秦时期贵族子弟学习生活的一部分。这句话的意思是说，等孩子到了十岁，父母就要把他们送到外地（一般是官办学校）去学习，学习写字和算术。他们此时穿的短袄和套裤都不需要用丝帛来做，目的是防止孩子有奢侈之心。同时，父母要教育孩子的行动不但要遵循以前所学的礼节，而且早晚都还要学习所应当遵守的礼节仪法，不能有丝毫的懈怠。

《礼记》提出，女孩子的家教从一开始就应该与男孩有所不同，尤其是到十岁以后就应当完全不同。《内则》记："女子十年不出，姆教婉娩听从。"等女孩子到了十岁，就要足不出户，只能在家里由女性老师教她言语柔顺、行为端庄等内容，即所谓的"女德""女容"。此外，女孩子还要学习"执麻枲，治丝茧，织纴组紃，学女事，以共衣服。观于祭祀，纳酒浆、笾豆、菹醢，礼相助奠"。从《内则》的要求来看，女孩子在家庭学习的不是文化知识，而是生活技能，比如绩麻、纺织等女性的工作。"共"是个通假字，通"供"。父母要让女孩子学会理麻、缫丝、纺织丝帛等，目的是长大以后织布缝衣。除此之外，父母还要让女孩观看祭祀仪式，把酒、浆、笾、豆、菹、醢一一装好，按照礼节帮助长者安置祭品，目的是把女孩子培养成未来的"贤妻良母"。应该说，这是在一家一户自然经济条件下，男耕女织，"男主外女主内"的观念在家教中的反映。

在《内则》之外，《曲礼》对于家庭教育中的道德教育也有非常明确的要求。比如提出要教育孩子孝敬父母，并且提出了具体的要求：

首先，要教育孩子在力所能及的范围内，精心侍奉、照顾父母，尽量让父母心情愉悦。比如《曲礼》说："冬温而夏清，昏定而晨省。"冬天要让父母感到温暖，夏天要让父母感到清凉，晚上要让他们能安睡，早上起床以后要去问安。

其次，要教育孩子听从父母吩咐，并且尊重父母的朋友。《曲礼》记："见父之执，不谓之进，不敢进；不谓之退，不敢退；不问，不敢对。此孝子之行也。""执"是指志趣相投的朋友。孩子去拜见父亲志同道合的同事、朋友时，应当遵循父子之礼。如果主人不邀请，就不要进到房子里面；如果主人不说可以退下，就不要轻易地告辞离开；如果主人不主动问话，就不要随便讲话，这才是孝子应有的行为。

第三，要教育孩子出入有常，不让父母担惊受怕。《曲礼》说："夫为人子者，出必告，反必面；所游必有常，所习必有业，恒言不称老。""出"就是外出，"反"就是回家。应该教育孩子，每次离家外出，一定要把详细情况告诉父母，以免父母担忧；回来以后，一定要先去拜见父母，这样既可以知道父母身体是否安康，也能宽慰父母的挂念之情。要教育孩子一旦外出游学，一定要告诉父母自己游学的大致方向、地方；如果外出学习，要把去哪里学习，学习情况一一向父母报告。这些都是父母很想知道的，他们只有知道了这些具体内容，心里才会有底，也就不会担心和牵挂了，自然也就能安心了。《内则》还教育孩子，平时也不可以说自己老了，因为父母听到儿子都说老了，就会感觉到自己所剩的日子不多，必然会有些伤感，这也是不孝的表现。

第四，应当教育孩子在孝敬父母的同时，还必须尊敬老师和长辈。《曲礼》记："父召，无'诺'；先生召，无'诺'；'唯'而起。"应答父亲的召唤，不能说"诺"；应答老师的召唤，也不能说"诺"，都必须说"唯"，因为"唯"比"诺"显得恭敬一些。这也就是说，教育孩子应该像对待父亲一样对待老师。《内则》说：

先生书策、琴瑟在前，坐而迁之，戒勿越。虚坐尽后，食坐尽前。坐必安，执尔颜。长者不及，毋儳言。正尔容，听必恭。毋剿说，毋雷同。必则古昔，称先王。

如果老师的书、琴、瑟等挡住了自己前进的路，就要跪下来把它们搬开，千万不要从上面跨越过去。平时的坐姿，要尽量靠近坐席的后沿，以表示谦虚。一定要效法古代的法则，称颂先王。

《曲礼》还要求在日常生活中要尊敬长辈。家长要教育孩子在吃饭的时候，尽可能往前坐，以防止吃饭的时候弄脏坐席。坐的时候一定要安稳，并且始终保持庄重的表情。跟长辈谈话的时候，他们没有提及的事，不要随便插嘴打断。跟别人交谈的时候，要神情端庄。要恭恭敬敬地听他们讲话。一定不要把别人的见解说成是自己的，更不能没有主见，人云亦云。跟长辈讲话，一定要以历史事实为根据，也可引述先王的话作为依据。

第五，《曲礼》还教育孩子在与人交往的时候一定要懂礼仪。

将适舍，求毋固。将上堂，声必扬。户外有二屦，言闻则入，言不闻则不入。将入户，视必下。入户奉扃，视瞻毋回；户开亦开，户阖亦阖；有后入者，阖而勿遂。毋践屦，毋踏席，抠衣趋隅。必慎唯诺。

"适舍"就是到别人家去。"求毋固"，向主人索取或者借用东西时，不能坚持一定要某一件东西。"将上堂，声必扬"，去别人家拜访时，进门前要先打招呼。"户外有二屦，言闻则入，不闻则不入"，如果去别人家拜访时，看见人家门外有两双鞋子，就知道他们家有客人在，他们可能是在谈私事，一定要得到主人的允许才能进去。"将入户，视必下。入户奉扃，视瞻毋回"，到别人家去拜访时，进门之后，视线一定要朝下看，既不要偷窥人家的隐私，也不要东张西望。进门之后要做出用双手关门的样子，以表示恭敬姿态。"有后入者，阖而勿遂"，如果后面还有人跟着进来，就不要马上关门。进门以后，必须小心谨慎，不要踩别人的鞋，不与之前进入的人抢位子，小心翼翼地提着衣服走到屋子的边上坐定。当时的礼俗重男女之别，所以做客时也应注意"男女不杂坐""不亲授"等。

总的来看，《礼记》的家教思想虽有男尊女卑的时代烙印，但其所提出的家教程序适应儿童身心发展的特点，尤其是依据儿童的性别不同进行不同的教育，是非常值得我们现在的家庭教育借鉴的。

四、《周易》论男女的家庭角色

《周易》是儒家的重要经典之一，它原为古代算卦的筮书，相传为周朝人所作，因此叫《周易》。学术界一般称为《易经》，简称为《易》。《周易》内容包括"经""传"两部分。"经"由六十四个用象征符号的"卦画"，与所附解说的"卦辞""爻辞"构成。据传卦辞是周文王被殷纣王囚禁在羑里时，推演六十四卦，发愤而作。"传"是解释"经"的，有《象传（上、下）》《象传（上、下）》《系辞传（上、下）》《文言传》《说卦传》《序卦传》《杂卦传》十篇，因此称为"十翼"。旧传"十翼"为孔子所作，但是近人多认为这是东周、秦汉时期作品，并非出自一时一人之手。

《周易》的第三十七卦是《家人》卦。《家人》卦是离下巽上，外卦的"九五"与内卦的"六二"都得正，象征男人主外，女人主内，各守正道，所以名为《家人》。

《家人》卦把家庭教育和治理国家联系在一起，不仅阐明了家庭教育

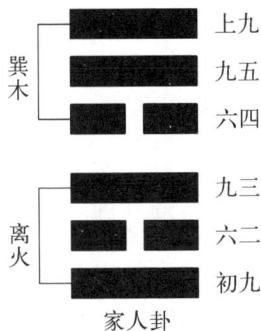

家人卦

与国家、社会的关系，同时也说明了家庭教育的重要性，认为实施家庭教育的关键在于良好家风的培养，并提出以严为主、以宽为辅的家教方法。

《家人》卦的"家人"是指家长、父母。由于古代的家与国是同构的，家就是小国，国就是大家，因此从大家的角度而言，帝王也是家长。

在家庭教育方面，《家人》卦突出"严"字。"九三"的爻辞是："家人嗃嗃，悔厉，吉。妇子嘻嘻，终吝。""嗃嗃"，严厉的样子。"嘻嘻"，不严肃的样子。作为一家之主，如果家教过于严厉，难免会有后悔的情形，甚至会产生极为恶劣的后果，但是总体来说结果应该是吉利的。相反，如果放纵家里妇女、孩子嬉笑无节制，家教不严，总是不好的，最终一定是会后悔的，还可能会带来让家庭蒙羞的后果。因

此，《家人》卦主张家教宁可严厉，也不能过于宽松。

《象》说："家人有严君焉，父母之谓也。"所谓"严君"，即严厉的家长。一家人有严厉的家长，这就是父母。北宋著名理学家程颐在《伊川易传》中对《家人》卦的解释是：

> 家人之道，必有所尊严而君长者，谓父母也。虽一家之小，无尊严则孝敬衰，无君长则法度废。有严君而后家道正，家者国之则也。（《二程集·周易程氏传》卷三《周易下经上》）

如果父母没有尊严，那么家庭成员就会没有孝敬之心，家庭就会失去有效的管理，就像一个国家，让没有威严的人来执政，法度就会形同虚设。

尽管《家人》卦认为家长要严格要求子女，但是《家人》卦又认为家长对子女的严格要求必须是正确的、合理的、明确的，要严而有格，严得有理。"九五"的爻辞是："王假有家，勿恤，吉。"《象》说："'王假有家'，交相爱也。"这个"假"字读"gé"，是"到""至"的意思。"有家"，是指大家、朝廷。爻辞的意思是说，君主由于有贤臣帮助回到朝廷，才能拥有天下的大家庭。在此基础上，君主要使天下人相亲相爱，无忧无虑地生活，一切才会变得吉利。《周易》用君主来比喻家长，用天下百姓来比喻家庭中的孩子。这就是说，在家庭教育中，仅仅让孩子听话、顺从是远远不够的，有时甚至是有害的，家长必须尊重孩子，让孩子心悦诚服，自觉地接受父母的教育，才能相亲相爱，和睦共处。

《家人》卦强调家庭教育的目的是使家庭成员各尽其职，

各尽其责。卦辞是："家人，利女贞。""贞"，正确。家长因为有贤内助的得力帮助，就可以得到好处。《彖》曰：

> 《家人》：女正位乎内，男正位乎外。男女正，天地之大义也。家人有严君焉，父母之谓也。父父子子、兄兄弟弟、夫夫妇妇而家道正，正家而天下定矣。

对于一个家庭来说，女性应该搞好家庭的内部家务，男性应该在外干好工作，男女在家庭内外都有恰当的位置，这是存在于天地之间的大原则、大道理。一家之中有严厉的家长，主要是指父亲。做父亲的要尽父亲的责任，做儿子的要尽儿子的责任，做哥哥的要尽哥哥的责任，做弟弟的要尽弟弟的责任，做丈夫的要尽丈夫的责任，做妻子的要尽妻子的责任，这样家庭才能管理得好，家庭才可能幸福和美。只有家家户户都幸福和美，社会才能实现和谐。

在这段论述中，《家人》卦特别强调女性教育的重要性，先说"女正位乎内"，再说"男正位乎外"，在一个家庭之中，只有坚持女性在家庭中有正确的位置和恰当的地位，家庭才能幸福和美。要管理好一个家庭，根本问题就是让女性能明白自己在家庭中的地位，并且尽职尽责地工作。可以这么说，《家人》卦既把妇女置于家庭的被教育者的地位，同时也把家庭教育的重任加于妇女身上，甚至将家庭教育的成败得失归之于妇女，这一点对当今家庭教育仍有借鉴意义。

《家人》卦虽然认为家教要从严，并不是只要求事后进行惩罚，而是强调更应该防患于未然。"初九"的爻辞是：

"闲有家，悔亡。""闲"，治理、防范。"有家"，重要的家庭。"亡"，没有。这句话的意思是，无论大家、小家都一样，管理好了，悔恨就没有了。《象》说："'闲有家'，志未变也。"所谓在家庭教育中要防患于未然，是指当家人的本性、初心还没有改变之前，就要预先防范，不要让他们犯更大的错误。而要实现这一点，家长就必须教育家人要有善行，做善事，这对家庭的未来是有直接影响的。《坤》卦中有一段话特别能说明这一问题，《文言》说：

> 积善之家，必有余庆；积不善之家，必有余殃。臣弑其君，子弑其父，非一朝一夕之故，其所由来者渐矣，由辩之不早辩也。

常常做善事的家庭、家族，必然有多余的吉庆，也就是福报不断。常常不做善事的家庭、家族，必然会有不断的灾祸，甚至会殃及子孙后代。朝廷可能会发生臣下杀死君主的动乱，家庭也可能会发生儿子杀死父亲的恶性事件，这绝不是一朝一夕的偶然事件，而是逐渐累积后的必然结果，这是由于虽然能辨别是非，但没有尽早消除恶行、恶习所导致的。

《家人》卦还强调开展家庭教育的时候要诚信与威严相结合。"上九"的爻辞是："有孚，威如。终吉。""孚"，诚信，"威"，威严。"上九"是刚爻，在这一卦的最上位，象征一家之主的家长。"上九"又是这一卦的结尾，它所揭示的是治家的久远法则。如果家长有了诚信和威严，家庭一定是吉利平安的。开展家庭教育的时候，家长不能缺少诚信，他必须要付出自己的全部真心才能做得到；只有如此，才能使其他家庭成员积极向善。如果家长自己都做不到诚信，就会失去应有的尊严，怎么能去要求其他家庭成员呢？所以家长开展家庭教育的时候必须以诚信为本。

由于家人都是亲人，在开展家庭教育的时候，家长往往会囿于亲情，甚至过度慈爱，以致缺乏必要的威严。《家人》卦特别要求在开展家庭教育的时候，家长要律己，要以身作则。《象》在解释"有孚，威如，终吉"时强调："'威如'之'吉'，反身之谓也。"威严之所以是吉利、吉祥的，是因为家长如果勤于反省，严于律己，以身作则，威严自然就有，开展家庭教育的时候就能使家人尊敬和服从。

《家人》卦所谓的"严"，是有丰富的规定性和辩证的内涵的，确实抓住了严与爱、威与信、教子与律己的矛盾关系，而这些矛盾正是家庭教育的关键所在，时至今日都带有普遍性。因此，《周易》的《家人》卦丰富了我国古代家庭教育的理论，至今仍能为我们开展家庭教育提供理论借鉴。

五、孙叔敖教子避肥就恶

现在每每提到孙叔敖，我们往往会想起《孟子·告子下》中的一句话："舜发于畎亩之中，傅说举于版筑之间，胶鬲举于鱼盐之中，管夷吾举于士，孙叔敖举于海，百里奚举于市。故天将降大任于是人也，必先苦其心志，劳其筋骨，饿其体肤，空乏其身，行拂乱其所为……然后知生于忧患而死于安乐也。"在这段话里，孟子把孙叔敖与舜、傅说、胶鬲、管仲、百里奚等先秦历史名人并列，他们都有一个共同特点，即出身卑微，但又在历史上产生过重要影响。

孙叔敖（约前630—前593），芈姓，芳氏，名敖，字孙叔，楚期思（今河南淮滨东南）人。因为父亲被杀，孙叔敖曾经被免官。楚庄王时，在虞丘的推荐下，他得到楚庄王的赏识，开始辅佐其治理国家，后官拜令尹，任内楚国日渐强大，楚庄王成为春秋五霸之一。有史料记载，他执政楚国的时候，政治清明，官员不敢胡作非为，全境平安，盗贼奸诈之徒不见踪迹。尽管孙叔敖位高权重，功劳极大，但生活非常俭朴，出门时经常乘坐非常破旧的车。居高位的孙叔敖面黄肌瘦，是营养不良所致。

孙叔敖临终前教诫儿子的文字后被整理为《将死戒其子》。这些文字直接反映了他的家教思想。他对儿子说：

> 王数封我矣，吾不受也。我死，王则封汝，必无受利地。
> 楚越之间有寝丘者，此其地不利而名甚恶，可长有者唯此也。
> （《后汉书》卷二七《郭丹传》李贤注引《吕览》）

孙叔敖告诉儿子：楚庄王多次要赏给我封地，但是都被我拒绝了。我知道，我死了之后，楚庄王一定会赏给你封地。那你要怎么办呢？你一定不要接受他分封给你的那些肥沃的土地。在楚国和越国之间有一块地叫寝丘，那是一块贫瘠不毛之地，非常不适宜于生产，而且这个地名也不好听，叫寝丘。"寝"，帝王坟墓。"丘"，也有"坟墓"的意思。寝丘一般人认为这样的地名是不吉利的。孙叔敖告诉儿子，你就请楚庄王把这一块地分封给你，那样我们的子孙就可以长久地、无忧无虑地在这里生活下去。

孙叔敖死了以后，事情果然如他说的那样，楚王要把好的土地分封给他的儿子，他儿子则依照父亲的教诫，推辞了肥沃之地，而选择了多砂石，连名称也被人嫌弃的寝丘。后来，许多人的封地被楚王收回的时候，孙叔敖的子孙却能长期地占有这一块封地。这种避肥就恶、以求长安的办法，作为一种生存智慧，后来常被长辈用来教育自己的子孙。

六、孔子推崇的贤母敬姜

如果说孙叔敖在家庭教育方面，是一个非常了不起父亲，那么敬姜则是一位了不起的母亲。

敬姜是春秋时期鲁国人，姜是姓，敬是谥号，莒（山东莒县）人，鲁大夫公父穆伯的妻子，公父文伯的母亲，与孔子为同时人。她以行事符合礼仪、教诫子孙颇有章法而成为历史上著名的贤母。

敬姜家教的最重要内容是勤劳有益，不能因富贵而忘本。有一次，担任鲁国正卿的季康子来向作为叔祖母的她请教怎么能处理好政务和家庭，她就以"君子能劳，后世有继"相教。

敬姜在教育儿子公父文伯上花费的时间和精力甚多。公父文伯，姬姓，名歜。据史料记载，有一天公父文伯退朝回家，看到母亲敬姜正在绩麻，就对她说："以歜之家而主犹绩，惧忓季孙之怒也。其以歜为不能事主乎?"（《国语》）公父文伯说：我们这样的富贵之家，您还亲自绩麻，我真的担心会让季孙（即季康子）生气，以为我不能奉养您，让您还不得不亲自劳动。面对儿子的责问，敬姜很不以为然，她反而以这件事为例来教育儿子。她认为儿子虽然做了官，但还有许多道理不明白，因此她很为季孙氏和鲁国的命运担忧。针对儿子坐享其成、好逸恶劳的观点，敬姜给他讲了一番道理。她说：

> 夫民劳则思，思则善心生；逸则淫，淫则忘善，忘善则恶心生。沃土之民不材，逸也；瘠土之民莫不向义，劳也。

敬姜告诉公父文伯，过去圣贤的君王治理国家，往往选择贫瘠的土地安顿老百姓，让他们能有地可耕。老百姓辛苦劳作之后，就会认识到劳动成果非常难得，因此他们知道生活要节俭。懂得了勤俭，就能产生善心。敬姜认为，逸乐会让人安逸，甚至放纵自己的欲望，一旦放纵，邪恶之心就会滋长。任何人都应该遵守古代的制度和先王的遗训，完成分内的工作，而不得自求逸乐。只有勤劳有为，才能光大先人的业绩；而怠惰偷安，将会导致家道中落，直至衰败。

"今我，寡也，尔又在下位，朝夕处事，犹恐忘先人之业。况有怠惰，其何以避辟!"敬姜说，我现在守寡，你又在朝廷做官，每天从早到晚都在处理政务。在这种情况下，我很担心你会忘记先人的功业。更何况一旦你有了怠惰之心，将来怎样才能逃避刑罚呢？怎样才能避免灾祸呢？这就是成语"敬姜犹绩"的来历，用来比喻虽然变得富贵了，但是不忘艰苦，不求安逸。当孔子听到她那番劳有益、逸有损的高论之后说："弟子志之，季氏之妇不淫矣。"孔子认为季氏家族的女人不放纵享乐，要弟子们向她学习。

教育儿子跟严师贤友交朋友，是敬姜家庭教育的另一项重要内容。有一次，公父文伯从外地游学回家，敬姜看见一帮朋友围在儿子身边，他们对待儿子就像对待自己的父亲、兄弟一样毕恭毕敬，而公父文伯在众人之中也俨然一副明星的派头，很享受这种氛围。看到这种情形，敬姜就把儿子叫了过来，教训他说：

> 昔者，武王罢朝而结丝袜，绝左右，顾无可使结之者。俯而自申之，故能成王道。桓公坐友三人，谏臣五人，日举过者三十人，故能成伯业。周公一食而三吐哺，一沐而三握发，所执贽而见于穷闾隘巷者七十余人，故能存周室。彼二圣一贤者，皆霸王之君也，而下人如此。其所与游者，皆过己者也，是以日益而不自知也。今以子年之少而位之卑，所与游者，皆为服役。子之不益，亦以明矣。（《古列女传》卷一）

在这段话中，敬姜用了几个历史典故，大概意思是说：过去周武王上朝归来，环顾四周，却没有人来帮他脱鞋袜，他就自己动手脱，最终成就王业；齐桓公身边至少有多个能跟他交心的朋友，有多位能直言进谏的大臣，每天在朝上给他提建议的人就有三十位，他才能成就齐国的霸业；周公为广揽人才，有时吃一顿饭要停下多次，洗一次头发要中断多次去接见贤能之士，在他身边有众多开诚布公进谏的人，因此周朝能延续几百年不衰败。周武王、齐桓公、周公这三位圣贤，都是成就霸业者，他们尚且能够礼贤下人，而你现在这么年轻，地位也很低，跟你一起玩的都是一些没有什么文化和地位的人，这对你有什么好处呢？跟他们交往，你是不会有什么长进的。公父文伯听了敬姜的这番训教之后，选择跟严师贤友交往，进步非常快。

此外，敬姜还教育家人要克制自己的情感，严守礼制。公父文伯死了以后，她告诫儿子的小妾说："吾闻之：好内，女死之；好外，士死之。今吾子夭死，吾恶其以好内闻也。二三妇之辱共先祀者，请无瘠色，无洵涕，无搯膺，无忧容，有降服，无加服。从礼而静，是昭吾子也。"公父文伯死后，敬姜告诫他的妾说：宠爱妻妾的人，女人愿意为他而死。热心国家大事的人，士人愿意为他而死。如今儿子公父文伯不幸早死，自己非常讨厌他有宠爱妻妾的名声。你们几个人在供奉亡夫的祭祀仪式上不要过分悲伤，一定不要不出声地流泪，更不要捶胸顿足，不要表现出过分哀伤，丧服要降一等穿戴，不要提高丧服的等级。你们要遵守礼节，静静地完成祭祀，这样才能昭明公父文伯的美德。过去很多人认为，母亲喜欢自己的儿子，也希望他的妻妾对自己的儿子好，而敬姜却要求公父文伯的妻妾抑制哀痛，以此向世人表明，她的儿子不是由于好色而死的。

孔子听到这件事后，评价说："女智莫若妇，男智莫若夫。公父氏之妇智也夫！欲明其子之令德。"（《国语·鲁语下》）

他的意思是说："姑娘的见识不及妇人，男孩子的见识不及丈夫。公父家的妇人真是明智，她这样做是想彰显她儿子的美德啊！"从开展家庭教育实践的角度来看，敬姜确实是一位非常了不起的母亲。

七、孔子庭训儿子孔鲤

孔子（前551—前479）名丘，字仲尼，鲁国人，伟大的思想家和教育家，儒家学派的创始人，被称为"大成至圣先师"，是中国历史上最有名望、最有地位的、最有影响力的老师。

春秋末年，奴隶制瓦解，父不父，子不子，父子相残的现象比较多地出现。对此，孔子提出"父父、子子"的主张，要求做到"为人子，止于孝；为人父，止于慈"（《大学》）。父慈子孝的观点成为孔子处理父子关系和进行家庭教育的基本原则。孔子所说的父慈，并非单纯的父爱，更不是溺爱，而是包含如何教育子女的内容。

《论语》中有关孔子开展家庭教育实践的记载只有两条，这两条都是教儿子孔鲤读书为学的。孔鲤（前532—前483）字伯鱼，是孔子与亓官氏的独子。因他出生时，鲁昭公赐孔子一条鲤鱼，故取名孔鲤。

《论语·季氏》载：

> 陈亢问于伯鱼曰："子亦有异闻乎？"对曰："未也。尝独立，鲤趋而过庭。曰：'学《诗》乎？'对曰：'未也。''不学

《诗》，无以言。'鲤退而学《诗》。他日，又独立，鲤趋而过庭。曰：'学《礼》乎?'对曰：'未也。''不学《礼》，无以立。'鲤退而学《礼》。闻斯二者。"

陈亢，即子禽，是孔子的弟子。陈亢有一天问孔鲤："您是老师的儿子，您有没有从老师那里接受过什么与众不同的秘诀啊，有没有什么是我们没有听到过的他老人家的教诲呢?"孔鲤回答说："他哪有什么秘诀传授给我啊，真没有啊。不过，你这一问，倒是让我想起一件事来了：有一天，父亲他老人家一个人站在我们家庭院中间，我正好经过，被他逮个正着，他问我：'你最近学习了《诗经》吗?'被他这么一问，我还真是愣住了，真没有学过啊！我只好实话实说，告诉他，我还没有学过《诗经》。他老人家一听，可以明显看到他慈祥的表情带有一丝失望，然后用很低沉的声音说：'你连《诗经》都不读，以后怎么会说话呢！'看到他老人家这样的表情，听到他那种语调和声音，我真的害怕了，回到房间后就开始苦读《诗经》。可是事情还没完，过了一段时间，他老人家又站在院子中间，我又恰好经过，再次被他逮住了，他又问我：'你最近学了《仪礼》没有呢?'我也没有读过，只好又实话实说了。他老人家的脸色这次真的有点难看了，然后语调变得有点高了，他说：'你连《仪礼》都不学，以后怎么在社会上立足呢！'听他老人家这种语气，我更加害怕了，回到房间后，我又开始苦读《仪礼》。这是我听到的他老人家对我的教诲，也就是要我读《诗经》和《仪礼》这两本书，真没有其他了。"从这一则记载我们可以看到，孔子的家教是注重儒家经典的学习的。

另外一条关于孔子家教实践的记载是："子谓伯鱼曰：'女为《周南》《召南》矣乎？人而不为《周南》《召南》，其犹正墙面而立也与！'"（《论语·阳货》）孔子对伯鱼说："你学习了《周南》《召南》了吗？一个人如果不学习《周南》《召南》，那就像面对墙壁站着一样了，什么都不知道，什么都不会！"

尽管《论语》中记载孔子直接教育儿子的言论只有这两条，但是从文献的相关记载中依然可以窥见孔子的家教思想。孔子重视孩子的早期教育，他提出："性相近也，习相远也。"（《论语·阳货》）就与"少成若天性，习贯之为常"（《大戴礼记·保傅》）的著名观点是相同的。他认为人性是很接近的，但由于环境和习俗习惯的不同，使人在后天逐渐有了善恶之别，"既为外物所感，则习以性成。若习于善则为君子，若习于恶则为小人，是相远也，故君子慎所习"（何晏注、邢昺疏《论语注疏》卷十七《阳货第十七》）。因此，孔子认为必须对孩子成长的环境和习惯培养持慎重态度。

孔子的择友标准：

> 益者三友，损者三友。友直，友谅，友多闻，益矣。友便辟，友善柔，友便佞，损矣。（《论语·季氏》）

"直"，正直的人。"谅"，讲诚信的人。"多闻"，知识广博的人。"辟"，谄媚逢迎的人。"善柔"，表面奉承而背后诽谤别人的人。"便佞"，善于花言巧语的人。孔子说："有益的朋友有三种，有害的朋友有三种。与正直的人交朋友，与讲诚信的人交朋友，与知识广博的人交朋友，是有益的。与谄媚逢迎的人交朋友，与表面奉承而背后诽谤人的人交朋友，与善于花言巧语的人交朋友，是有害的。"我国古代的家教重视择友，与孔子等儒家学者的倡导是分不开的。

从父慈子孝观点出发，孔子反对过度体罚孩子。据《说苑》等文献记载，孔子的学生曾参有一次在瓜田翻土，误挖了瓜根，他的父亲曾皙大怒，抢起大木棒就打，曾参被打晕在地，过了一会儿才苏醒过来。孔子听说了这件事后，非常气愤，他以舜如何巧妙躲避父母的毒打为例来教训曾参，他说：

> 汝不闻昔者舜为人子乎？小棰则待，大杖则逃。索而使之，未尝不在侧；索而杀之，未尝可得。今汝委身以待暴怒，拱立不去，汝非王者之民邪？杀王者之民，其罪何如？（韩婴撰，许维遹校释《韩诗外传集释》卷八）

孔子说："你难道没有听说过以前舜是如何做儿子的吗？舜小时候，他父亲用小木棒打他，他就站着不动，让他父亲打；他父亲用大木棒打他，他就逃走，避免父亲把他打成重伤。父亲要找他干活时，他从来都是随叫随到；父亲想杀他时，却无论如何也找不到他。现在，你在父亲暴怒的时候也不逃走，任由他用大木棒打你，你难道不是王朝的子民吗？如果你真的被你父亲打死了，他要犯下的罪过有多大呢？让他犯了重罪，你不也是同样的不孝吗？这一点你想过没有呢？"体罚是古代家长教育子女的一种比较常见的方式，在当时历史条件下，孔子虽然不能正面反对体罚，但是他提倡

"小棰则待，大杖则逃"，不委身待暴，实际上是对体罚这种家教方式的批评或者否定。

在处理家庭关系时，孔子提倡"事父母几谏"，"几"是婉转的、和颜悦色的，即用婉转的言辞、和颜悦色的表情向父母提意见或建议。在孔子看来，父母虽然是长辈，但如果他们有错误，就应该接受包括子女在内的晚辈的建议；而包括子女在内的晚辈虽然应当孝敬父母，但也不能盲从，看见父母有不足或者错误的时候就应当指出来，使父母避免陷于不义，这才是真正的孝。

孔子在教学内容、儿童早期教育、习惯培养、择友标准、体罚等家教的基本问题上，都提出了自己的独到见解。孔子的家教思想对后世产生了深远的影响，是我国古代家教理论的重要组成部分。

八、"孟母三迁"流传至今

"昔孟母，择邻处；子不学，断机杼"是《三字经》中朗朗上口的名句，这里的"孟母"就是"亚圣"孟子的母亲。相传孟子的父亲早亡。孟子的生活、学习完全仰仗他的母亲。现在一提到教育子女的母亲的典范，不少人头脑中首先冒出的就是孟母。两千多年来，孟母一直受到后世的推崇，黎民百姓传扬着她的故事，文人骚客为她立传作文，孟氏后裔为她立碑修祠。后人把她与陶侃的母亲陶母、欧阳修的母亲欧母、岳飞的母亲岳母列为天下母亲的典范，号称中国的"四大贤母"。

有关孟母的教子故事，最重要的、流传最广的就是"孟母三迁"。《古列女传》卷一记：

> 邹孟轲之母也，号孟母。其舍近墓。孟子之少也，嬉游
> 为墓间之事，踊跃筑埋。孟母曰："此非吾所以居处子。"乃
> 去。舍市旁，其嬉游为贾人炫卖之事。孟母又曰："此非吾所
> 以居处子也。"复徙舍学宫之旁。其嬉游乃设俎豆，揖让进
> 退。孟母曰："真可以居吾子矣。"遂居。及孟子长，学六艺，
> 卒成大儒之名。君子谓孟母善以渐化。

孟子小时候，家里住的地方离墓地很近，孟子每天都到墓地去玩，经常看到人家在墓地祭扫，他居然学会祭拜之类的事。看到这种情况，孟母意识到这个地方不适合孩子居住。于是，为了孩子，她决定把家搬到集市旁边去。可是，让孟母没有想到的是，孟子每天到集市上去玩，看到市场上的人做生意，他又慢慢学会了做买卖和杀猪、杀牛之类的事情。看到孟子的这些变化，孟母又意识到，住在市场旁边对孩子的影响是不好的，于是她又把家搬到官办的学校旁边。孟子每天都能看到学校师生的学习与生活，耳濡目染，他也学会了鞠躬行礼以及进退的礼节。孟母认为这里适合孩子成长，是理想的居住地点，她们就在这里定居下来了。后来，孟子的学业大为长进，最终成为举世闻名的大儒。

孟母虽然没有直接教孟子怎么做，但是她三次搬家，就是希望为孟子找到一个有利于成长和学习的环境，这显然是

比口头说教更有效的家教。孟母三迁的故事在民间广为流传，影响非常大。

不止有给孟子选择教育环境的故事，孟母还有激励孟子在学习中戒骄戒躁的故事——"子不学，断机杼"。《古列女传》卷一载：

> 孟子之少也，既学而归，孟母方绩，问曰："学所至矣？"孟子曰："自若也。"孟母以刀断其织。孟子惧而问其故，孟母曰："子之废学，若吾断斯织也。夫君子学以立名，问则广知，是以居则安宁，动则远害。今而废之，是不免于厮役，而无以离于祸患也。何以异于织绩而食，中道废而不为，宁能衣其夫子，而长不乏粮食哉！女则废其所食，男则堕于修德，不为窃盗，则为虏役矣。"孟子惧，旦夕勤学不息，师事子思，遂成天下之名儒。

孟子上了几年学之后，学习成绩也不错，不过他也有些飘飘然了，感觉自己学得差不多了，不需要继续学习了。有一天，孟子从学校回家，孟母正在织布，就问孟子："你也学习了好些年了，学得怎么样了呢？"听到孟母这么问，孟子轻描淡写地回答道："妈妈，我学了这么多年，感觉老师教的我都学会了，我不想再去学习了。"听到这些话，再看孟子脸上的无所谓的表情，孟母十分恼怒，顺手拿起剪刀，把织好的布一下就剪断了。

看到母亲的这一举动，孟子一下怔住了，他轻声地问："妈妈，您为什么要生这么大的气呢？难道我说错了什么吗？"

孟母说:"如果你认为现在就不要继续学习了,从此荒废学业,难道不像我剪断这块布一样吗?前面所做的努力都是白费了吗?有德行的人学习的目的是为了树立更好的名声,只有多学、多问,才能增长自己的知识。饱读诗书的人平时能平安无事,做事的时候也会懂得趋利避害。如果你现在就不继续学习了,以后就只能做地位低贱的劳役,也就很难避免灾祸了。"

孟母愤而剪断织布的举动,义正词严的训斥,在孟子的心里产生了极大的震动,他意识到自己的不足,于是拜孔子的孙子子思为老师,早晚勤学不息,终成一代大儒。

劝学是我国家教中一项非常重要的内容。孟母的劝诫是非常有特色的,其中既有功名利禄的引诱,也有灾难祸害的警戒,并以读书人不学习,如同女人不织布则男人无衣可穿,男人不耕种则女人就没有可吃的东西等显而易见的事例来加以说明。

孟母教子故事中,还有一个是关于孟母以身作则,言而有信的故事。据《韩诗外传》卷九记载,有一次,年幼的孟子看到有邻居杀猪,就问孟母说:"邻居家为什么要杀猪呢?"孟母就跟孟子开玩笑,说:"他们家杀猪啊,当然是为了能让你吃上肉啊。"话刚说完,孟母就觉得自己这么说是不对的,她反思道:

> 吾怀妊是子,席不正不坐,割不正不食,胎教之也。今适有知而欺之,是教之不信也。

孟母说:"自从怀上你这个儿子以后,我十分注重自己的一言一行，如果坐席摆得不端正我不坐，肉切得不方正我不吃，这是胎教。现在儿子刚刚懂事，我就说假话来欺骗他，我这是教他不诚实啊。"为了教育儿子诚实不欺，孟母还真的向邻居买了肉，给儿子吃，让自己的玩笑话变成了真话。

孟母在日常生活中也注重孟子的道德培养。孟子结婚后，有一次走进自己的卧室，看到妻子的衣服敞开了，没有穿戴整齐，很不高兴，认为她实在太没有教养了，怒气冲天，就要把她休了，赶回娘家。这对妻子是非常严厉的惩罚。他的妻子不得已来向孟母请辞。看到这种情况，孟母把孟子叫来，严厉地对他说：

> 夫礼，将入门，问孰存，所以致敬也；将上堂，声必扬，所以戒人也；将入户，视必下，恐见人过也。今子不察于礼，而责礼于人，不亦远乎！（《古列女传》卷一）

孟母对孟子说："按照一般的礼节，如果我们要进入大门时，要先问一下谁在里边，这是最基本的礼节，也是对人家的尊重；如果要进入厅堂，声音一定要响亮，不能蹑手蹑脚，这是表示告知了人家，自己已经进来了；到房间里面去，眼睛一定要向下看，可以避免看到让人家感到尴尬的事。现在你自己不遵守这些基本的礼节，贸然进入房间，却责怪你的妻子没有教养，你是不是和圣人的要求差得太远了呢！你好好反思一下吧。"听到母亲的这番训斥，孟子连忙承认了错误，请妻子留下来。

孟子做了官以后，孟母还教他为官一定要正直，不能为了贪图俸禄而违背大义。孟子在齐国做官的时候，有一段时间，每次回家都显得闷闷不乐。孟母看到他这个样子，就关心地问："你最近好像有什么心事，能跟我说说吗？"孟子说："没什么心事。"又过了几天，孟子抱着家里堂前的柱子长吁短叹，孟母看到他这样，心疼地问他："你到底有什么不开心的事呢？"看到母亲这么关心自己，孟子只好说出自己的苦闷：孟子提出的政治主张并没有被齐王采纳，在这种情况下，按道理他应该舍弃官位，果断地离开齐国。然而，他又考虑到自己的母亲年龄大了，如果没有了官位，也就没有了收入，恐怕会让母亲牵连受苦。因此，迟迟没有下决心离开，心里非常纠结、苦闷。孟母听了儿子的解释之后，她鼓励儿子要敢于"行乎义"，不要因为自己而让儿子违背了大义。孟母的一番话使孟子深受感动，坚定了他正直从政的决心，最终决定离开齐国。

无论这些故事是否真实，但影响确实十分深远，一代又一代的人们相信，孟子之所以能成为"亚圣"是与孟母的教育分不开的。古代的母亲们坚持这一信念去教育自己的儿子，古代的儿子们也因为相信这类故事而愿意接受父母的训诲。孟母的家教思想和实践，不仅告诉我们营造一个温暖和谐的家庭环境是相当重要的，也是极富现实意义的，而且告诉家长应当要多投入时间和精力来教育、陪伴孩子。

九、孟子的家教思想与众不同

孟子（约前327—前289），名轲，字子舆，鲁国邹邑

（今山东邹城）人，孔子学说的主要继承者，被后世称为"亚圣"。

孟子的家教思想有一个基本观点，即"父子不责善"，这里的"责"是"要求"的意思，具体而言就是"责备求全，责己严于责人"；而"善"则是与"恶"相反，是指一切美好的品质和言行，如尊老爱幼、勤俭节约、不欺世盗名等。因此，"父子不责善"的意思就是，哪怕是父与子这么亲近的关系，都不能从道德的角度来强制他们做什么，不做什么，即便是出于善意、为他们好也不行！孟子认为："责善，朋友之道也，父子责善，贼恩之大者。"（《孟子·离娄下》）在孟子看来，相互督促、批评是朋友的交往之道，朋友之间完全可以使用。但是如果父亲老是求全责备，站在道德的制高点来指责儿子，儿子因为生气反过来又会指责父亲。孟子的逻辑是，一旦父子之间相互责善，就会伤害人伦亲情；而伤害人伦亲情，是天地间最大的"不祥"。

孟子以匡章为例子来说明。匡章又称章子、匡子、田章，是战国时期齐国的重要将领，历仕齐威王至齐闵王三世，是齐国霸业的奠基者，但是匡章被认为是"通国皆称不孝"的人物，全国人民都认为他是不孝之子。而孟子不仅"与之游"，还"礼貌之"，待他还非常客气。孟子为什么要这么做呢？他说出了自己的理由：

> 世俗所谓不孝者五：惰其四支，不顾父母之养，一不孝也；博弈好饮酒，不顾父母之养，二不孝也；好货财，私妻子，不顾父母之养，三不孝也；从耳目之欲，以为父母戮，

四不孝也；好勇斗很，以危父母，五不孝也。章子有一于是
乎？夫章子，子父责善而不相遇也。(《孟子·离娄下》)

　　孟子说，一般来说，被人视为不孝的行为有五种：四肢
不勤，不赡养父母，这是第一种；每天沉溺于下棋、喝酒、
游戏之中，不赡养父母，这是第二种；喜好钱财，偏爱妻室
儿女，不赡养父母，这是第三种；放纵自己的欲望，每天
过着花天酒地的生活，使父母蒙受羞辱，这是第四种；胡
作非为，喜欢逞勇斗狠，跟人打架斗殴，甚至危及父母，这
是第五种。孟子说，匡章在这五种不孝行为中到底犯了哪一
种呢？在孟子看来，匡章一种都没有，他被认为不孝只不过
是他父亲以善相责造成的。

　　那么，匡章跟父亲到底是什么矛盾呢？因为匡章的母
亲曾得罪了父亲，父亲就把母亲给杀了，然后把母亲的尸
体随便埋在一个马棚下面。从《孟子》的记载来看，匡章
的父亲这么做在当时并不违法。但是，匡章对这件事非常
不满，与父亲进行了激烈的抗争，结果被父亲逐出了家门，
父子俩从此成了陌路人。

　　其实，据《战国策》记载，匡章一生为曾跟父亲对抗这
件事懊悔不已，并且通过"出妻屏子，终身不养"来惩罚自
己。父亲死了之后，秦国假道韩、魏向齐国发动进攻，齐威
王派匡章迎战，并且承诺他说："如果你这次打了胜仗，我
就以隆重的礼节来改葬你的母亲。"没想到匡章却不同意，
他说："我可不敢这样做，因为这样做就等于对不起我死去
的父亲。"尽管匡章没答应齐威王的好意，但还是带兵打仗

去了。齐威王在王宫里不断接到消息，说匡章投降了秦国，可是不管有什么消息，齐威王都不信。后来匡章打了大胜仗，齐威王说："匡章连死去的父亲都不敢骗，难道还会骗我这个君主吗？"正是基于"父子不责善"的思想，当大家都在骂匡章不孝时，孟子却同情匡章，并且为他进行辩护。

从父子之间不责善出发，孟子还提出易子而教的主张。公孙丑曾经问孟子："君子之不教子，何也？"孟子回答说：

> 势不行也。教者必以正。以正不行，继之以怒。继之以怒，则反夷矣。"夫子教我以正，夫子未出于正也。"则是父子相夷也。父子相夷，则恶矣。古者易子而教之，父子之间不责善。责善则离，离则不祥莫大焉。（《孟子·离娄上》）

公孙丑问："君子往往不亲自教育儿子，这是为什么呢？"孟子答道："不亲自教育儿子其实是由情势来决定的。开展家庭教育的家长一定要用正道、正理去教育儿子。当家长用正道、正理教育儿子但并没有实际效果时，他们往往就会有愤怒的情绪。只要家长一愤怒，就可能会伤害父子双方的感情。儿子也许会反问：'您用正道、正理教育我，您自己的所作所为却并不合乎正道、正理啊。'这就有伤父子的感情。父子之间伤了感情，情况就糟糕了。古时候人们相互交换儿子来进行教育，就可以避免父子之间互相拿正道、正理来要求、责备对方。"

"易子而教"可以理解为不同的人交换子女进行教育、教化。一般来说，父母教育子女是天经地义的事，为什么孟子要提出"易子而教"呢？实际上，孟子"易子而教"之法，并非适用于所有人，而是针对那些无法很好地开展家教者的方法。从孟子对公孙丑"君子之不教子，何也"的回答中可以窥探到缘由。孟子认为，"君子之不教子"，是因为情势行不通；何种情势行不通，最主要的是"以正不行"。一般来说，父亲自以正道、正理来教育儿子，听话的儿子大多数会欣然接受，效果即为"以正行"。而不肖子则往往会出现"以正不行"的结果，教者"继之以怒"，结果是"父子相夷"。为了避免发生"父子相夷""父子责善"的家庭悲剧，因此孟子提出"易子而教"的方法。

"子不教，父之过"，父母有教育子女的责任。但在教育途径方法相对局限的古代，"易子而教"是一种有效的家庭教育方式，无论理论上，还是实践上，都有其合理性。"易子而教"虽已时过境迁，不复存在，但"易子而教"所蕴含的教育智慧、思想至今仍具有现实意义与借鉴价值。在现代社会语境下，"易子而教"需要与时俱进，并加以创造性地转化，在继承的基础上结合时代特点与现实条件赋予其新的时代内涵，即教育主体上"易师而教"，教育空间上"易地而教"，以及教育时间上"易时而教"。

孟子的"易子而教"理论还要求家长言行一致。儿子之所以会不服管教，有可能是因为父亲说的是一套，做的是另一套，所以孟子说："身不行道，不行于妻子；使人不以道，不能行于妻子。"（《孟子·尽心下》）如果父亲不按正道、正理行事，那么正道、正理在他妻子、儿女身上都实行不了；如果父亲不按正道、正理去使唤别人，那就连妻子、儿女也使唤不了。换言之，父亲不能以身作则，那么家教就无法进行。

除此之外，如何对待"不肖子弟"是家教中一个较普遍的问题。孟子认为，子弟的贤肖与否是和客观环境有密切关系的，这一点应该是和孟子自己的教育经历有关的，当年孟母教育他时，就非常重视环境，即前面讲到过的孟母三迁。孟子说：

> 富岁，子弟多赖；凶岁，子弟多暴，非天之降才尔殊也，其所以陷溺其心者然也。(《孟子·告子上》)

丰收之年，少年子弟多半懒惰；灾荒之年，少年子弟多半横行霸道，这并不是天生的资质不同所造成的，而是由于环境使他们心情变得完全不同的缘故。于是，他提倡：

> 中也养不中，才也养不才，故人乐有贤父兄也。如中也弃不中，才也弃不才，则贤不肖之相去，其间不能以寸。
>
> (《孟子·离娄下》)

应该由品质好的人来教养那些品质不好的人，有才能的人来教养那些没才能的人，所以人人都喜欢自己有德行的父亲、兄长。如果品质好的人不去教养那些品质不好的人，有才能的人不去教养那些没才能的人，那么所谓贤能的人与品行不好的人之间的距离，也就相近得不能用分寸来衡量了。由此看来，孟子所提倡的"父子不责善""易子而教"，并非要放弃家庭教育，而是试图改善家教方法的构想，应该是对中国古代家教非常有益的尝试。

汉代家教家风

☆孔臧：人之进道，唯问其志。取必以渐，勤则得多。

☆东方朔：明者处世，莫尚于中。优哉游哉，与道相从。

汉代是我国家教思想和实践的发展时期。随着统治者"罢黜百家，独尊儒术"和经术取士政策的实施，有着较高社会地位和较高儒学修养的仕宦、知识分子家庭普遍重视家教。汉代逐渐形成了包括帝王家教、仕宦家教、女子家教等在内的各级各类家教的基本框架，后世的家教基本是在这一框架内的丰富与完善。

一、刘邦教太子治国之道

帝王家教是中国传统家教的重要组成部分。帝王家教主要是教子弟如何当好皇帝，如何治理国家，目的是让其最高统治地位能够长久持续下去。

汉高祖刘邦（前256—前195）字季，沛县（今属江苏）人，西汉王朝的创立者。刘邦年轻时正值秦朝焚书禁学，他认为读书无用，因此不爱学习。建立汉朝之后，身为皇帝的刘邦仍然认为天下是他从马上得到的，是靠武力获得的，根本用不着学习《诗经》《尚书》这样的儒家经典，他甚至还干过在儒冠中撒尿、拒不接见儒生的事儿。有一次，大臣陆贾在刘邦面前谈论《诗经》《尚书》等儒家经典，他一听就非常恼火，对陆贾说："乃公居马上而得之，安事《诗》《书》！"刘邦说，我的天下是靠武力打下的，哪里要读那些没用的《诗经》《尚书》呢！听到刘邦这么回答，陆贾并没有示弱，反而怒怼说：

> 居马上得之，宁可以马上治之乎？且汤武逆取而以顺守之，文武并用，长久之术也。(《史记》卷九七《郦生陆贾列传》)

陆贾说：皇上您认为在马上取得天下，难道可以在马上治理天下吗？您靠武力能夺取天下，难道还能一直用武力来治理天下吗？只有文武并用，才能实现长治久安。被陆贾这么一责问和劝导，刘邦觉得他说的有些道理，于是接受了陆贾的建议，开始以儒家思想治理天下。叔孙通等儒生们制定的朝仪，也让刘邦深切体会到了"儒者难与进取，可与守成"。因此，他一改以往轻视读书人的作风，并放弃了读书无用的思想，认真阅读陆贾所进呈的《新语》，"未尝不称善"，认为写得实在太好了。

刘邦在临终前，写了《手敕太子》作为遗嘱，郑重地确定太子刘盈为皇位继承人，并且从德、智两方面对太子进行教育。

刘邦《手敕太子》一共有五则，而以前四则最有意义。

在第一则中，刘邦说："吾遭乱世，当秦禁学，自喜，谓读书无益。洎践祚以来，时方省书，乃使人知作者之意。追思昔所行，多不是。"这区区四十个字，把刘邦这位汉朝的开国皇帝由认为读书无用，到深刻反省、深感失落，因悔恨而醒悟的心理变化过程清楚地表现出来。

第三则与这一劝诫较为接近，只不过内容更加具体。刘邦说："吾生不学书，但读书问字而遂知耳，以此故不大工，然亦足自辞解。今视汝书，犹不如吾，汝可勤学习，每上疏宜自书，勿使人也。"如果前一则是泛论学习的话，这一则则具体到了要求刘盈把字写好。除了直面自己书写的文字"不大工"，写得不太好之外，他毫不留情面地指出了刘盈的字写得"犹不如吾"，刘盈写的字还不如他这个从小就不喜欢读书的父亲的。在此基础上，刘邦顺理成章地提出了"汝可勤学习"，要刘盈更加勤奋读书，并要求以后每次写奏章，都要亲自动手，不要使唤别人代写。

第二则的内容与前述第一、第三两则不同，具体说明了刘邦立刘盈为太子的原因。刘邦说："尧、舜不以天下与子而与他人，此非为不惜天下，但子不中立耳。人有好牛马尚惜，况天下耶？吾以尔是元子，早有立意，群臣咸称汝友四皓，吾所不能致，而为汝来，为可任大事也。今定汝为嗣。"本来，刘盈是刘邦的长子，为吕后所生，但由于他为人比较柔弱，刘邦曾经打算废了他，转立戚夫人的儿子赵王刘如意为太子。由于大臣们的劝谏，更因为吕后采纳了张良的计谋，请来"商山四皓"辅佐太子，增加了保住太子之位的筹码。

"商山四皓"是指秦末汉初（前200年左右）的东园公唐秉、甪里先生周术、绮里季吴实和夏黄公崔广四位著名的黄老学者。他们都不愿意当官，长期隐居在商山（今陕西商洛境内），等到出山时都已经八十多岁了，头发、眉毛都白了，因此被称为"商山四皓"。

刘邦早就听说他们四个人的大名，曾经试图请他们出山为官，但被他们拒绝了。有一天，刘邦在与太子一起吃饭饮酒的时候，看到太子背后有四位白发苍苍的老人，问清楚之后才知道就是大名鼎鼎的"商山四皓"。看到这个情景，"商山四皓"特意走上前来，跪倒在刘邦面前，并且向刘邦说明来做太子谋士的原因："我们听说太子是个仁义之士，又有孝心，能礼贤下士，就一起来做太子的宾客，希望能辅佐太子。"实际上，这里是借"商山四皓"的嘴，在刘邦面前赞美太子，目的是保住刘盈的太子之位。刘邦知道大家很同情太子，又看见有四位大贤人辅佐，也就打消了改立赵王刘如意为太子的念头。这道敕令清楚地表明，刘邦已决定立刘盈为太子，作为皇帝的继承人。

尽管如此，刘邦也明确指出，只有"可任大事"的人，才可以被立为嗣君，也就是太子。他还用历史事例说明，尧、舜之所以将天下传给别人，而不是传给自己的儿子，这并不是他们不知道天下是珍贵的。恰恰相反，正是由于他们以自己切身的经验体会到皇帝的大位事关重大，只能交付给那些有能力，并能担负这一重任的人，而不能徇私情，交给自己"不中立"的儿子。刘邦说，一头好牛，一匹好马，人们尚且知道珍惜，何况是天下之重、帝位之贵呢？刘邦从另一个方面告诫刘盈：你既然被立为太子，就要勤勉努力，不要辜负我对你的期望；既然我认为你是一位可任大事的人，你就要不负所望，有所作为。

在敕令第四则中，刘邦说："汝见萧、曹、张、陈诸公侯，吾同时人，倍年于汝者，皆拜，并语于汝诸弟。"这实际是教诫太子刘盈对待功臣、长辈的态度。萧何、曹参、张良、陈平等都是与刘邦一同打天下的人，他们为汉朝的建立立下了汗马功劳，刘邦的皇帝大位凝结着他们的智慧、心血和艰辛，所以刘邦告诫太子刘盈，不要以为你已经是皇位的继承人了，就可以小看这些功臣，你见到他们的时候，依然要叩拜，并要告诉各位弟弟，他们应该跟你一样，见到这些开国元勋都是要跪拜的。

刘邦对太子的教诫，确实是语重心长，言辞恳切。既有自身痛彻的经验教训，又有对太子严格的要求和热切企盼；既有适合社会各阶层的诸如尊老敬贤、勉励为学之类的内容，也有特定家庭即帝王之家所特有的教诫：目的是防止太子刘盈因身居高位而傲慢自大，最终导致众叛亲离，王朝崩塌。刘邦对太子的教育蕴含着远见卓识，他真不愧为汉朝的开国皇帝。

二、孔臧以激励方法教子

孔臧（约前201—约前123）是孔子的第十一代孙，汉高祖功臣孔聚之子，孔鲋的从曾孙，西汉著名经学家孔安国的从兄。汉文帝九年（前171），嗣封蓼侯。武帝时为太常卿。

孔臧得知儿子孔琳与同学一起学习儒家经典，非常刻苦，就写了一封家书给他，对他表示赞赏的同时加以勉励。一般来说，父母教子往往是在儿子有过失、有不足的时候，而孔臧却在得知儿子勤学不怠的时候，写信称赞褒奖他。但如果仅仅限于此，那就没有多大的意义了。这份家书为何能够流传到现在？它的意义到底在哪里呢？

孔臧在家书中首先表扬了儿子勤奋学习的行为。他说："顷来闻汝与诸友讲肆《书传》，滋滋昼夜，衎衎不怠，善矣。"（《与子琳书》）孔臧说，最近，听说你与几位朋友讲习儒家经典，一天到晚孜孜不倦，毫无懈怠，这确实非常不错。之后，他又开始鼓励儿子从以下三个方面努力：

首先，孔臧要求儿子一定要坚持不懈，持之以恒，只有勤奋苦学才能得到更多的知识；只有慢慢积累，才能使自己的知识更加丰富。他说：

> 人之进道，唯问其志。取必以渐，勤则得多。山霤至柔，石为之穿；蝎虫至弱，木为之弊。夫霤非石之凿，蝎非木之钻，然而能以微脆之形，陷坚刚之体，岂非积渐之致乎？

一个人研究学问，主要看他有没有顽强的意志。而要获得知识，必须靠逐渐积累才可能做到。山间的流水是再软不过的东西，石头却能被它凿穿；蝎虫是再弱小不过的动物了，木头却能被它蛀坏。流水本不是凿石头的铁凿，蝎虫也不是钻木头的钻子，但是它们都能凭借微小脆弱的形体，征服无比坚硬的东西。在孔臧看来，这难道不是逐渐积累才能达到的功夫吗？

其次，孔臧告诫儿子要学用结合，不仅要学而知之，更要履而行之。学习不是最终的目的，而只不过是达到目的的手段，一定要把学到的知识用于实践。他说："训曰：'徒学知之未可多，履而行之乃足佳。'故学者所以饰百行也。"孔臧说：古人教导说，仅仅学而知之还不算好，而脚踏实地去亲自实践，才够得上最好！孔臧认为，这正是学者爱好各种实践的原因。

再次，孔臧要求儿子要有远大的志向，为光大孔氏家族贡献自己的力量。他说："远则尼父，近则子国，于以立身，其庶矣乎！"（《与子琳书》）孔臧要求儿子远者效法先祖孔子，近者效法大学者孔安国，以家族中的圣人贤者为榜样。孔臧告诫儿子，不要因孔氏家族的光荣历史而止步不前，而要修身力行，为孔氏家族增添新的荣光。

三、东方朔教子中庸处世

与孔臧以先祖孔夫子、从弟孔安国为例教育子孙不同，汉代的大文学家东方朔的家教则并非完全按照儒家思想的要求来进行。

东方朔（前154—前95），字曼倩，平原郡厌次（今山东德州陵县东北，一说是山东惠民东）人，西汉著名的辞赋家。汉武帝初年，东方朔给皇帝上了一份非常特别的自荐书，得到了汉武帝的赏识，诏拜为郎官，历任常侍郎、太中大夫等职。

东方朔在临终之前，写了《诫子》来教育儿子，他说：

> 明者处世，莫尚于中。优哉游哉，与道相从。首阳为拙，柳惠为工。饱食安步，以仕代农。依隐玩世，诡时不逢。是故才尽者身危，好名者得华，有群者累生，孤贵者失和，遗余者不匮，自尽者无多。圣人之道，一龙一蛇。形见神藏，

与物变化。随时之宜，无有常家。

"明者处世，莫尚于中"，只有坚持中庸之道才是明智之人的处世态度。"优哉游哉，与道相从"，悠闲自得、游刃有余的样子，就自然是合乎中庸的表现。

"首阳"代指耻食周粟，宁愿饿死在首阳山的贤人伯夷、叔齐。伯夷、叔齐是商末孤竹国君主的两个儿子，相传其父遗命要立季子叔齐为继承人。孤竹君死后，叔齐让位给伯夷，伯夷不受，叔齐也不愿继位，先后逃往周国。周武王伐纣，二人拦马谏阻。武王灭商后，他们耻食周粟，采薇而食，最终饿死于首阳山。"柳惠"就是春秋时期的贤人柳下惠。柳下惠（前720—前621），本名展获，字子禽（一字季），谥号惠，因其封地在柳下，后人尊称其为"柳下惠"。他是遵守中国传统道德的典范，其"坐怀不乱"的故事广为传颂，孟子称他为"和圣"。"首阳为拙，柳惠为工"意思是，像伯夷、叔齐这样的君子，虽然看起来为人清高，但是他们的做法却显得固执，是不会灵活处世的表现。春秋时期鲁国贤人柳下惠，无论是在太平盛世，还是在乱世，都能泰然处之，不改常态，这才是高明工巧的处世态度。

"饱食安步，以仕代农。依隐玩世，诡时不逢"：明智的人衣足食饱，安然自得，以做官来代替农耕。尽管身在朝廷，但能恬淡谦退，好像是一名隐者，过着悠然的生活，一辈子都在享乐，不问世事。虽然看起来是不迎合时势，似乎不能有所作为，但也不会招致祸害，足可保身。

"是故才尽者身危，好名者得华，有群者累生，孤贵者失和，遗余者不匮，自尽者无多"：由此可见，一个人锋芒太露就容易招来祸端；假如一个人能留下好的名声，他就会充满光彩，但他因此背负着普通大众的期望，就会不得不忙碌一生；至于自命清高的人，也会失去人心。东方朔认为，只有做任何事都留有余地的人，才会进退有道；而遇事就用尽自身所有才力的人，很快就会因为才尽而变得碌碌无为。

"圣人之道，一龙一蛇。形见神藏，与物变化。随时之宜，无有常家"：圣人处世的原则，都是时隐时现、变幻莫测的，即使外形显现了出来，其内在的精神也会潜藏起来。他们会因时制宜，也会因事制宜，这才是最合宜的处世之道。

东方朔《诫子》，不再是针对具体问题的具体训教，而是为人处世的一般原则和方法，具有一定的普遍性的意义。东方朔强调为人处世，要坚持中庸的原则，要与道相从，希望儿子能够文武张弛有度，为人处世中庸而行。这篇诫子文写得情真意切，表现出他对儿子的殷切期望。东方朔的教子思想是汉代初年崇尚清静无为的黄老之学在家教中的反映，有着较为独特的价值。

四、司马谈教司马迁发愤著史

司马迁（约前145或前135—？），字子长，夏阳（今陕西韩城南）人，著有《太史公书》，后世称《史记》，是中国历史上第一部纪传体通史。《史记》是一部"究天人之际，通古今之变，成一家之言"的史学巨著，被鲁迅誉为

"史家之绝唱，无韵之《离骚》"。司马迁有如此高的史学成就，不仅与他自身的努力有关，也与他的家学以及所受的家教有密切的关系，父亲司马谈对他的影响非常大。

司马谈，西汉史学家。他全面、系统地学习过天文、儒家和道家学说，学识非常渊博，名闻于世。所撰《论六家要旨》，对儒、墨、名、法、阴阳和道家的思想进行分析和评价，认为道家最能综合各家之长。这篇文章是史学界研究先秦思想史、哲学史的珍贵文献。

建元至元封年间，司马谈任太史令。太史令掌管起草文书，记载史事，编写史书，兼管国家典籍、天文历法、祭祀等，是朝廷比较重要的大臣。司马谈担任这一职时，曾立志撰写一部通史。元封元年（前110），汉武帝前往泰山举行封禅大典，随从有十八万人之多，旌旗浩浩荡荡，绵延千余里。面对这么重大的国家祭典，身为太史令的司马谈仅仅跟随到洛阳，就因为身染重病而只能遗憾地留在洛阳，他为自己不能前往亲自见证这么重要的仪式而郁闷不已，最后抑郁而终。

在弥留之际，司马谈拉着从外地赶来的儿子司马迁的手哭着说："余死，汝必为太史；为太史，无忘吾所欲论著矣。"（《太史公自序》）司马谈交代司马迁，担任太史之后，一定要继承自己的遗志，撰写一部史书。为鼓励司马迁，司马谈对孝进行了自己的阐释：

　　且夫孝始于事亲，中于事君，终于立身。扬名于后世，以显父母，此孝之大者。夫天下称诵周公，言其能论歌文武之德，宣周邵之风，达太王王季之思虑，爰及公刘，以尊后稷也。幽厉之后，王道缺，礼乐哀，孔子修旧起废，论《诗》《书》，作《春秋》，则学者至今则之。自获麟以来四百有余岁，而诸侯相兼，史记放绝。今汉兴，海内一统，明主贤君忠臣死义之士，余为太史而弗论载，废天下之史文，余甚惧焉，汝其念哉！

司马谈认为世俗所谓的侍奉父母，包括孝敬和孝养双亲，不过是最切近、最基本、最低层次的孝。入仕做官，为君王尽忠，为朝廷效力，也并不是孝的最高体现。只有以一己之身，成就立功、立德和立言的伟大事业，特别是像著述集"三不朽"为一体的史书，才能名垂青史，光耀门楣，并因此而使父母之名也显扬于后世，这才能被称为是最大的孝。

听到司马谈的遗言，司马迁痛哭流涕，当即表示一定要完成父亲嘱托，他说："小子不敏，请悉论先人所次旧闻，弗敢阙。"应该说，完成父亲的遗命，不仅是司马迁撰著《史记》最直接的动因，而且一直是激励他进行创作的强大动力。后来的事实充分证明，司马迁确实超出了父亲的期望，不仅完成了一部他想要的通史，而且他的姓名也因这部史学著作在中国史学史上放射出最耀眼的光芒。从这个意义上说，司马迁无疑是司马谈所期望的孝子。从产生的实际效果而言，在中国家教史上，似乎还没有任何一部家训能超过司马谈的遗言。

五、刘向以忧患意识教子

刘向（前77—前6）是著名的史学家兼目录学家，原名更生，字子政，成帝时更名为刘向，沛县（今江苏沛县）人。刘向领导了我国历史上第一次大规模的文献整理工作，作为这项工作总结性成果的《别录》是我国最早的文献目录。刘歆（前50—23）是刘向的小儿子，字子骏。年幼的刘歆因为博览群书，写得一手好文章而被汉成帝召见，并被任命为黄门郎。看到儿子刘歆取得了如此令人羡慕的成就，刘向不但没有沾沾自喜，反而担心他因少年得志而骄傲自满、忘乎所以，所以写了一封信训诫，被称为《诫子歆书》，以教育刘歆。

教诫子孙得志时不骄傲，失意时不气馁，是中华传统家教中经常出现的内容，在这封诫子书中也不例外。不过，也许刘向是大学者的缘故，他在这封诫子书中运用格言与事例并举的方式，把这一观点说得最为透彻。

他首先引述西汉儒学大师董仲舒的话，即"吊者在门，贺者在闾""贺者在门，吊者在闾"。这是什么意思呢？"吊"，吊丧，到死者之家祭奠死者。"贺"，贺喜。"门"，门口。"闾"，巷子里。这句话的意思是说，前来祭奠死者的人在家门口，贺喜的人在巷里；贺喜的人在家门口，前来祭奠死者的人在巷里。"吊"是代表祸，"贺"代表福。"吊"和"贺"的变化，实际是说祸与福是有内在联系的，它们之间往往会互相转化。刘向告诉刘歆，如果心中有担心，那么就会心存恐惧，心存敬畏之心，这样自己就可能会得到福报；如果得意忘形，则会产生骄傲、奢侈之心，这样就难免会招致祸患。因此，有了福运千万不能骄傲，否则福会变为祸，好事变坏事。刘向要求年轻得志的刘歆牢记这一古训。

刘向还以春秋时期齐顷公因骄傲得罪郤克招致祸端的事

例来说明上述道理。郤克是春秋中期晋国正卿，正是他的文治武功为晋国的称霸奠定了坚实的基础，死后谥号"献"，史称"郤献子"。郤克是个残疾人，他不但跛足，而且还有点罗锅。有一次，晋国派郤克出使齐国，齐顷公会见郤克的时候，齐顷公的母亲藏在帷幕后看他们的会面情况，因为看到郤克的残疾形象，不禁笑出了声。郤克认为这是对他的极大侮辱，非常愤怒。在回国的途中，经过黄河的时候，他咬牙切齿地发誓说："我要是不报齐国对我的羞辱之仇，就跳黄河死了算了！"一回到国内，郤克就联合鲁国、卫国等攻打齐国，齐国被打得毫无招架之力。兵败之后，齐顷公"恐惧自新，百姓爱之，诸侯皆归其所夺邑"。齐顷公认识到了自己的错误，并且能改过，老百姓也更加拥戴他，各诸侯国纷纷归还了之前通过战争占领的齐国土地，刘向认为这就是"吊者在门，贺者在闾"的道理。最后，刘向语重心长地对儿子说，你年纪轻轻就得到显位，要"谨战战慄慄，乃可必免"。刘向针对刘歆在顺境中容易骄傲自满的具体情况，从祸福的辩证关系着手，提醒儿子要保持清醒的头脑，这是非常有见地的。刘向的教导有哲理，有史实，又有对策，因而具有很强的说服力。

正因为有着良好家教家风的影响，刘歆学有所成，成为一代学问大家。他在协助父亲刘向编纂《别录》的基础上，还编成了一部综合性的图书分类目录《七略》，这是中国第一部图书分类目录。不仅如此，刘歆在天文历法、史学、诗歌等方面都颇有建树，他编制的《三统历谱》被认为是世界上最早的天文年历的雏形。此外，刘歆在圆周率的计算上也有贡献，他是第一个不沿用"周三径一"的中国人，并确定了这一重要常数为3.154 7，被世人称为"刘歆率"。清末民初大学者章太炎称其为"孔子以后的最大人物"。可以说，刘歆是中国历史上少有的通才。

六、马援教子侄谦谨敦厚

现在每每提到英勇杀敌、决心为国捐躯的精神，我们都会联想到一个成语——"马革裹尸"，这个成语故事的主人公是东汉名将马援。

马援（前14—49），字文渊，扶风茂陵（今陕西兴平东北）人。六十二岁时，马援自愿请求出征贵州，并且铿锵有力地向光武帝说："男儿要当死于边野，以马革裹尸还葬耳，何能卧床上在儿女子手中邪？"（《后汉书》卷二四《马援传》）光武帝派他领兵出征贵州，屡败敌兵，战功赫赫，官至伏波将军，时人尊称其为"马伏波"。后他在讨伐五溪蛮时，不幸病死在战场，真正实现了自己的豪言壮语。

马援的哥哥去世之后，留下马严、马敦两个儿子。在南征途中，听说这两个侄儿与一些轻狂任侠的朋友交往，而且经常在背后议论别人的短长，讨论当朝政治的得失，马援对他们的做法非常不满，于是写了一封信予以教诫：

> 吾欲汝曹闻人过失，如闻父母之名，耳可得闻，口不可得言也。好议论人长短，妄是非正法，此吾所大恶也，宁死

不愿闻子孙有此行也。

马援说：我希望你们听说了别人的过失，就像听见了父母的名字一样，耳朵可以听见，但口里不能说。喜欢议论别人的长处和短处，随意评论朝廷的制度和法令，这些都是我最深恶痛绝的。我宁可死，也不希望自己的子孙有这种行为。因此，马援要求侄儿慎于言语，谨于择交。

接着，马援举出龙伯高和杜季良两个当时知名人物为例来说明。龙伯高，名述，京兆（今陕西西安）人，汉光武帝建武二十四年（48）敕封为零陵太守，史载其"孝悌于家，忠贞于国，公明莅临，威廉赫赫"。杜季良，东汉人，官至越骑司马。马援通过比较两人的不同，告诉侄儿到底该学谁，不该学谁。他说：

> 龙伯高敦厚周慎，口无择言，谦约节俭，廉公有威，吾爱之重之，愿汝曹效之。杜季良豪侠好义，忧人之忧，乐人之乐，清浊无所失，父丧致客，数郡毕至，吾爱之重之，不愿汝曹效也。

马援说：龙伯高这个人敦厚诚实，办事周密谨慎，说话、做事都是与人为善的。他谦逊平和，生活节俭，廉洁公正，很有威望。我非常佩服他，也很敬重他，希望你们都能向他学习，学习他的为人处世。杜季良为人豪放任侠，很重义气，为别人的忧愁而忧愁，为别人的快乐而快乐。不论贵贱贤愚，他都与之交往。他父亲去世时邀请宾客，几个郡的人都前来悼念。我也很佩服他，也很敬重他，但是不希望你们学习他，更不要仿效他为人处世的方式。

在马援看来，尽管龙伯高和杜季良都是品德高尚的人，但是侄儿们学龙伯高相对比较容易，而且风险也比较小，即便做不到龙伯高那样的道德高尚，也不至于会成为一个坏人。他说这就好比是"刻鹄不成尚类鹜"，让侄儿们学龙伯高，就像学习雕刻天鹅，完成之后即便不像天鹅，至少还会像只野鸭，还是和天鹅相似的动物。但侄儿们不能学杜季良，因为以侄儿们现在的修养和表现，如果他们去学杜季良，那可能会学成轻薄之子，"所谓画虎不成反类狗者也"。让他们学习杜季良，就像学画老虎，如果画不好就成了狗，那就完全不像了。正是基于这样的认识，马援要求侄儿们学习、仿效敦厚谨慎的龙伯高，而不要学豪侠好义的杜季良。由于年轻人的心智并不成熟，价值观还没有真正形成，为他们选择正确的、适合他们年龄的榜样，确实是一种行之有效的家教方法。

七、张奂高超的教子技巧

与马援同为武将的张奂也有一封写给兄弟之子的《诫兄子书》。张奂（104—181），字然明，东汉渊泉（今甘肃安西）人。举贤良对策第一，拜议郎。桓帝时，累迁安定属国都尉，后历任使匈奴中郎将、大司农、护匈奴中郎将，晚年归居故乡，著书评学。因擅长写草书而被称为"草圣"的张芝即是其长子。

与马援一样，张奂的哥哥去世之后，留下张仲祉和张叔时两个侄儿。张奂的《诫兄子书》主要内容是批评张仲祉的种种缺点，并且鼓励他向弟弟张叔时学习。张仲祉在乡间"轻傲耆老，侮狎同年，极口恣意"。"耆"指六十岁以上的人，"耆老"就是年老的人。张仲祉不但在老年人面前非常傲慢，没有礼貌，而且在同龄人面前也显得轻薄无礼，甚至欺负他们。不仅如此，他还在别人面前信口开河，胡言乱语。张奂对张仲祉的这些行为进行了严厉的批评。

在此基础上，张奂又把张仲祉和张叔时进行对比。张叔时跟哥哥完全不同，在乡里得到大家的广泛称道，一致好评。他说："闻敦煌有人来，同声相道，皆称叔时宽仁。闻之喜而且悲，喜叔时得美称，悲汝得恶论。"老家敦煌每次有人来谈起你们兄弟俩，他们异口同声称赞弟弟张叔时是多么宽厚仁慈，听到他们的这些话，作为叔叔的自己是又喜又悲，喜的是弟弟张叔时得到了如此好评，悲的是哥哥张仲祉却得到了这么多差评。在中国古代，一般来说哥哥是弟弟的表率、榜样，而张奂却要求哥哥向弟弟学习，这对张仲祉既是激励，又是责备，责备当哥哥的还不如弟弟，他自己难道不需要反思，不需要更努力吗？

接着，张奂又引用《论语·乡党》的话告诫、勉励张仲祉，他说："经言'孔子于乡党，恂恂如也'。恂恂者，恭谦之貌也。"《论语》上说，孔子在乡邻之中"恂恂如也"，待人谦虚而恭敬的样子。张奂接着说："经难知，且自以汝资父为师，汝父宁轻乡里邪？"如果说《论语》上所说的你理解不了，也没有办法照着做，那你为什么不向你的父亲学习，以他为榜样呢？你父亲什么时候轻慢过乡邻们呢？

最后，为了鼓励张仲祉能痛改前非，他以"蘧伯玉年五十，见四十九年非"为例，"蘧伯玉五十岁的时候，知道前四十九年所犯的错误"，他能反省自己的所作所为。因此，张奂要求张仲祉像蘧伯玉一样能深刻反省自己的所作所为，能够做到知错就改。他说，"年少多失，改之为贵"，年轻时犯的错误多一些，但能改掉就是最可贵的。

与此同时，张奂又对张仲祉提出了严厉的警告，他假如"不自克责，反云'张甲谤我，李乙怨我，我无是过'。尔亦已矣"。张奂说，你如果不思悔改，反而认为这是张某某毁谤我，李某某埋怨我的结果，总想用各种方式为自己开脱，那你就真的没希望、无药可救了。

应该说，张奂对张仲祉的批评是很严厉的，但他并不是单纯的责备，更没有一棍子打死，而是综合运用了正面教育、比较、激励、劝勉、希望、警告等方法，促使他感悟，最后能改过自新。《诫兄子书》体现了张奂高超的教子艺术，是一篇重要的家教文献。

八、班昭以妇礼训教女儿

在我国古代，对妇女有许多特殊的道德要求。早在殷商时期，商汤《嫁妹辞》就提出"阴之从阳，女之顺夫，本天地之义也。往事尔夫，必以礼义"，要求妻子必须绝对服从丈夫。但这篇文章是伪作的可能性很大，一般被视作家教文献。本书前面讲过，《礼记·内则》对妇女在家庭内的言行作了种种规定，规定了女性在家庭中地位。刘向所辑的《列女传》，汇集了所谓多为女性的教子故事，来引导社会重视女性在家庭教育中的地位。作为家训性质的女诫是汉代才出现的，而且集中在东汉时期，代表作品是班昭的《女诫》。

班昭（约49—约120），一名姬，字惠班。史学家班彪之女，《汉书》的作者班固、出使西域的班超之妹。十四岁嫁同郡曹世叔为妻，故后世亦称"曹大家"。丈夫早年去世后，班昭谨守妇规，举止合乎礼仪。班固去世后，班昭奉旨续修《汉书》的"八表"及《天文志》。她多次被召入皇宫，教皇后和诸贵人读书。班昭所著《女诫》，不但是我们能见到的最早的具有家训性质的女诫之作，而且直至现在也依然是同类文献中最有影响的一种。

在《女诫》篇首，班昭自叙了她写这篇文章的缘由。在父亲的影响、熏陶及母亲的教育下，班昭学识渊博、头脑聪明，非常有才干。十四岁的时候，饱读诗书的她就嫁给了曹世叔。嫁到曹家之后，班昭说自己是"战战兢兢，常惧黜辱，以增父母之羞，以益中外之累。夙夜劬心，勤不告劳"（《后汉书》卷八四《曹世叔妻传》）。自己嫁到曹家之后，每时每刻都是战战兢兢的，总是害怕因为有什么做得不好的地方，而被曹家赶出门，被休掉。担心万一这样了，一定会使自己的父母蒙羞，也会增加家里的负担。因此，她说自己早晚都不辞辛苦，坚持尽心尽力地劳动，而且从来没有想过要得到表扬，也从来没有想过会有什么功劳。

现在看到儿女们都已经长大成人了，班昭说：

男能自谋矣，吾不复以为忧也。但伤诸女方当适人，而不渐训诲，不闻妇礼，惧失容它门，取耻宗族。吾今疾沉滞，性命无常，念汝曹如此，每用惆怅。

班昭说：现在家里的男孩子能够为朝廷尽忠，完全能自立了，我不再担心他们了。但是，非常担心女儿们，她们到了将要出嫁的年龄了，如果不学习妇礼，担心以后婆家可能会容不下她们，担心她们在婆家可能就会待不下去。如果真是这样，那就是辱没了祖宗。而自己现在身患疾病，久治不愈，恐怕活不了多久了，曹家的女孩们不知妇礼，让她非常忧虑。正因为这样，她在闲暇时写了《女诫》七篇，要求她的每个女儿都抄写一份，认真学习，希望对她们的未来能有所帮助。

《女诫》分为《卑弱》《夫妇》《敬慎》《妇行》《专心》《曲从》《和叔妹》七篇，内容非常广泛，涉及女性生活的各个方面，归纳起来主要包括以下几个方面：

第一，班昭要求女儿谦卑恭敬，勤于劳作。《卑弱》包括卑弱下人、执勤和继祭祀三方面内容。所谓"明卑弱"，就是要求女儿们"谦让恭敬，先人后己，有善莫名，有恶莫辞，忍辱含垢，常若畏惧"，意即：谦让恭敬，不要怠慢他人；先人后己，不能抢人家的功劳；做了好事，不要自夸自诩；有不好的事情发生，如果跟自己有关，不要掩盖。如果奉长辈之命，做了招人厌恶的事，也不要推脱；被人羞辱侮辱了，也不要争辩；常常怀有敬畏之心，千万不能放任自己。班昭认为只有做到了这些，才能说是"明卑弱"。

所谓"执勤"，就是要任劳任怨地承担家庭事务。"晚寝早作，勿惮凤夜，执务私事，不辞剧易，所作必成，手迹整理。"意即：女性一定要晚睡早起，不因日夜劳作而畏难；一定要亲自操持料理家务，不管难易，都要尽力做好，要有始有终；要亲手整理完善事务，使之尽可能完美而不出现纰漏。班昭说，只有这样，才能说做到了"执勤"。

所谓"继祭祀"，就是尽力协助自己的丈夫祭祀先祖。"正色端操，以事夫主。清静自守，无好戏笑。絜齐酒食，以供祖宗。"意即：女性一定要外表端庄，品行端正，尽可能地侍奉好自己的丈夫；平时要做到幽娴贞静，自尊自重，不苟言笑，更不要嬉戏玩闹；遇到祭祀的日子，一定要选好干净的酒食作为祭品，帮助丈夫祭祀先祖。班昭说，只有这样，才能说做到了"继祭祀"。

在班昭看来，"明卑弱""执勤""继祭祀"这三点是"女人之常道，礼法之典教"。如果能做到这三点，美好的名声就会传扬出去，也就不大可能会招致耻辱；如果没有做到这三点，有什么美德值得人家称赞？又怎么能免得了被人羞辱呢？

第二，班昭强调丈夫在家庭中的绝对崇高地位，女性只有专心正色才能让丈夫专一。"夫者天也。天固不可逃，夫固不可离也。"班昭认为：丈夫是妻子的天，天是无法逃离的，丈夫也是不可以离开的，妻子是完全从属于丈夫的，妻子不能否决丈夫的任何决定。正因为如此，"夫有再娶之义，妇无二适之文"。班昭认为，丈夫可以再娶妻子、小妾，但是妇女是不能再嫁的。妻子要得到丈夫发自内心的尊重与信赖，就必须专心正色。具体而言，就是要做到："礼义居絜，耳无涂听，目无邪视，出无冶容，入无废饰，无聚会群辈，无看视门户，此则谓专心正色矣。"意即：遵守礼义，保存纯洁，耳朵不听不该听到的言语；目不邪视，非礼勿视，非礼勿听；出门不能打扮得过于妖艳，在家不能穿得太随便；不和品行不好的人来往，不要只看重门第，这就是"专心正色"了。如果行为举止轻浮，目光、神情游移不定，在家披头散发，出门浓妆艳抹，说不恰当的话，看不该看的事物，这就是不能"专心正色"。

第三，班昭强调妻子应该曲从公婆、叔、妹等丈夫的家人，以达到博取丈夫欢心的目的。为了能"得意一人"，得到丈夫的欢心，除了专心正色、任劳任怨、提高自身修养外，还必须处理好与公公、婆婆、丈夫的兄弟、姊妹之间的关系。班昭告诫女儿们："妇人之得意于夫主，由舅姑之爱己也；舅姑之爱己，由叔妹之誉己也。由此言之，我臧否誉毁，一由叔妹，叔妹之心，复不可失也。"女人出嫁之后，之所以能得到丈夫的喜爱，是因为公公、婆婆喜欢她。公公、婆婆之所以会疼爱她，是由于小叔子、小姑子也喜欢她。由此推论，女人出嫁之后，对自己的肯定或否定，喜欢或诋毁，全在于小叔子、小姑子。一旦失去了他们的喜爱，关系就很难再修复了，因此一定要像亲兄妹一样跟他们和睦相处。要得到丈夫之爱，须得到公公、婆婆的爱；而要得到公公、婆婆的爱，又须得到小叔子、小姑子等人的称赞。所以，必须曲从公公、婆婆、小叔子、小姑子。"姑云不尔而是，固宜从令；姑云尔而非，犹宜顺命。勿得违戾是非，争分曲直。"班昭说，公公婆婆吩咐的事合乎道理，做儿媳妇的一定要按照他们说的去做。如果公公婆婆吩咐的事违背道理，做儿媳妇的明知是不对的，也要按照公公婆婆的意思去做，不可以与公公婆婆争辩是非曲直，这就是所谓的"曲从"。在班昭看来，不论公公婆婆说的是对是错，做儿媳妇的都必须无条件地接受，并且按照他们的要求去做。

第四，为了培养娴静、守礼仪的女子，班昭进一步提出"妇德""妇言"等言行规范。

"妇德"，"不必才明绝异"，只须"清闲贞静，守节整齐，行己有耻，动静有法"。妇德并不是要求妇女有才干、聪明绝顶，而是必须娴静贞节，能谨守节操，有羞耻之心，举止言行都有规矩。

"妇言"，"不必辩口利辞"，只须"择辞而说，不道恶语，时然后言，不厌于人"。"妇言"并不是要求女人要伶牙俐齿、辩才过人，而是言辞和内容都要有所选择，不说恶劣粗俗的语言。说话还应当选择适当的时机，以免引起他人的反感。

"妇容"，"不必颜色美丽"，只须讲究卫生，即"盥浣尘秽，服饰鲜絜，沐浴以时，身不垢辱"。"妇容"就是污秽肮脏的衣服要及时地清洗干净，并光鲜整齐；按时洗澡沐浴，保持身体干净，不存污垢，着装、打扮得体。

"妇功"，"不必工巧过人"，只须"专心纺绩，不好戏笑，絜齐酒食，以奉宾客"。"妇功"并不是要求技艺精巧，也不必工巧过人，只要专心纺纱织布，不好与人嬉戏玩闹，能做好可口的酒菜，用来招待宾客。

以上内容形成较系统的女子修身大纲，其核心在于以礼法为主，重德不重才。

《女诫》是我国最早、最系统而完备的女教文献，被视为训诫妇女的经典，在社会上广为流传，影响极为深远。著名经学家马融"善之，令妻女习焉"，他认为《女诫》写得太好了，要求自己的妻子、女儿都要学习。

当然，对于班昭的《女诫》，有学者持不同的观点，认为班昭所教育的对象实际是皇后、贵妃和宫廷女子等，她希望以此达到防止外戚专权的目的。从班昭多次进宫教皇后、贵妃的经历来看，这种可能性是完全存在的。

尽管班昭在《女诫》中明显存在歧视女性的观点，并不适合当代的家庭教育，但是其中强调女性的个人修养是维系家庭、建设幸福家庭的重要条件等，仍然对我们现在的家庭教育有一定的借鉴之处。

九、郑玄的家教言传与身教并举

郑玄（127—200），字康成，北海郡高密县（今山东高密）人。东汉著名经学家。为区别于被称为"先郑"的郑兴、郑众父子，世称"后郑"。曾推辞大司农的征拜，一生以著述和讲学为主要追求。当时学者各守今古文经学的门户，偏执一经，郑玄以毕生的精力研究经学，创立了糅合今古文经学、集经学之大成的"郑学"。

郑玄的独子郑益恩曾被孔融举为孝廉，后来黄巾军进攻北海，把孔融包围在都昌（今山东昌邑），情势万分紧急，郑益恩率家兵前去营救，结果战死，时年二十七岁。在这次事件之前，年已七旬的郑玄身染重病，自己估计将不久离开人世，遂写《戒子益恩书》来教育儿子。

与其他的诫子书不同，郑玄的诫子书较少道德说教，而主要是叙述自己的生平和志趣，希望以此来影响自己的孩子。郑玄在信中首先自述生平："吾家旧贫，不为父母群弟所容，去厮役之吏，游学周、秦之都，往来幽、并、兖、豫之域。"（《后汉书》卷三五《郑玄传》）郑玄说：我们家过去非常贫寒，我年轻时的志向和行为并不为父母和弟弟们所理解、接受，于是我只好辞去从事卑贱差役的小吏之职，去周、秦两朝的旧都和幽州、并州、兖州、豫州等地周游求学。

通过长期的游学，郑玄拜见了当朝的博学之士，广泛研究了儒家经典和深奥的天文、经术等学问。到四十多岁才回家种田，供养父母，却遭遇宦官专政，受牵连下狱，被囚禁了十四年。恢复自由后，"举贤良方正有道，辟大将军三司府。公车再召，比牒并名，早为宰相"。这里的"三司"就是指太尉、司徒、司空，并称"三公"。朝廷多次向郑玄发出征召，准备任命他官职，与他同时受征召者中有的早就当上宰相了。但是郑玄的志向不在入仕为官："吾自忖度，无任于此，但念述先圣之元意，思整百家之不齐，亦庶几以竭吾才。"郑玄说：我有清醒的认识，知道自己没有能力去担任这些官职。我念念不忘的是要阐发先圣的思想，想整理诸子百家中尚未整理的典籍，使自己的才能得到充分发挥。很不幸的是，郑玄后来又遇上黄巾之乱，"萍浮南北"，等他回乡时已七十岁了。

通过《戒子益恩书》，我们可以看到郑玄一生淡泊名利，志向坚定，一心追求学问。无论是环境如何艰难困苦，还是荣华富贵的诱惑，都不能动摇他从事经学研究的意志。郑玄之所以向儿子比较详细地叙述自己的生平和志向，是希望以自己追求学术的坚韧不拔的精神影响儿子。这种典型的言传身教，往往是一种比较有效的家教方式。

郑玄在诫子书中说，自己现在已经七十岁了，是该把家事托付给儿子的时候了。从此以后，自己要闭门不出，悠闲地生活，颐养性情，深思熟虑，以完成既定的著书立说的目标。如果没有什么大事，自己就不会扶杖出门走动了。很可惜，郑益恩是独子，家里的大小事务，只能由他一人来承担，并没有兄弟帮助。接着，郑玄主要向儿子提出两个方面的要求：

其一，要"勖求君子之道"，即要探求君子之道，做一个有道德的人。"显誉成于僚友，德行立于己志。若致声称，亦有荣于所生，可不深念邪！可不深念邪！"他说：一个人的名誉是离不开同事朋友的推动协助的；然而要成为道德高尚的人，并立于世上，则要靠自己有志气。一个人如果有志气，并能靠自己的努力而名声大振，对他的父母来说是再荣耀不过的事。郑玄反复强调说，这么重要的事你能不深思吗？能不深思吗？如此情真意切的言辞，对郑益恩无疑是一种鞭策。

其二，郑玄要儿子继承自己的事业，钻研学问。他告诉儿子，自己一直牵挂着两件事：一是父母的坟墓一直没有修好，二是想要写的书没有时间写完。在郑玄看来，这两件事要靠后人去完成了，他说："日西方暮，其可图乎？"这既是他自己暮年力不从心的悲凉感慨之言，也是对儿子的殷切期望。应该说，了却父母的心愿，完成父母未竟的事业，是最为真实的孝。郑玄向儿子表明自己的志趣是钻研学问，从事学术研究，念念不忘的是还没有写完的著作，目的就是希望自己去世后，儿子能继续从事学术研究，完成自己的未竟事业。

其实，在两汉时期，读经之风非常盛行，不止郑玄这样的著名经学家要求儿子读经，继承自己的事业。之所以会出现这种情况，与汉武帝时期开始实施的"独尊儒术"的文教政策密切相关。在这种政策导向下，家教观念也随之发生变化，普遍重视经学知识的学习。邹鲁一带的民谚"遗子黄金满籯，不如一经"（《汉书》卷七三《韦贤传》），即是这种家教观念和思想的直接反映。

魏晋至隋唐家教家风

☆诸葛亮：夫君子之行，静以修身，俭以养德；非淡泊无以明志，非宁静无以致远。

☆颜之推：父母威严而有慈，则子女畏慎而生孝矣。吾见世间，无教而有爱，每不能然。

☆李世民：父之爱子，人之常情，非待教训而知也。子能忠孝则善矣！若不遵诲谕，忘弃礼法，必自致刑戮。父虽爱之，将如之何？

魏晋南北朝是我国历史上连年战乱、政权频繁更替的时期，220年形成三国鼎立，265年建立西晋，317年建立东晋，420年东晋灭亡，后有宋、齐、梁、陈和北方少数民族贵族所建立的"十六国"，之后又出现了北魏、东魏、西魏、北齐、北周政权。直至杨坚于589年南下灭陈朝，建立隋朝，统一中国，才结束了近三百年的分裂局面。

　　在这种动荡的年代中，不但官学时兴时废，而且无论是握有生杀予夺大权的帝王，还是享有种种特权的世家宦族，无论是高人一等的士大夫，还是普通的平民百姓，内心都潜藏着一种不稳定感和危机感。因此，人们普遍希望通过实施家庭教育来使子孙获得立身处世的知识和能力，以避免灾祸。正是在这样的背景下，魏晋南北朝虽然是中国历史上最为离乱的年代之一，但是家教却得到了蓬勃发展。这一时期的家教思想非常活跃，颜之推的《颜氏家训》更是深刻总结了当时的教子经验，第一次形成了系统的家庭教育思想，并创造了"家训体"这一家教文献形式，在家教史上具有划时代的意义。

一、曹操以"唯才是举"教子

曹操（155—220），字孟德，沛国谯县（今安徽亳州）人。曹操"挟天子以令诸侯"，成为东汉末年北方实际的统治者。曹操一共有二十五个儿子，他在教子上有自己的特色，其家教思想和实践主要有以下三个方面：

首先，曹操把唯才是举的思想用在家教上，根据儿子们的能力和才华开展教育。

当时寿春、汉中和长安是军事重镇，曹操准备各派一个"慈孝、不违吾令"的儿子去守卫，于是下了一道《诸儿令》，公布了挑选的标准：

> 儿虽小时见爱，而长大能善，必用之。吾非有二言也，不但不私臣吏，儿子亦不欲有所私。

曹操说："孩子们，你们小的时候虽然我都很喜欢，现在长大了，如果你们之中确实是有真才实学的，我也一定重用他。我说一不二。我不但对部属不徇私情，对儿子们也不想有任何偏爱。"从这一标准看，曹操希望为儿子们提供一个公平竞争的机会，激励教育儿子们积极向上。

对于儿子们的不同能力，曹操采用不同的教育方法，目的在于人尽其才。在教育曹彰时就体现出这一特点。曹彰是曹操与武宣卞皇后所生第二子，曹丕之弟、曹植之兄。他小时候就非常擅长射箭和驾车奔跑，长大后膂力过人，敢跟猛兽格斗，丝毫没有畏惧，是一个典型的猛士、勇士。因他长着黄胡须，而被曹操称为"黄须儿"。对于这么一个勇猛的儿子，曹操要求他学习《诗》《书》，加强文化修养，成为一个文武全才，以便将来能担当重任。然而，过了一段时间后，曹操发现曹彰只可能成为将才，很难成为帅才，就打消了让他习文的念头，让他去带兵打仗，曹彰果然屡立战功，后来成为曹操手下一名得力干将。

其次，曹操对儿子进行严格要求，经常会以君臣关系来约束父子关系。

对于以诗文闻名于世的儿子曹植，曹操寄予了很大的希望，一度准备立其为太子，把王位传给他。曹植是曹操与武宣卞皇后所生第三子，生前封陈王，死后谥号"思"，因此后世又称其"陈思王"。曹植是三国时期著名文学家，建安文学的代表人物之一，也是集大成者。曹植二十三岁时，曹操写了《戒子植》来勉励他，说："吾昔为顿丘令，年二十三，思此时所行，无悔于今。今汝年亦二十三矣。可不勉与！"曹操说："我当顿丘县令的时候，也只有二十三岁。现在回想起来，我在县令任上是尽职尽责了，现在没有丝毫的后悔和遗憾。现在你也二十三岁了，一定要努力啊，不能虚度光阴，等年龄大了，再后悔就来不及了。"

但是，让曹操非常失望的是，才华横溢的曹植却非常任性，甚至到了恣意妄为的程度。尤其是曹植乘车打开司马门这件事，让曹操对曹植彻底失去了信任。司马门是指天子之门或诸侯王宫门，只有天子或诸侯王本人才能通过，就算是太子也没有资格。《三国志》卷一九《魏书·陈思王植传》载："植尝乘车行驰道中，开司马门出。太祖大怒，公车令坐死。由是重诸侯科禁，而植宠日衰。"从这一记载来看，曹植曾经乘车打开司马门，走在只有天子或魏王曹操才有资格走的驰道上。对此曹操非常生气，把掌管宫门警戒的公车令处死了，以此警戒曹植。曹操还特地写了《曹植私出开司马门下令》："始者谓子建，儿中最可定大事。""自临菑侯植私出，开司马门至金门，令吾异目视此儿矣。"对曹植此行很是失望，此后曹操对曹植的恩宠也一天天减少，最后彻底打消了立曹植为太子的念头。不久，曹操又下了《立太子令》，确定曹丕为太子，成为曹魏政权的继承者。建安二十五年（220），曹丕受禅登基，以魏代汉，建立了魏国。

对其他儿子，曹操也同样严格要求。如曹彰率兵出征，临行时曹操告诫他："居家为父子，受事为君臣，动以王法从事，尔其戒之！"（《三国志》卷一九《魏书·任城威王彰传》）曹操说，我们在家里是父子，但是在工作中，那就是君臣关系，要以王法来约束，你一定要牢记这一点。正是由于曹操的严格要求，他的儿子大都能遵守法度，避免重蹈前代诸侯王的覆辙。

再次，曹操不仅严以教子，而且还严于律己，以身作则。

曹操为在家中倡导节俭之风，写了《内诫令》，直接强调节约，并以自己不喜欢装饰箱子、不用银制品、不用香熏房屋、一床被子盖十年，年年拆洗、缝补等具体事例带动、影响家人。在他的影响下，"后宫衣不锦绣，侍御履不二采，帷帐屏风，坏则补纳，茵蓐取温，无有缘饰"（《三国志》卷一《魏书·武帝纪》裴松之注引《魏书》），一改东汉奢靡风气。曹操在去世之前，写给他的继承人、儿子曹丕的《遗令》中有大段的篇幅是告诫他要从俭办理丧事，比如死后穿的礼服要和平时一样，文臣武将都不得擅离驻地和职守前来参加吊唁和丧葬，墓中不要放置金玉珍宝等。曹操的要求一方面是出于"天下尚未安定"的现实考虑，另一方面也与他"雅性节俭，不好华丽"的性格、作风相吻合。

为了使儿子们能够从自己的过错上吸取教训，不重蹈自己的覆辙，建安二十五年（220），曹操毅然放下父亲和魏王的架子，非常坦然地向儿子们说出自己的缺点，他说："吾在军中持法是也，至于小忿怒、大过失，不当效也。"他肯定了自己以法治军之后，也承认自己性急易怒和行军治国中所犯的过失，希望他们引以为戒。这是真正的言传身教。

作为魏王的曹操重视培养儿子们的谋生能力。他在临终前的《遗令》中告诉子孙，空闲时可以"学作组履卖也"，学织丝带和做鞋子，并将这些产品拿到市场上去卖钱。身为王公的曹操这么要求，显然不是从为子孙们获取更多财富的角度来考虑的，他的着眼点在于培养后代谋生的能力，使他们能上能下，能吃苦，能耐劳，这种家教在当时身居高位的人中是极为少见的。

二、诸葛亮教子淡泊修身处世

说到三国人物，诸葛亮应该是一个无人不知、无人不晓的人物，他不但有着超人的智慧和惊人的谋略，而且其家教思想也名闻遐迩，家教名言至今流传，仍然是不少人励志的座右铭。诸葛亮（181—234），字孔明，琅琊阳都（今山东沂南）人，三国时著名政治家、军事家。诸葛亮的家教思想主要见于他的《诫子书》和《诫外生书》两封书信中。

《诫子书》是诸葛亮五十四岁去世前写给八岁的儿子诸葛瞻的一封家书。诸葛亮告诫儿子要静与俭相结合，以提升自己的道德修养。他说："夫君子之行，静以修身，俭以养德。"有道德修养的人，需要静思反省，使自己尽善尽美；通过俭朴节约来培养自己高尚的品德。理想的人才必须具备志、学、才三个基本条件，而且认为这三者是互相联系，缺一不可的。"夫学须静也，才须学也，非学无以广才，非志无以成学。"要学得真知，必须使身心在宁静中研究探讨，才能是在不断地学习中积累起来的。如果不下苦功学习，就不能增长与发挥自己的才干；如果没有坚定不移的志向，就不能使学业成功。诸葛亮提醒儿子，志向是成才的前提和基础，但志向的培养又与修养品德直接关联。"非淡泊无以明志，非宁静无以致远。"不清心寡欲就不能使自己的志向明确坚定，不安定清静就不能实现远大理想。因此，在诸葛亮看来，造就人才必须从静与俭的修养开始。诸葛亮所处的时代，社会动荡不安，军阀割据，富人巧取豪夺，侈靡成风。在这种情况下，诸葛亮要求儿子宁静、淡泊，就是为了使儿子静下心来，抵制外界的种种不良风气，培养远大志向，努力学习，让自己成为对社会有用的人才。

与此同时，诸葛亮告诫儿子，要注意防止"淫慢"和"险躁"两种毛病，不要追求安乐，涣散自己的意志，不要躁动，浪费宝贵的青春年华。他说：

> 淫慢则不能励精，险躁则不能治性。年与时驰，意与日
> 去，遂成枯落，多不接世，悲守穷庐，将复何及！

纵欲放荡、消极怠慢就不能激励心志，不能使自己精神振作；冒险草率、急躁不安就不能陶冶性情，不能使节操变得高尚。如果年华与岁月虚度，志向和时日一起消磨，人最终就会像枯枝落叶般一天天衰老下去。这样的人是不会有益于社会的，只能悲伤地在自己家里穷困潦倒地度过余生，到那时就算是再后悔也来不及了。

应该说，这既是诸葛亮对儿子的忠告，也是他对自己成才经历的总结。诸葛亮躬耕南阳时，虽然"不求闻达于诸侯"，但密切关注天下形势发展，在宁静、淡泊中蓄积着高远的志向，后来果然成为"大才"，这也从另一个方面说明他结合自身经历提出的道德修养和成才方法是有效的。

诸葛亮在另一封《诫外生书》中，再次强调了立志的重要性，他把立志看作是成才的基础和关键，而且强调立志必须高远，才能克服前进道路上的种种困难，最终到达成功的彼岸。《诫外生书》：

> 夫志当存高远，慕先贤，绝情欲，弃疑滞，使庶几之志，
> 揭然有所存，恻然有所感；忍屈伸，去细碎，广咨问，除嫌
> 吝，虽有淹留，何损于美趣，何患于不济！若志不强毅，意
> 不慷慨，徒碌碌滞于俗，默默束于情，永窜伏于凡庸，不免
> 于下流矣！

"外生"，即外甥。诸葛亮说：一个人的志向应当高尚远大，仰慕前辈的贤者，断绝欲念，抛弃一切羁绊，使好学而希望成才的志向长存于心中，并且不会被遮蔽。人要能屈能伸，会权衡利弊得失，舍弃那些鸡毛蒜皮的小事，广泛向别人请教，放弃嫉妒和仇恨之心。如果能做到这些，虽然有时可能会受到挫折，但也无损于高雅的情趣，何愁达不到目的！但是，如果意志不坚定，意气不激昂，那就会碌碌无为，默默无闻，不能超凡脱俗，永远处于平庸的地位，甚至沦为"废材"。

在这封书信中，诸葛亮勾勒出了人才成长的大体轨迹：立志—磨炼意志（"忍屈伸"）—学习和调查研究（"广咨问"）—放弃嫉妒和仇恨（"除嫌吝"）—经受挫折（"淹留"）—走向成功。正因为成才的道路从来都不是平坦的，他教诫外甥要有远大的志向，要追慕先贤，杜绝私情，摈弃疑惑，屈伸自如，胸襟开阔，多方求学，不要局限于细小的琐事，也不要因为一时的困难而沉沦，一定要有实现自己理想的志向。

诸葛亮在家教实践中，还非常注意不搞特殊化。诸葛瑾（诸葛亮的哥哥）将儿子诸葛乔过继给了诸葛亮，后来诸葛乔在蜀国官至驸马都尉。诸葛亮外出打仗，将领的子弟要随军押运粮草，诸葛亮认为诸葛乔不能例外，也应当与他们同甘共苦。

尽管诸葛亮在蜀国可谓是劳苦功高，地位仅在后主刘禅一人之下，但是他对自己的要求却非常严格，从不搞特殊化。他给后主刘禅上表说：

今成都有桑八百株，薄田十五顷，子弟衣食，自有余饶。至于臣在外任，无别调度，随身衣食，悉仰于官，不别治生，以长尺寸。若臣死之日，不使内有余帛，外有赢财，以负陛下。(《三国志》卷三五《蜀书·诸葛亮传》)

诸葛亮说：我在成都种有桑树八百株，贫瘠田地十五顷，完全能满足家庭成员的基本生活需要。除了这些财产之外，我在外面再也没有什么其他财产可供支配。随身的衣服和饮食，都是官方供给的，我完全没有其他增加收入的手段和途径了。我死的时候，不会让家内外有多余的钱财，以不负陛下的隆恩。诸葛亮自己的这种处世态度，为家人树立了很好的榜样。有人认为这是诸葛亮主动向皇帝报告自己的家庭财产情况，开了中国官员申报财产的先河。

读诸葛亮的这两篇短小精悍的家书，字字珠玑，言简意赅，意味深长，特别是名言警句，如"静以修身，俭以养德""非学无以广才，非志无以成学""非淡泊无以明志，非宁静无以致远""淫慢则不能励精，险躁则不能治性""志当存高远"等，成为流传千古的家教、励志名言。

三、嵇康教子避祸全身

嵇康（224—263），字叔夜，谯郡铚县（今安徽濉溪）人。嵇康是魏晋玄学的代表人物，"竹林七贤"的精神领袖。幼年丧父，是在母亲、哥哥的陪伴下长大的："母兄鞠育，有慈无威。恃爱肆姐，不训不师。"(《幽愤诗》)嵇康说：因为自己从小失去父亲，全靠母亲的养育、哥哥的培养，年幼无知，被娇纵惯了，并没有像其他小孩一样拜师学习，没有受过系统的儒学教育。因此，他深感孩子有尽早开展教育的必要性。正是基于这样的认识，嵇康在儿子尚未成年时，就写了《家诫》这篇文章，教儿子如何在污浊险恶的环境中，既能保持节操，又能远离灾祸，以保全自己。

首先，强调立志。"人无志，非人也。"他把是否立志看作人与动物的分界线，如果不立志，那人就不成为人。但是应当立什么样的志向呢？嵇康并没有作具体规定，只是指出一条基本原则，具体的志向留待儿子自己去选择。他说："但君子用心，所欲准行，自当量其善者，必拟议而后动。"君子考虑事情，应当效法好人好事，经过认真思考筹划后，再付诸行动。立志要做的事，就在心里发誓做好，一定不要放弃。嵇康虽然并没有说立什么样的志，但在他的文章中却颂扬了"忠臣烈士"，比如伯夷、叔齐、苏武等，认为他们是"守志之盛者"。可见，在嵇康的心目中，他的志向与这些忠烈之士是一致的。嵇康的这种思想，其实也直接影响到他的孩子，其子嵇绍后来为保卫晋惠帝而死，也算得上是嵇康所赞赏的"忠臣烈士"。

在确定志向的前提下，嵇康强调守志。"若志之所之，则口与心誓，守死无二。耻躬不逮，期于必济。"如果所做的事情与自己志向是一致的，那就要心口合一，知行合一，坚守到死也不改变；如果尽力去做了，仍然未达到目的，那么就应当感到羞愧，一定要继续努力，尽力把事情做成。反过来，如果志向不坚定，那可能就会一无所成。嵇康说：

> 虽荣华熠耀，无结秀之勋；终年之勤，无一旦之功。

如果没有坚定的志向，那么所做的事情虽然看起来像漂亮的花朵，但是不能结出果实，不可能产生实际的成果；如果没有坚定的志向，虽然终年忙碌勤奋，也不会有功成名就的那一天。

嵇康在要求儿子坚持自己志向的同时，又告诉他处理人际关系时要善于融通，以达到避祸的目的。那么如何做才算是融通处世呢？嵇康告诉儿子，要做到以下几个方面：

第一，处理好与自己的顶头上司的关系。"所居长吏，但宜敬之而已矣。不当极亲密，不宜数往，往当有时。"嵇康说：对于自己的顶头上司表示尊敬就可以了，关系不宜过于亲密，更不要太频繁地去见他，去见他的次数应该有所节制。

第二，尽量不接受别人请托，以保全自己。嵇康告诉儿子，如果遇到有人请你帮忙办事，你应该用谦逊的话加以婉拒：告诉他，自己向来不参与这类事，请对方谅解。如果别人的事情确实紧急，你心中又不忍拒绝，那你可以表面拒绝，但是在暗中帮助他。因为这样做不但自己可以减少很多麻烦事，而且可以断绝庸人和贪婪之徒无穷尽、无休止的请求，这样至少可以保全自己，对自己的名声也不会产生太大的负面影响。

第三，要尽量坚持自己正确的选择，同时倾听别人的意见。嵇康告诉儿子，大凡做事之前，自己先要进行全面的权衡，考虑它是否可行。如果觉得是可行的，那就应该坚定地去做。如果别人想改变它，要弄清楚对方要改变的理由。假如对方的理由非常充分，那就不要为了坚持自己的错误而强词夺理地驳斥对方。如果对方的理由不足，仅仅是用世俗人情来请求你改变，虽然是说了一遍又一遍，求了一次又一次，但你仍然应该坚持自己的选择，不要有任何改变。

第四，在帮助别人时，应该考虑到是否能给自己带来好处。嵇康说：如果有人盯着你，对你有所企求，你要先自己研究一下。如果你帮助了他，却给自己带来很大的损失，给自己带来的道义、声誉都很少，即便他不停地、低三下四地央求，仍然应当毅然决然地拒绝他。

第五，说话一定要谨慎。嵇康告诉儿子，一定要善于隐忍，如果不善于表达某个意思，就"权且忍之"，要善于保持沉默。如果谈话中对方的话并没有什么见解，那你就以沉默来对付，不要参与争论。在喝酒的时候，如果出现争吵的情况，局面越来越激烈，你就应当离开，以免卷入更大的纷争。如果实在无法离开，那最好的办法就是装醉，无论人家怎样逼你，你一定不要把心里话说出来，这才是有定力、有志向的表现。

第六，为了道义一定要保持节操。嵇康告诫儿子说：

> 不须作小小卑恭，当大谦裕；不须作小小廉耻，当全大让。若临朝让官，临义让生，若孔文举求代兄死，此忠臣烈士之节。

嵇康说：你不应当只有小小的卑谦恭敬，而应当谦虚大度；不需要注重小廉小耻，而应当保全大的谦让。

　　第七，不要想知道别人干的不法之事，更不要与不法之徒同流合污。嵇康提出"彼知我知之，则有忌于我"，有时甚至可能会因此招来灭顶之灾。此外，如果听到别人的不法之语，今后一旦败露，就说自己知道别人的事情，一定会受到牵连。因此，一旦看到有人窃窃私语，你一定不要靠近，应该尽量远离。如果别人强迫你同流合污，参与干非法的事情，你一定要严词拒绝。当然，对于别人开玩笑的话，你一定不要做出正义凛然的样子，只要以沉默应对就可以了。

　　第八，不能轻易接受别人的礼品。如果不是和你关系非常好的朋友，他要送给你布帛、车子、服装等礼品，应坚决予以拒绝。这是为什么呢？嵇康认为，一般人都是轻义重利的，他主动把自己的东西送给你，那他一定是有目的的。他耗费自己的财物来跟你搞好关系，一定是为了寻求回报的，这是庸俗的小人所喜欢的，但君子是深恶痛绝的。

　　第九，不要劝人喝酒。嵇康告诉儿子，看到别人已经喝得醉醺醺的了，就应停止劝酒；自己也不能喝到烂醉如泥，应该有所节制。如果别人来劝酒，自己虽然不想喝，也要举杯做出欢饮的样子，以免扫了别人的兴。

　　由于嵇康的性格是"刚肠疾恶，轻肆直言，遇事便发"（《与山巨源绝交书》），上面所说的他对儿子的告诫，实际他自己都没有做到，与他的平生言行是不一致的。但是，确实像鲁迅先生说的那样，像嵇康、阮籍这样的名士放浪形骸，是他们对司马氏在尊礼教的幌子下篡夺曹魏政权的不满，其实他们的内心并不反对礼教，还是希望子女按照儒家伦理道德规范来处世，这是嵇康的家教与其平生言行相脱节的内在原因。

四、颜延之以《庭诰》教子

颜延之（384—456），字延年，琅琊临沂（今属山东临沂）人，南朝宋文学家。他在少年时代就喜欢读书，博览群书，诗文一流，其时与著名诗人谢灵运齐名，被称为"颜谢"。《庭诰》者，施于闺庭之内，谓不远也。"（《宋书》卷七三《颜延之传》）《庭诰》是颜延之的教子文，是在家庭内部实行的。其主要内容有以下几个方面：

第一，家长在家教过程中应当以身作则。《庭诰》首先提出：

> 道者识之公，情者德之私。公通，可以使神明加向；私塞，不能令妻子移心。是以昔之善为士者，必捐情反道，合公屏私。

道是知识的公理，情则是德行的私欲。公理通达可以使神明响应，私欲阻塞则不能使妻子儿女改变主意。所以过去为善者总是舍弃私欲，以合于公理。

从这一观点出发，颜延之提出家长在家教过程中应以身作则。他说：想要教育孩子孝顺，做父亲的自己必须慈爱；

想教育弟弟做到对兄长的敬重，做哥哥的必须做到友爱。虽然孝顺并不是等有了慈爱以后才会有，但是慈爱却能培养出孝顺；虽然敬爱并不是等有了友爱之后才会有，但友爱却能培养出敬爱来。因此，他认为父亲、哥哥必须先做出表率，这样才可以让儿子、弟弟表现出孝敬和恭敬来。

第二，应当教育子弟成为谦退稳重的人。《庭诰》说：

> 内居德本，外夷民誉，言高一世，处之逾默，器重一时，体之滋冲，不以所能干众，不以所长议物。

那些内心守护着道德根本的人，在外是能得到异口同声赞誉的，言谈不同凡响的人从不夸夸其谈；才能出众的人更加谦逊，不依仗自己的能力去触犯大众，不仗着自己的所长去讥议别人。颜延之要求子弟一定不能成为既无德无能，又总想出风头的人。颜延之在《庭诰》中又强调：

> 言不出于户牖，自以为道义久立；才未信于仆妾，而曰我有以过人，于是感苟锐之志，驰倾触之望，岂悟已挂有识之裁，入修家之诚乎？记所云"千人所指，无病自死"者也。行近于此者，吾不愿闻之矣。

有的人说话的影响连家门都出不了，却认为自己早就把真理握在手里；他们的才干连自己的随从、小妾都不相信，反而说自己是有过人本事的人。于是他们凭借着苟且之志蠢蠢欲动，同时患得患失之心无休无止。他们哪里能领悟到，自己早就为有识之士所不齿，成为家庭教育的反面典型了。这就是经书传记上所说的"千人所指，无病自死"的人。颜延之告诫家人，行为和这种人相近的人，自己听都不愿听到他们的名字。

颜延之的三个儿子都当官，尤其是长子颜竣任中书令等官，"权倾一朝"，颜延之的谦退稳重之说就是针对儿子的这种情况而说的。很可惜的是，对于父亲的训诫，颜竣似乎并没有听进去，他自高自大，多次谏阻皇帝兴土木，丝毫没有忌讳，后被皇帝外放为东扬刺史。颜竣心怀怨恨，议论朝政得失，于大明三年（459）被孝武帝赐死，他的儿子即颜延之的孙子也被杀害。

第三，颜延之要求子弟节制自己的欲望。他认为人的欲望虽然与生俱来，但它与人性的关系就像烟与火、桂树与蛀虫一样。《庭诰》说：

> 虽生必有之，而生之德，犹火含烟而烟妨火，桂怀蠹而蠹残桂。然则火胜则烟灭，蠹壮则桂折。故性明者欲简，嗜繁者气惛。去明即惛，难以生矣。

虽然人生下来一定有欲望，但天性中的道德，就好比火中有烟，而烟妨碍火势；桂树有害虫，而害虫摧残桂树。然而，假如火势胜，烟就会灭；害虫肥壮，桂树就会夭折。所以，天性明畅的人就会力求简朴，嗜好太多的人就会让人的道德不能彰显；如果道德不能彰显，人就会变得昏晦，难以有健全的人格。因此，颜延之教育子弟应该淡泊一些，认为欲望过多则会利令智昏。喝酒也是人的一种欲望，尽管颜延之自己嗜酒如命，但是却主张节酒："酒酌之设，可乐而不可嗜，嗜而非病者希。"喝酒确实可以让人感受到欢愉，但颜延之认为不可嗜酒贪杯。在他看来，嗜酒的人极少有不生病的。对于朋友聚会，也应该有所节制，但是不能不参加，如果不参加就违背世俗人情，会被人责怪。参加聚会时，不能放肆地调笑，这样容易因为失态而自取其辱。

第四，颜延之教育子弟交朋友应该重义气。他说：

> 游道虽广，交义为长。得在可久，失在轻绝。久由相敬，绝由相狎。爱之勿劳，当扶其正性，忠而勿诲，必藏其枉情。辅以艺业，会以文辞，使亲不可亵，疏不可间，每存大德，无挟小怨。率此往也，足以相终。

交朋友的方法、方式虽然很多，但只有以仁义相交才能交到真正的朋友。交朋友之得在于能够持久，交朋友之失在于轻易与其断绝往来。长久交往是由于朋友间的相互尊敬，断绝则是由于太过亲密，相互戏狎。对于关系特别好的朋友也不要包容他的一切，应该赞扬他端正的品性，忠心耿耿地对待他，而不是说教。朋友相交时一定要收起自己的虚情假意，多交流讨论学业、诗文，使朋友之间亲近而不狎亵，有距离但也不至于有隔阂。交朋友的时候，要常常想着别人的好处、长处，忘掉他的缺点，依照这些原则去交朋友，足以善始善终。他还特别指出，要警惕那些表里不一、两面三刀的假朋友，决不能亲近他们。

第五，对付别人毁谤的最好办法是自省，而不是责人。《庭诰》说：

> 流言谤议，有道所不免，况在阙薄，难用算防。接应之方，言必出己。或信不素积，嫌间所袭，或性不和物，尤怨所聚。有一于此，何处逃毁。苟能反悔在我，而无责于人，必有达鉴，昭其情远，识迹其事。日省吾躬，月料吾志，宽默以居，洁静以期，神道必在，何恤人言。

即便是道德高尚的人，也难免遭受流言蜚语的诽谤、非议，何况自己道德修为不够，就更加难以算计防范。要解决这一问题，一定要从自己身上找原因。有的人经常不讲信用，往往流言就会集中到他头上。有的人与别人关系极差，往往成为别人怨恨的对象。如果没有信义，又有很多人怨恨，诽谤、非议就在所难免了。如果能反思自己的所作所为，而不对别人求全责备，就一定能明白是非产生的原因和问题的真伪。每天三省自身，每月梳理自己的思想，宽心少语地过日子，使自己的品行高尚起来，神灵必然会保佑，还怕别人诽谤、议论吗？因此，在颜延之看来，社会生活中流言、谤议在所难免，有的因不受信任，有的因性格不合，对付谤议最好的方法是自省而不是责人。

应该说，《庭诰》多为人生格言，是颜延之长期生活经验的总结，他自谓其文"咸其素蓄，本乎性灵，而致之心用"。颜延之的《庭诰》是可以和颜之推的《颜氏家训》相媲美的早期成熟的家训作品。

五、《颜氏家训》为"百代家训之祖"

《颜氏家训》是我国古代最早、最有代表性的家训,其蕴含的家教思想远远超出了教育颜氏子孙的范畴,不但在范围上影响全国,而且在时间上亦影响至今。宋代的学者陈振孙在《直斋书录解题》中说"古今家训,以此为祖",后人称之为"百代家训之祖"。

(一) 颜之推和《颜氏家训》的产生与影响

颜之推(531—约597)出生在南朝梁代的江陵(今湖北江陵)。二十三岁时,北朝西魏军队攻陷江陵,在梁为官的颜之推被遣送至西魏。两年后,他带领全家冒险逃往北齐,想借道北齐返回江南,不料又遇到陈霸先废梁自立,建立了陈,颜之推只好留在北齐做官。二十年后,北齐为北周所亡,他又入北周为官。四年后隋灭北周,颜之推又入隋为官。所以,颜之推一生经历了梁、北齐、北周、隋四朝,在四个朝代都做过官。其中,以在北齐做官的时间最久,长达二十年,官至黄门侍郎,官位也最清显,因此,在《颜氏家训》中,他自署"北齐黄门侍郎颜之推撰"。

颜之推所属的琅琊颜氏家族是魏晋时期出现的上百个大门阀士族之一。颜氏家族是孔子最喜爱的弟子颜回的后代,汉末以后逐渐发展成为一个大士族。在曹魏时,颜家就出了几个两千石的高官。东晋,颜含做到了侍中、国子祭酒,封西平靖侯。颜之推为颜含的九世孙。其后的琅琊颜氏家族一直人才辈出,比如唐朝著名学者颜师古、著名书法家颜真卿、"安史之乱"中壮烈牺牲的颜杲卿、颜季明等。

《颜氏家训》一书是颜之推在北齐做官的时候动笔撰写，至隋文帝时最后完成。现代学者王利器先生列举了许多证据，说明此书成于隋朝：

第一，《颜氏家训》中有避隋文帝杨坚之父杨忠之讳的地方。比如，《序致》中有"圣贤之书，教人诚孝"，《勉学》中有"不忘诚谏，以利社稷"，《省事》中有"贾诚以求位"，《养生》有"行诚孝而见贼"，《归心》有"诚孝在心"和"诚臣殉主而弃亲"。在这些句子中，"诚"字都本应该是"忠"字。

第二，《风操》有"今日天下大同"之说，《终制》中有"今虽混一，家道馨穷"之说，应该都是针对隋朝统一中国的表述。

第三，《书证》曾引述国子博士萧该说，而据《隋书·儒林传》："兰陵萧该者，梁鄱阳王恢之孙也。……开皇初，赐爵山阴县公，拜国子博士。"国子博士是萧该入隋之后的官职。

第四，《书证》中还直接提到隋朝的年号，"开皇二年五月，长安民掘得秦时铁称权"。

依据以上这些证据，王利器先生认为《颜氏家训》是在隋朝成书的。

《颜氏家训》共分七卷二十篇。第一篇是《序致》，为全书的序言，主要说明了写这本书的目的。第二篇是《教子》，以古代圣贤的教子之法，以及因宠爱失教而至败亡的事例，说明对子弟不能过分宠爱。第三篇是《兄弟》，反复论述兄弟之爱。第四篇是《后娶》，讲后母与前妻之子的关系。第五篇是《治家》，讲述治家的诸多要素，比如父慈子孝、兄友弟恭等。第六篇是《风操》，讲六朝时期颇为注重的所谓风度节操，具体而言是有关称呼、避讳以及吊死慰丧、迎宾送客、分手饯送、居丧供斋等内容。第七篇是《慕贤》，讲礼敬贤哲。第八篇是《勉学》，篇幅较大，讲学习的重要性、必要性和方法。第九篇是《文章》，教育子孙如何作文。第十篇是《名实》，讲述无论是为人还是为学作文，都要表里如一，名实相副，而不要厚貌深奸，浮华虚称，沽名钓誉。第十一篇是《涉务》，要求子孙要学问渊博，才能强干，识见高远，才学识力足以明练时事，经理事务。第十二篇是《省事》，要求子孙切莫多所经营综理，贪多务得，泛泛无归，流于梗概，一事无成，而要省事执一，专心一意，以期精熟。第十三篇是《止足》，讲要少欲知足，谦逊冲损。第十四篇是《诫兵》，讲要不靠武力实现飞黄腾达，而要以儒雅为业。第十五篇是《养生》，教子孙养生延年之术。第十六篇是《归心》，即归心佛教。第十七篇《书证》和第十八篇《音辞》，分别为考据之学和辨析声韵。第十九篇是《杂艺》，主要论书法、绘画、射箭、建筑、算术、医方、琴瑟、博弈、投壶等事。第二十篇是《终制》，讲有关丧葬的事宜。

至于写这一本家训的目的，颜之推在《序致》中说，修身、齐家等大道理古代圣贤已经讲了很多，也有很多著作传世，自己再写这些，会不会像"屋上架屋，床上施床"一样重复、啰唆呢？有些道理虽然圣贤都已经讲过了，但是如果经由自己身边的人讲出来，往往更有说服力，用颜之推的话来说就是：

> 夫同言而信，信其所亲；同命而行，行其所服。禁童子之暴谑，则师友之诚，不如傅婢之指挥；止凡人之斗阋，则尧舜之道，不如寡妻之诲谕。（《序致》）

同样的一句话，因为说这句话的是自己所亲近的人，大家就更加容易相信；同样的一个命令，因为它是自己所敬佩的人发出的，大家就会一一照办。比如要禁止小孩子嬉闹、淘气，与其让老师、朋友对其进行管教，还不如交给婢女进行诱导；如果要阻止兄弟之间的吵闹、争斗，用尧、舜等圣人的话来教导，还不如他们的妻子的劝解来得更有效。因此，颜之推是希望自己以长辈的身份来给子孙一些有益的训诫，以便能发挥更好的作用。

颜之推认为，虽然颜氏家族素来风教"整密"，但是因为在自己九岁的时候家庭发生大的变故，父亲过世，之后就没有受到严格的管教，养成了一些坏习惯，长大后花了很长的时间才改掉。他说自己"每常心共口敌，性与情竞，夜觉晓非，今悔昨失，自怜无教，以至于斯"（《序致》）。颜之推说：我经常口是心非，心跟嘴巴作对，理智与情感冲突，夜里觉察到白天的不对，今天追悔昨日的失误。他真正感受到，由于自幼没有得到良好的家教，才会落到现在这个地步，所以不希望子孙们重蹈自己的覆辙，"故留此二十篇，以为汝曹后车耳"（《序致》），所以留下这二十篇文字，用来作为子孙们的前车之鉴。应该说，《颜氏家训》是颜之推这位负责任的家长深思熟虑的产物，其中饱含了中国传统家庭教育的精髓。

（二）及早施教，少成若天性

《教子》，讲的是教育子女的问题。颜之推在这一篇中提出了几个关于教育子女的重要见解，对于我们今天开展家庭教育仍然有一定的参考价值。

首先强调教育子女应该从小开始，越早越好。颜之推认为，在孩子没有出生以前就应该开始教育，也就是胎教。他提到古代圣王"有胎教之法"，王妃们"怀子三月，出居别宫，目不邪视，耳不妄听，音声滋味，以礼节之"（《教子》）。皇宫的妃嫔怀孕到三个月的时候，就要搬到另外的宫殿去住，眼睛不能乱看，耳朵不能乱听，音乐、饮食都按照"礼"的要求来考虑。这里说到的"胎教"问题，即使用今天的科学眼光来看，也是有相当道理的。

如果说连胎教都要重视，那么孩子出生以后的教育父母就更应该用心了。父母不要以为孩子懵懂无知，不会说话，就不重视对他们的教育。颜之推说：

> 生子咳提，师保固明孝仁礼义，导习之矣。凡庶纵不能尔，当及婴稚，识人颜色，知人喜怒，便加教诲，使为则为，使止则止。比及数岁，可省笞罚。（《教子》）

胎儿出生以后，担任"师"和"保"的人，也就是老师和照顾生活的保姆就要跟孩子讲解孝、仁、礼、义等基本道德知识，并引导孩子学习其他知识。颜之推认为，普通老百姓的家庭纵然做不到这一点，也应该在婴儿开始懂得看人脸色、懂得喜怒等情感的时候，依据一定的原则对他们进行教育，叫他们做，他们就一定得做，叫他们不做，他们就一定不能做，做到令行禁止。只有这样，等孩子长大以后，就可以减少被父母、长辈责骂、鞭打。

事实上，孩子出生以后，马上开始了感知、认识世界的历程，像海绵吸水一样，他们时时刻刻都在吸收、学习。他们学习和吸收知识的速度远远超过成年人，简直可以用"贪婪"来形容。正因为这样，对孩子的教育越早开始越好。颜之推引用孔子的话说："少成若天性，习惯如自然。"好的品德一半是天赋，一半靠少年养成。好的习惯更是需要在青少年时代加以培养，一旦在这个时期养成了坏习惯，长大后就很难改过来。颜之推接着还引用了当时的一句俗谚——"教妇初来，教儿婴孩"来说明这个问题。这句话是说，妻子的教育是从嫁过来的时候开始，孩子的教育则要从婴儿时代开始。为什么妻子的教育要从嫁过来的时候开始呢？因为在传统社会，妻子刚嫁过来的时候，一般只有十五六岁，又没有依靠，在家里基本没有地位，因此，她要想在夫家站稳脚跟，就必须虚心接受丈夫和公公、婆婆的指点、教育才行，这个时候教育最起作用，最容易被接受。为什么教孩子要从婴儿时代开始呢？这是因为孩子刚生下来，离开父母就不能生存，一切都是一张白纸，这个时候教他们什么，他们就能学到什么。"教儿婴孩""少成若天性，习惯如自然"这十四个字，我觉得现在所有父母都应当将其视为座右铭。

颜之推接着以自己为例子来说明这个问题。他说："人生小幼，精神专利，长成已后，思虑散逸，固须早教，勿失机也。"（《勉学》）人在幼小的时候，精神专注敏锐；长大以后，精力、心思都容易分散。因此，必须重视早期教育，切勿错失良机。回忆自己的学习经历，他说："吾七岁时，诵《灵光殿赋》，至于今日，十年一理，犹不遗忘；二十之外，所诵经书，一月废置，便至荒芜矣。"（《勉学》）颜之推说自己七岁的时候，背诵过《灵光殿赋》，直到今天，只要每隔十年温习一遍，仍然不会遗忘。小时候能背诵的诗文长大以后只要稍微温习一下，往往又能背诵了。现在很多人能背诵的诗词、古文，基本都是小时候读过的、背诵过的。但是，二十岁以后背诵的经书，如果放一个月不看，就忘得差不多了。我们大多数人都有与颜之推相似的经验。

尽管颜之推非常强调教育要趁早，但是万一因为种种原因在年少时没能好好读书，是不是就应当放弃了呢？"然人有坎壈，失于盛年，犹当晚学，不可自弃。"（《勉学》）颜之推说：青少年时代生活坎坷，失去了读书的机会，等到年纪大了，如果有机会读书，还是应该努力学习，不可自暴自弃。接着举了很多古人的例子：

孔子云："五十以学《易》，可以无大过矣。"魏武、袁遗，老而弥笃，此皆少学而至老不倦也。曾子七十乃学，名闻天下；荀卿五十，始来游学，犹为硕儒；公孙弘四十余，方读《春秋》，以此遂登丞相；朱云亦四十，始学《易》《论语》；

皇甫谧二十，始受《孝经》《论语》：皆终成大儒。(《勉学》)

在颜之推看来，孔子、曾子、荀子、曹操、公孙弘等人，有的人是从小学到老的，有的人虽然年龄比较大才开始学习，但最后也学有所成。"幼而学者，如日出之光；老而学者，如秉烛夜行，犹贤乎瞑目而无见者也。"(《勉学》)在颜之推看来，小时候好学，就像旭日东升时放出的光芒；到老了才开始学习，虽然好像手持蜡烛在黑夜里行走，但还是比那种闭着眼睛什么也看不见的人强多了。

（三）家教从严，不能溺爱

《教子》提出的第二个重要观点是教子要从严，不能只爱不教，更不能溺爱。"吾见世间，无教而有爱，每不能然。"现在有些父母，对子女不进行教育，而只是一味宠爱，这是不行的。"父母威严而有慈，则子女畏慎而生孝矣。"做父母的既威严又慈爱，那么子女就会有敬畏之心，并由此产生孝心。

应该说，父母对子女的慈爱，是出自一种天性，甚至可以说是连动物都具有的本能，因为这是任何一个物种要延续自身的生命都必须具备的本性。家长即便没受过任何教育，也本能地知道疼爱自己的子女，正所谓"虎毒不食子"。

然而，对子女要严加管教却不是每个父母都懂得的，都能做得到的，因为这需要更高的理性，更长远的目光。孩子只有经历磨炼才能成才，但有些父母往往不懂得这个道理，总是担心孩子受了委屈，不忍心看孩子受眼前之苦，该骂不骂，该打不打。颜之推说，这是"重于呵怒，伤其颜色，不忍楚挞惨其肌肤耳"，不愿意严厉地呵责怒骂，怕伤了子女的脸面，不忍心用荆条抽打，让子女遭受皮肉之苦。

尽管我们不赞成体罚和打骂孩子，但是也应该看到，有的父母溺爱、放纵自己的子女，甚至失去了最起码的是非准则，确实又走向了另一个极端。"饮食运为，恣其所欲，宜诫翻奖，应呵反笑。"父母对子女的饮食起居、言谈举止，任其为所欲为，有些本来应该要严加训诫的，却反而加以奖励；本来应该要严厉呵责的，却反而一笑了之。父母这样做的结果只能是让孩子不懂得是非，以为只要他自己认可的，就一定是对的。等到他们长大了，习惯已经养成，再来管教就很难改变了。如果真到了这个时候，父母的责骂反而会引起孩子的反感，导致父子之间产生怨恨，甚至可能会养出一些逆子、败家子。"至有识知，谓法当尔。骄慢已习，方复制之，捶挞至死而无威，忿怒日隆而增怨，逮于成长，终为败德。"颜之推说：等到孩子懂事以后，还以为他们所要做的事都是对的，人家都要按照他们的想法去做，骄横轻慢的习性已经养成了，这个时候父母再去管教、制止他们，即使用鞭抽，用棍打，无论怎么严厉，即便是把他们打死了，也难以树立父母的威信。这种家教的结果是，父母对孩子的不满一天天增加，子女对父母的怨恨越来越深，不但导致家庭关系紧张，孩子长大后也很难成为一个德才兼备的、对社会有用的人。

颜之推在《教子》中列举父母宠爱琅琊王的例子来说明纵子不教，必成后患的道理，他说：

齐武成帝子琅琊王，太子母弟也，生而聪慧，帝及后并
笃爱之，衣服饮食，与东宫相准。帝每面称之曰："此黠儿
也，当有所成。"及太子即位，王居别宫，礼数优僭，不与诸
王等。太后犹谓不足，常以为言。年十许岁，骄恣无节，器
服玩好，必拟乘舆；尝朝南殿，见典御进新冰，钩盾献早李，
还索不得，遂大怒，诟曰："至尊已有，我何意无？"不知分
齐，率皆如此。识者多有叔段、州吁之讥。后嫌宰相，遂矫
诏斩之，又惧有救，乃勒麾下军士，防守殿门；既无反心，
受劳而罢，后竟坐此幽薨。

琅琊王既是齐武成帝的三儿子，也是太子的同母弟弟，
天生聪颖，深受齐武成帝和明皇后喜欢，无论吃穿都与太子
享受一样的待遇。齐武成帝经常当面称赞他："这是个非常
聪明的孩子，以后一定会有大出息，有成就的。"太子即位
以后，琅琊王迁到北宫去住了，太后给他的待遇远远高过其
他兄弟。即便如此，太后还会说给他的待遇不够高，不够
好，总是向皇帝提各种要求。琅琊王大约十岁的时候，就变
得骄横恣意，没有任何节制，除了吃、穿的东西，就连用、
住也都要与当皇帝的哥哥攀比。

有一次，琅琊王去南殿朝拜，正巧看到典御官和钩盾令
向皇上进献刚从地窖里取出的冰块和早熟的李子，他就马上
派人去索取。因为没有拿到这两样东西，琅琊王就大发脾
气，并且暴跳如雷地骂道："皇上都有的东西，凭什么我就
没有呢？"看到他这么没有分寸，一些人指责他与古代的共
叔段（春秋时期郑庄公之弟，后因阴谋作乱，被郑庄公发

现后逃到共地，最终客死他国）、州吁（春秋时期卫桓公之弟，杀卫桓公篡位自立，后被卫国大臣石碏等人杀死）是同一类人。后来，琅琊王十分讨厌宰相，就假传圣旨处死了他。在行刑的时候，他又担心会有人来营救，竟然命令手下军士把守皇宫大门。这事儿就闹大了，他居然敢私自派兵把守宫门，这不是想谋反吗？这还了得。虽然他确实没有谋反之心，而且之后很快就撤兵了。但是，当皇帝的哥哥终究还是饶不了他，担心以后再发生类似的事，就下令秘密处死了他。颜之推说，正是父母的溺爱让琅琊王死无葬身之地，这不能不说是一个悲剧。

如果说琅琊王的死，除了父母的溺爱之外，还与激烈的宫廷争斗有密切的关联的话，那么《教子》所说的梁学士的死则与他父亲的教育有更直接的关系。

梁元帝时，有一学士，聪敏有才，为父所宠，失于教义。一言之是，遍于行路，终年誉之；一行之非，掩藏文饰，冀其自改。年登婚宦，暴慢日滋，竟以言语不择，为周逖抽肠衅鼓云。

梁元帝时，有一位学士，不仅聪明，而且相当有才气，父亲非常宠爱他，平时对他进行了不正确的家教：如果他哪句话说得好，父亲就巴不得过往的路人都知道这一句，并且一年到头都把这件事挂在嘴边，到处显摆他的过人才华；如果他某件事出现了失误，父亲就为他百般掩饰，不让别人知道，希望他能够悄悄改掉。这位学士长大以后，凶暴傲慢的脾气日日见长，最终由于他说话不检点，不但被将军周迭杀害了，而且还被残忍地抽出了肠子，拿他的血去涂抹战鼓。颜之推以梁学士的悲惨结局为例子，来说明父母对孩子太过宠爱，反而可能会害了他们，严加管教才是真正的、长远的爱。

颜之推又以王僧辩为例，从正面说明对孩子严加管教的意义。他说：

> 王大司马母魏夫人，性甚严正。王在湓城时，为三千人将，年逾四十，少不如意，犹捶挞之，故能成其勋业。

魏老夫人是两朝大司马王僧辩的母亲，她品性严谨而又方正。王僧辩在湓城的时候，统帅三千士卒，虽然已经四十岁了，但是只要稍微犯一点错，魏老夫人就会用棍棒来教训他。颜之推说，正因为有这么一位严厉的母亲，王僧辩才能有如此高的成就和地位。

中华传统家教一直强调父亲在教育子女方面的重要作用。一般而言，父亲一般比较理性，社会经验也相对丰富，管教孩子往往会比母亲严格一些，因此，平时称自己的父亲为"家严"。母亲则不同，孩子是她们"自己身上掉下来的肉"，天下的母亲几乎没有不疼爱自己孩子的，这是天性，故一般在别人面前谦称自己的母亲为"家慈"。然而，母爱如果缺乏理性的制衡，往往比较容易流为没有原则的溺爱，这对孩子的成长是极为不利的。

我个人觉得，在家庭教育中如果母亲相对严厉一些，产生的效果可能比父亲严厉的效果会更好一些，因为母亲十月怀胎，跟孩子之间在生理上有更直接的关联，心灵上也更容易契合一些，对孩子的了解往往也更加全面。母亲如果批评孩子，可能更能切中要害一些，孩子也能更服气一些，这就是所谓的"慈父严母多忠孝，慈母严父多败儿"。

（四）父子相处，不可狎与简

《教子》提出的第三个重要观点是，父母与子女相处时，应当保持适当距离，不可过分亲密。"父子之严，不可以狎；骨肉之爱，不可以简。简则慈孝不接，狎则怠慢生焉。""狎"，亲昵，亲爱得没有分寸，没有规矩。"简"，怠慢，不周到，不细致。颜之推说：父亲在孩子面前要有威严，不能过分亲密；骨肉之间要相亲相爱，不能过于简慢。如果流于简慢，就无法做到父慈子孝；如果过分亲密，就会产生放肆不敬的行为。

在中国古代的传统观念中，父子之间首先是一种尊卑的关系，这种关系永远不可能颠倒，连君臣关系也是仿照父子关系建立的，所以叫"君父""臣子"。这个尊卑必须严格遵守，否则整个社会就会乱套了。父子关系再亲密，也不可以没有分寸、没有规矩。父母和子女保持一定距离，只是为了更好地实施教育，并不是说父母对子女不慈爱，或子女对父母不孝顺，而是强调慈爱、孝顺都要在承认尊卑上下的基础上进行，只要不破坏这个基础，慈爱与孝顺就越周到越好。

颜之推提醒做父母的既要跟子女保持一定的距离，又强调父母与子女之间要做到慈孝，这是很有见地的看法。现在的父母常常在这个问题上处理得不好，要么是跟子女过于亲密，不注意尊卑，缺乏应有的距离与礼节；要么是漫不经心，关心不够，甚至放任不管。

《教子》提出的第四个重要观点是，多子多孙时，一定平等对待每个孩子，不要偏爱其中的任何一个。

> 人之爱子，罕亦能均；自古及今，此弊多矣。贤俊者自可赏爱，顽鲁者亦当矜怜。有偏宠者，虽欲以厚之，更所以祸之。

颜之推说：从古至今，家长在抚养孩子的过程中，确实很少有能做到对每个孩子的爱都是一样的，很少能做到不多不少平均分配，这其中就有很大的弊端。天资好的孩子自然有值得父母喜爱的地方，天资差一点的孩子同样也需要得到父母的关心爱护。如果偏爱某个孩子，表面上是对他好些，给他更好的条件和便利，但从长远来看，其实可能会害了他。

《教子》提出的第五个重要观点是，父母应该关注子女的人格养成，而要做到这一点，父母必须以身作则，养成良好的自我修养。《教子》讲了这样一个故事：

> 齐朝有一士大夫，尝谓吾曰："我有一儿，年已十七，颇晓书疏，教其鲜卑语及弹琵琶，稍欲通解，以此伏事公卿，无不宠爱，亦要事也。"

北齐有一个士大夫，曾经对颜之推讲，他有一个十七岁的儿子，在其略通文墨之后，就让他学鲜卑语，弹琵琶，用来服侍当时的达官贵人。北齐是鲜卑贵族的政权，琵琶是鲜卑皇族和贵族喜欢的乐器，所以说鲜卑话、弹琵琶，能得到达官贵人的赏识，也就有当官发财的机会。讲完这个故事后，颜之推非常感慨地说："若由此业，自致卿相，亦不愿汝曹为之。"用今天的话来说就是：这个人教育子女的方法真奇怪啊，如果用这种歪门邪道教育子女，即便能让子女当到公卿、宰相，自己也不愿意让他们走这条路。

《治家》再次提出父母的身教对子女的影响。《治家》第一段说：

> 夫风化者，自上而行于下者也，自先而施于后者也。是以父不慈则子不孝，兄不友则弟不恭，夫不义则妇不顺矣。父慈而子逆，兄友而弟傲，夫义而妇陵，则天之凶民，乃刑戮之所摄，非训导之所移也。

所谓教育感化，是从上面推行到下面，由前人延续到后人的。因此，如果父亲不慈爱，儿子就不会孝顺；兄长不友爱，弟弟就不会恭敬；丈夫违背道义，妻子就不会顺从。如果父亲慈爱而儿子忤逆，兄长友爱而弟弟倨傲，丈夫不违背道义而妻子刁横，这样的人是天生的恶人，只有用刑罚、杀戮来使他们畏惧，而不是训诫引导能改变得了的。

颜之推在这里首先提到，家教就是要在家庭里形成"风化"。"风"在这里是指风气、家风、门风，是一个家庭长期以来所形成的传统；"化"就是教化、教育。"风"与"化"

都含有"上"对"下"的影响与教育之义。由长辈的言行带动、影响晚辈。所以，在开展家教时，包括父母在内的长辈是关键，长辈要给晚辈做出榜样。

正如颜之推所批评的，我们现在的父母个个都望子成龙、望女成凤，希望子孙发达，但是怎样才能达到目标呢？一些目光短浅的父母往往只看到眼前的利益，总想走捷径，甚至不择手段，忽视孩子的性格、心理、情绪、人际交往、抗压能力等方面的教育，而不知道教育子女的根本原则是要教他们走正道，让他们做堂堂正正的人。

其实，培养孩子的道德品质是没有捷径的。如果说有比较有效的方法，那就是颜之推说的，要靠父母的身教。父母自己思想境界高，堂堂正正，事业有成就，对社会有贡献，就是子女学习的最好榜样。如果做父母的自己天天打麻将，天天玩手机，甚至沉溺于赌博、电子游戏，价值观低俗，却要子女不打麻将，不沉溺网络，甚至要子女高雅，这如何办得到呢？前面讲到的，颜之推描写的那个教儿子说鲜卑话、弹琵琶的北齐士人，他自己就是一个趋炎附势而不懂大义的小人，他的孩子自然很难真正成才。

做一个君子还是做一个小人，或者说做一个好人还是做一个坏人，对于子女的一生至关重要。在这一点上，父母的言传身教会对孩子的未来产生直接的影响。

（五）宽严相济，治家俭而不奢

为了能更好地管理家庭、家族，《治家》中提出家庭成员在财物金钱的使用上要适度：不可奢侈，也不可吝啬；

不可过于宽松，也不可失之严苛。魏晋南北朝时期的士族家庭基本上是一种自给自足的经济体，这种家庭只要管理得当，家庭成员不懒惰，不浪费，基本上都可以做到衣食无忧。

如果家里的钱财管理不当，会有什么麻烦呢？颜之推举了几个例子。他说："梁孝元世，有中书舍人，治家失度，而过严刻。妻妾遂共货刺客，伺醉而杀之。"梁朝孝元帝的时候，有位中书舍人，治家缺乏一定的原则，对待家人过于严苛。妻子和小妾就串通起来，共同买通刺客，趁他喝醉没有防备时把他杀了，这是他治家过于严苛的结果。

而有的家庭的管理则过于宽松，会使得部分家庭成员胆大妄为，敢于中饱私囊，甚至敢得罪宾客、乡党。颜之推说：

> 世间名士，但务宽仁；至于饮食饷馈，僮仆减损，施惠然诺，妻子节量，狎侮宾客，侵耗乡党：此亦为家之巨蠹矣。齐吏部侍郎房文烈，未尝嗔怒，经霖雨绝粮，遣婢籴米，因尔逃窜，三四许日，方复擒之。房徐曰："举家无食，汝何处来？"竟无捶挞。尝寄人宅，奴婢彻屋为薪略尽，闻之悚惕，卒无一言。

颜之推认为，世上的一些名人志士，只知道宽厚仁慈，他家里用来款待和馈赠客人的食品，经常会被僮仆偷偷拿走一些；承诺用来接济亲友的财物，常常被妻子牢牢控制，甚至发生侮辱宾客、侵犯乡里的事情，这是家庭的极大隐患！

房文烈是齐朝的吏部侍郎，他为人非常随和，从来都不生气。有一次连续下了几场雨，家里的粮食全被吃光了，他就派了一名婢女上街去买米，没想到那个婢女却趁机带着钱逃跑了，直到三四天以后才把她抓回来。但是，房文烈并没有痛打、教训婢女，只是语气平缓地对她说："一家人都没粮食可吃了，你到底跑到哪里去了呢？"房文烈曾经把房子借给别人居住，结果奴婢们把房子的材料拆下来当柴烧，整个房子都快要被拆光了。他知道后，只是皱了皱眉头，却始终没说一句话。在颜之推看来，这种治家方式又过于宽松，往往会导致家破人亡的悲剧发生。

我们现在的家庭结构与魏晋南北朝时期已经大不相同了，现在大多是三口之家、四口之家，大家族、几世同堂已不多见，大多数家庭更没有僮仆的问题。但颜之推所提到的现象，在当今社会可能会换个面目出现，为了钱财夫妻反目、兄弟阋墙的事情层出不穷，保姆与雇主之间的纠纷也常见诸报章。2017年6月22日，杭州出现了保姆为了窃取雇主家里的钱财，纵火烧死一家四口———一位母亲和三个未成年孩子的惨剧，真是触目惊心，让人痛心不已。

颜之推提出，治家还要坚持"施而不奢，俭而不吝"的原则。勤俭持家是中华传统家教的重要内容之一。"勤"和"俭"相辅相成，"勤"是努力工作，为自己的生活换来必要的物质、经济基础；"俭"是控制预算，不要虚荣铺张、超前消费，更不能浪费无度，把钱花在无用的地方。

与一般强调节俭不同，颜之推并不提倡一味的节俭，更不主张吝啬。《治家》中讲了两个故事，其一为：

> 邺下有一领军，贪积已甚，家童八百，誓满一千；朝夕
> 每人肴膳，以十五钱为率，遇有客旅，更无以兼。后坐事伏
> 法，籍其家产，麻鞋一屋，弊衣数库，其余财宝，不可胜言。

京城邺下有个将军，非常贪婪，积聚的钱财多到无法
形容，家僮有八百人之多，但是他并不满足，还发誓要凑
满一千人。家里每个人早晚的饭菜仅以十五文钱为标准，
待遇非常低。即使有客人来，他也丝毫不增加，吝啬到了
极致。后来他犯了事，被判处死刑，官府在清理他的家产
时，发现他家的鞋子堆满了整个屋子，旧衣藏了几个仓库，
财宝也多得数不完。颜之推说，这个人过于吝啬，最终没
有好下场。

另一个故事非常有趣，讲的是一个南阳富翁是如何对待
女婿的：

> 南阳有人，为生奥博，性殊俭吝，冬至后女婿谒之，乃
> 设一铜瓯酒，数脔獐肉；婿恨其单率，一举尽之。主人愕然，
> 俯仰命益，如此者再，退而责其女曰："某郎好酒，故汝常
> 贫。"及其死后，诸子争财，兄遂杀弟。

南阳有个富翁非常吝啬，冬至以后，女婿上门来拜见岳
父母。富翁设宴招待女婿，但是桌上只有一小杯酒和几小块
肉，简直可以用少得可怜来形容。女婿看到这种情况，认为
岳父太小气了，实在气不过，就拿这点酒菜出气，一口气把
桌上的这点酒肉全部消灭掉了。岳父看到女婿这么狼吞虎咽

地吃，非常吃惊，又加了一点小菜，女婿干脆一不做二不休，又毫不客气地把这点小菜一扫而光。看到女婿这么能吃，富翁骂女儿说，你丈夫这么能吃能喝，怪不得你家里那么穷。这个喜剧的结尾是悲剧，富翁死后，儿子们为了分财产闹得不可开交，最终出了人命，导致家破人亡。

在颜之推看来，在家庭经济条件允许的基础上，该消费的就要消费，不能过度节俭。持家、理财当然以节约不浪费为原则，但不可把钱财看得太重，捏得太死。要做到"俭而不吝"，即在经济条件允许的范围之内，该花的就要花，不要仅仅为了省钱而不顾日常生活品质，否则就是吝啬，而不是节俭。如果治家过于吝啬，对孩子树立正确的价值观是没有好处的。前一段时间网上有人发一篇文章，标题是"极贫出身的坏人多，大贪官出身多极穷"，主要理由是这些官员小时候穷怕了，他们一旦大权在握，就开始穷凶极恶地大肆贪墨。尽管这一观点有些片面，但不能否认的是有一部分官员因为小时候家里太穷，导致他们对于物质的极度渴望，利欲熏心，最终使用非法手段来攫取财富。家庭物质匮乏让这一部分官员的价值观出了问题，这确实是他们走向贪污受贿的原因之一。

（六）勤学数年，方可立足保家

无论是古代，还是现在，中国家庭尤其是士人家庭，或者说读书人家庭都特别重视学习。学习对青少年而言尤其重要，因为在这一过程中不仅可以学到各种各样的知识、技能，还能学到做人、处事的根本道理。颜之推反复告诫子孙，学习是人生的大事，没有什么比这更重要的。

在《勉学》中，颜之推首先告诫子孙，无论什么人都要努力学习，"自古明王圣帝犹须勤学，况凡庶乎！"连皇帝都要勤奋读书，更何况我们这样的普通老百姓呢！确实如此，比如清朝第一个皇帝顺治帝，读书非常刻苦，甚至读到吐血。康熙皇帝在亲政之前，每天读书多达十余小时，经、史、子、集能背得滚瓜烂熟。颜之推认为，一个人在年轻的时候下狠工夫，好好读几年书，打下坚实的知识基础，实在是非常有必要的。他说："何惜数年勤学，长受一生愧辱哉！"为什么不愿意花几年时间去勤奋学习，而承受一生因为无知无识所带来的羞愧和屈辱呢！这是颜之推对子孙的恳切告诫。

颜之推认为，一个人要在社会上立足，把书读好才是最可靠的，这一点在社会剧变、改朝换代时看得最清楚。颜之推一生经历了梁朝、北齐、北周和隋朝，亲眼看到在"朝事迁革"时，许多权贵子弟突然失去父亲、兄弟等亲人的庇护，自己又不学无术，毫无一技之长，无法在社会上立足，弄得狼狈不堪，有的甚至结局非常悲惨。而那些曾经努力读书，有真才实学的人，无论社会怎么变化，他们总可以找到事做，不至于沦为"小人"。"小人"一词在魏晋南北朝时期一般指非士族的平民百姓。颜之推自己就是一个例子，他因为学问好，无论朝代怎么更迭，都能做上官，而且官位还比较高。他以自己的亲身见闻、经历告诫子孙说：

> 自荒乱已来，诸见俘虏。虽百世小人，知读《论语》《孝

经》者，尚为人师；虽千载冠冕，不晓书记者，莫不耕田养马。以此观之，安可不自勉耶？若能常保数百卷书，千载终不为小人也。（《勉学》）

颜之推说：自从兵荒马乱以来，我见过不少俘虏，其中有些人虽然世世代代都是平民百姓，但由于读过《论语》《孝经》等儒家经典，他们还可以去当老师谋生；而另外的一些人，尽管世世代代都是世家大族的子弟，但由于他们胸无点墨，结果几乎沦为种地、养马的奴仆。他告诫子孙，怎么能不勉励自己刻苦学习呢？如果自己满腹经纶，就是再过一千年也不会沦为低贱的小人。

为什么每到社会大变动时期，一个人的穷通荣枯与教育程度的关系会表现得尤为明显呢？这是因为社会稳定时，出身富贵家族的子弟毫不费力就可以过上优裕的生活。而一旦社会发生动荡，士族之家可能因受到影响而走向衰败，这时就需要士族子弟自己谋生了。一个读书的、有真才实学的人总可以找到立足之所，而一个不读书、胸无点墨的人沦为贫民的可能性就会明显增加。

一个人即便天赋一般、机遇一般，但是如果有足够的知识储备，即使不能干出惊天动地的伟业，但至少也具备了立足社会、养家糊口的本事。颜之推告诫子孙说：

父兄不可常依，乡国不可常保，一旦流离，无人庇荫，当自求诸身耳。谚曰："积财千万，不如薄伎在身。"伎之易习而可贵者，无过读书也。（《勉学》）

颜之推说：父亲、兄长是不可能长期依靠的，家庭也是不可能常保无事，一旦发生变故，没有人能荫庇、帮助时，就只能靠自己了。俗谚说："家有财富千万，不如身有一技之长。"各种技艺中最容易学习而最有效果的，莫过于读书。

有的人从根本上就怀疑这个道理，他往往会列举很多个例子告诉你，有的人不读书但仍可以大富大贵、家财万贯，有的人虽然饱读诗书，却穷得家徒四壁。于是他们得出结论：读书是没用的。对此，颜之推在《勉学》中的回答是，没有经过努力读书而能大富大贵的例子肯定是有的，一种是运气特别好的人，一种是天纵英才，不是普通人能做到的。不努力读书，想靠侥幸取得富贵，绝大多数人都会以失败告终。他说："身死名灭者如牛毛，角立杰出者如芝草。"身死名灭者多如牛毛，出类拔萃者少如芝草。踏踏实实靠读书取得名利的人，虽然也有失败的，但毕竟不多，成功者的数量远远超过失败的。"苦辛无益者如日蚀，逸乐名利者如秋荼。"辛辛苦苦读了一辈子书，却一点都没有享受到读书的好处的人，像日蚀一样少；名利双收、生活安逸的人，却像秋草一样多，为什么大家没有看到这一点呢？因此，颜之推非常强调学习对于子弟自身、家庭的重要性。

（七）答疑解惑，指导子弟学习

在《颜氏家训》中，颜之推还解答子弟们读书过程中产生的种种困惑。子弟们读书遇到的第一个问题是，读书到底是"师古"，还是"师今"？在颜之推看来，学习既要"师今"，也要"师古"。"师今"就是向今人学习，"师古"就是向古人学习，但是一般人常常会重"师今"而轻"师古"。对此，颜之推在《勉学》中说：

> 人见邻里亲戚有佳快者，使子弟慕而学之，不知使学古人，何其蔽也哉？世人但知跨马被甲，长矟强弓，便云我能为将；不知明乎天道，辨乎地利，比量逆顺，鉴达兴亡之妙也。但知承上接下，积财聚谷，便云我能为相；不知敬鬼事神，移风易俗，调节阴阳，荐举贤圣之至也。但知私财不入，公事夙办，便云我能治民；不知诚己刑物，执辔如组，反风灭火，化鸱为凤之术也。但知抱令守律，早刑晚舍，便云我能平狱；不知同辕观罪，分剑追财，假言而奸露，不问而情得之察也。爱及农商工贾，厮役奴隶，钓鱼屠肉，饭牛牧羊，皆有先达，可为师表，博学求之，无不利于事也。

颜之推说：人们看到乡邻亲戚中有优秀的人物，就让自己的子弟仰慕他们，向他们学习。但是这些家长却不知道，不让自己的子弟向古人学习，这是非常愚昧无知的事！家长们看到将军骑骏马、披铠甲、挺长矛、挽强弓，就以为自己的子弟也能当将军，却不知道了解天气的阴晴寒暑，分辨地理的远近险易，估量形势的逆顺优劣，洞悉国家兴亡盛衰的种种奥妙等当将军必须具备的知识。家长们往往认为宰相也不难做，只要秉持皇帝的旨意，指挥下属，为朝廷积累财富、囤储粮食就可以，然后以为自己的子弟也能当宰相，却不知道敬奉鬼神、移风易俗、调节阴阳、荐贤举能的种种深奥的当宰相的必备知识。家长们只知道当地方官的人做到不中饱私囊，公事及早办理，就以为自己的子弟也能当官管理百姓，却不知道端正自己的品行，为人楷模，更不具备驾驭马车、反风灭火、化鸱为凤等种种做官所必须具备的素质和知识。家长们只知道谨守法令规章、早刑晚赦，就以为自己的子弟也能当负责司法官员了，却不知道同辕观罪、分剑追财，用假言语使伪诈者暴露，根本不需要反复审问等是司法官员的必备知识。在这里颜之推主要是告诉子弟，不能只"师今"，不能只看到现在的将军、宰相、官员等所承担的工作，就以为自己也可以完全胜任，而是需要"师古"，需要广泛地学习前人的知识，才有可能真正胜任这些工作。不仅如此，在颜之推看来，"师古"不能仅仅向古代圣贤学习，古代农夫、商贾、工匠、僮仆、奴隶、渔民、屠夫等职业的人中都曾出现过德行学问非常突出的人，也应该向他们学习，这对成就自己的事业是有很大的帮助的。

子弟们学习过程中的第二个问题是，学习到底是为了自己，还是为了别人？《勉学》：

> 古之学者为己，以补不足也；今之学者为人，但能说之也。古之学者为人，行道以利世也；今之学者为己，修身以求进也。夫学者犹种树也，春玩其华，秋登其实。讲论文章，春华也；修身利行，秋实也。

颜之推说：古人学习是为了自己，用来提升自己的道德水平，弥补自身的不足；现在的人学习是为了别人，只求能说会道，以便向别人炫耀。古人学习是为了别人，他们践行自己的理想以造福社会；现在的人学习是为了自己，他们提高自己的学问涵养以谋求仕进。学习就像种树一样，春天可以观赏它的花朵，秋天可以收获它的果实；讲习讨论文章如同春华，修身养性以利于实践，如同秋实。颜之推在这里告诉子弟，学习的问题不在于"为己"与"为人"，而在于抱着什么态度、什么目的来读书。

颜之推把读书的态度分为两种：一种是正确的态度，他称之为"古之学者"的态度；一种是错误的态度，他称之为"今之学者"的态度。在颜之推看来，读书可以是"为己"。但"为己"在古之学者那里，读书是为了把自己培养成为一个道德修养高，理想远大，能更好地造福于社会的人；而"今之学者"却把读书变成装饰自己、向别人炫耀的资本。"见人读数十卷书，便自高大，凌忽长者，轻慢同列；人疾之如仇敌，恶之如鸱枭。"这句话的意思是：我常常看见某些人读了几十卷书，便自高自大起来，对长者盛气凌人，对同行、同学态度傲慢。别人痛恨他像痛恨仇人，讨厌他像讨厌鸱鸟一样。

从另外一个角度看，颜之推认为读书也可以是"为人"。但"为人"在古之学者那里，是从造福于他人出发，把自己变成一个"有道之人"。而"今之学者"却是用学到的知识和本领来谋求一己私利、当官发财，那就是舍本逐末了。读书既是"为己"，也是"为人"，但要明白"为己"是为了真正完善自己，而不是为了炫耀作秀；"为人"是为别人谋福利，而不是向人索取利益。如果是这样，"为人"和"为己"就可以统一起来。

子弟们学习过程中的第三个问题是，读书到底是博览群书好，还是专精一两本经典好？颜之推引用当时的俗谚说："博士买驴，书券三纸，未有驴字。"有学问的人去买驴，买卖契约写了三张纸，还没有写到一个"驴"字，这是典型的书呆子，或者说掉书袋。

魏晋南北朝时期，社会普遍认为死读一种经书是没有用的，博览群书非常重要。《勉学》里讲到这一变化时说："学之兴废，随世轻重。汉时贤俊，皆以一经弘圣人之道，上明天时，下该人事，用此致卿相者多矣。末俗已来不复尔，空守章句，但诵师言，施之世务，殆无一可。故士大夫子弟，皆以博涉为贵，不肯专儒。梁朝皇孙以下，总丱之年，必先入学，观其志尚，出身已后，便从文吏，略无卒业者。""丱"，古代儿童束的两只向上的辫子，一般是指年幼的孩子。颜之推说：学习风气的兴盛与衰微，是随着世道的变迁而变化的。汉代的贤才俊士们都靠精通一部经书来弘扬圣人之道，上可以明察天文，下可以通晓人事，以此获得卿相之位的人不在少数。到了汉末，风气发生了改变，读书人大多空守章句之学，只知道背诵老师教授的知识。如果靠这些东西来处理政务，恐怕毫无用处。所以后来的士大夫子弟都主张广泛涉猎各种典籍，而不肯专攻一经。梁朝自皇孙以下，在童年时就必定先让他们入学读书，观察他们的志向和爱好，成年以后就去做官了，几乎没有人能够把学业坚持到底。

那么，到底是"博涉"好，还是"专精"好呢？颜之推的意见偏向于"博涉"，他觉得人一辈子的时间非常有限，把有限的时间和精力耗费在繁琐的考据之学上是不值得的。读书以"致用"为贵，只要抓住要领就行，以便腾出精力来建功立业。不过，他又认为，如果一个人能做到博览与专精两全其美，那肯定是最好的。

　　除以上三个问题之外，《颜氏家训》还回答了如何处理"耳受"和"眼学"知识的问题。所谓"耳受"是耳朵听到，也就是听别人讲授的知识。所谓"眼学"是自己读书学习得来的知识。"耳受"的知识往往是口口相传，其中虽然有确切的知识，但往往也会有不大可靠的道听途说；而"眼学"的知识是自己看书得到的，一般比较可靠，除非书本本身有误。颜之推告诫子孙，自己说话、写文章的时候，如果要引用这些知识，尤其是典故、文献，一定要引"眼学"的，不可引"耳受"的，"谈说制文，援引古昔，必须眼学，勿信耳受"。谈话写文章，援引古人和过去的事情，必须是自己从书上亲眼看到、学到的，不能是耳朵听来的。学习要重"眼学"，不可轻信"耳受"，但并不等于说应该关起门来一个人埋头苦学，如果跟好学、饱学的朋友一起切磋，那其实是更有利于提升学习效果的。颜之推引用古人的话来解释，他说："《书》曰：'好问则裕。'《礼》云：'独学而无友，则孤陋而寡闻。'盖须切磋相起明也。见有闭门读书，师心自是，稠人广坐，谬误差失者多矣。"《尚书》说："喜爱请教的人就能知识充裕。"《礼记》说："独自一人学习而没有朋友之间的共同讨论，就会学识浅薄、见闻不广。"因为读书学习是必须互相切磋、互相启发才能明白的。

今天的学习环境、条件比古代好多了，现代学校的制度大大减少了古代那种"闭门读书"的现象，要跟别人讨论问题是很容易的事。但是，我们现在存在着"善于"和"不善于"利用环境、条件的问题，有些人一天到晚跟一些不学无术的狐朋狗友在一起侃大山，不着边际地神聊，这就跟切磋学问扯不上边，只是浪费时间而已。所以家长特别要教导子女，要交品性好的、有学问的朋友，在一起要谈有意义、能增进知识的问题，这样才是有益的。

《颜氏家训》有四万多字，内容非常丰富、全面，限于篇幅，笔者以上只是选择了一部分与家教密切相关的内容进行了解析，希望能为读者朋友们开展家教带来一点启发。

六、李世民教皇子为人与治世

隋唐五代是我国古代家庭教育缓慢发展的时期，家训、家诫等文献问世较少。之所以出现这种情况，主要原因是隋唐处于中国传统帝制社会的上升时期，社会经济、文化空前繁荣，学校教育事业蓬勃发展，从中央到地方、从经学教育到科技专科教育的较为完整的官学体系建立起来了，之前由私学和家学承担的教育任务转由官学来完成，家庭教育和私学教育的重要性明显下降。

唐太宗李世民是中国历史上一位大有作为的开明皇帝，他亲手缔造了"贞观之治"，其文治武功为世人称道，然而他在挑选继承人的时候并不顺利，培养继承人也让他费尽心思。

李世民最初立长子李承乾为太子。然而，李承乾不但腿脚有毛病，而且还与四子濮王李泰为争夺皇位明争暗斗。李泰从小就才华横溢，聪敏绝伦，非常爱文学，擅长写草书、隶书，藏书万卷，是当时有名的书法家、书画鉴赏家。唐太宗允许李泰在自己的府邸设文学馆，并自行招揽学士。贞观十二年（638），李泰开始主持编撰《括地志》，并于贞观十五年完成。李泰深得李世民的宠爱，为太子李承乾所忌惮。也许是因为有李世民的宠爱，李泰也有了登皇帝大位的野心，于是暗中策划夺取太子位。贞观十七年，李承乾因参与第七子齐王李祐的谋反，被废为庶人。李泰因涉嫌谋嫡被贬为东莱郡王。李世民只好改立晋王李治为太子。

除了兄弟内斗之外，皇子们好声色田猎也是李世民面临的一大问题。比如李承乾"好声色，慢游无度"（《旧唐书》卷七六《太宗诸子·恒山王承乾传》）。齐王李祐"溺情群小，尤好弋猎"（《旧唐书》卷七六《太宗诸子·庶人祐传》）。越王李贞虽有才干，却常常偏听谗言，贬退正直的大臣，纵容手下暴打他人。这促使李世民仔细思考问题产生的原因，于是他亲自制定教子方案。李世民将历代开创基业的帝王的事迹、自己与儿子们的经历进行比较，他发现汉代以来诸侯王屡屡失败的原因在于缺乏必要的知识、能力和作为皇帝的基本素质。（这些内容多集中在《贞观政要》中。）正是基于这样的认识，李世民主张用以下四种方法来教育太子和皇子们：

第一种方法是为太子、皇子们选好师傅，并支持师傅们开展教学工作。李世民为太子、皇子们所选的师傅都是"志存忠孝"的名臣和大学问家，比如魏徵、王珪、于志宁、李百药、令狐德棻等。李世民一方面强调要提高教师的地位，诏令有关大臣撰太子接三师的仪注，具体要求是："太子出殿门迎，先拜三师，三师答拜，每门让三师。三师坐，太子乃坐。与三师书，前名惶恐，后名惶恐再拜。"（卷四《尊敬师傅第十》）他还教诫太子、皇子们见师傅如同见父亲，要求"如见我面，宜加尊敬，不得懈怠"（卷四《尊敬师傅第十》）。另一方面鼓励、支持师傅们对太子、皇子们的过失"极言切谏"，也就是直接给他们提意见，甚至进行严厉的批评。比如，贞观五年（631），太子右庶子李百药见太子李承乾嬉游过度，写了一篇《赞道赋》进行讥讽。李世民知道了之后，派人对李百药进行赞扬，他说："朕于皇太子处见卿所作赋，述古来储贰事以诫太子，甚是典要。"（卷四《规谏太子第十二》）故赏给李百药宝马一匹，彩物三百段。至贞观中叶，李承乾骄奢淫逸的情况越来越严重，太子左庶子于志宁撰《谏苑》二十卷进行批评，太子右庶子孔颖达也犯颜进谏。李世民知道后非常高兴，对他们俩都予以嘉奖，二人各赐帛五百匹、黄金一斤。李承乾在当太子的最后几年中，更加肆意妄为，对师傅的规谏不仅置若罔闻，而且还辱骂张玄素"患风狂"（大致是我们现在所说的神经病），派人殴打师傅，"殆至于死"，甚至派刺客行刺张玄素和于志宁。好在此时李承乾被废，他请的刺客也良心发现，刺杀的图谋才没有得逞。应该说，正是由于李世民的大力支持，才使师傅们甘冒风险，尽心竭力地履行了自己的职责。

第二种方法是作为皇帝的李世民总是抓紧点滴时间教育太子，尤其是在废李承乾转立李治为太子之后，对李治更是

"遇物必有诲谕"，每每看到事物，都会借机教育太子。比如，李治准备吃饭时，李世民就会问他："你知道饭是怎样来的吗？"太子回答说："不知道。"李世民就教育他说："凡稼穑艰难，皆出人力，不夺其时，常有此饭。"（卷四《教戒太子诸王第十一》）耕田种地、收获庄稼是一件非常辛苦的事情，这些粮食全部是农民辛苦换来的。只有不去占用农民的劳作时间，才会有粮食吃。李世民这是告诉李治，要惜农，不能占用农时，影响农业生产。

看到李治在骑马，李世民就会问："你知道马的作用是什么吗？"李治回答说："不知道。"李世民告诉他："能代人劳苦者也，以时消息，不尽其力，则可以常有马也。"（卷四《教戒太子诸王第十一》）马能够代替人们的一部分辛苦工作，只有让它得到充分的休息，不把它的力量耗尽，这样才能经常有马可骑。李世民这是告诉李治，作为皇帝要更好地统治百姓，就必须懂得休养生息。

看到李治准备乘船，李世民就会问他："你知道船是通过什么来前进的吗？"太子回答说："不知道。"李世民说：

舟所以比人君，水所以比黎庶，水能载舟，亦能覆舟。尔方为人主，可不畏惧！（卷四《教戒太子诸王第十一》）

李世民说：船好比是君王，水好比是百姓，水能浮载船，也能掀翻船只。你将来做了君主，能不害怕畏惧百姓吗？当然，"水能载舟，亦能覆舟"这句话并不是李世民首先提出来的。孔子说："舟非水不行，水入舟则没。"（《孔子家语》)《荀子·王制》中说："君者，舟也；庶人者，水也。水则载舟，水则覆舟。""载舟""覆舟"的比喻历来是当政者遵守的至理名言。李世民这是在告诉李治，当皇帝一定要注意体察民情，留心民意。

看到李治在一棵弯弯曲曲的树下休息，李世民又问他："你知道怎样才能将这棵弯曲的树变直吗？"李治回答说："不知道。"李世民教诲他说：

> 此木虽曲，得绳则正；为人君虽无道，受谏则圣。此傅说所言，可以自鉴。（卷四《教戒太子诸王第十一》）

这棵树虽然弯曲，但是通过墨线，就可以把它变成笔直的木材。皇帝难免有时候也会做出荒唐的事情，但只要能虚心纳谏，就可能成为一位圣明的君王，这些都是殷商名臣傅说讲的道理，你可以根据自己的实际情况加以借鉴。

由此可见，李世民善于以小见大、深入浅出地对太子进行为君之道的教育，使太子在日常生活中逐渐养成作为贤明君主所必备的素质和才能。

第三种方法是以史为鉴，教育皇子。李世民曾多次召集皇子们，跟他们讲前代帝王之子覆亡的教训，教育他们一定要戒骄戒奢。他以历史教训告诫吴王李恪，荣辱由己，如果他为非作歹，虽自己贵为天子也爱莫能助。他说：

> 父之爱子，人之常情，非待教训而知也。子能忠孝则善矣！若不遵诲诱，忘弃礼法，必自致刑戮。父虽爱之，将如

之何？昔汉武帝既崩，昭帝嗣立，燕王旦素骄纵，诗张不服，霍光遗一折简诛之，则身死国除。夫为臣子，不得不慎。（卷四《教戒太子诸王第十一》）

父亲疼爱自己的孩子，这是人之常情，即使没有接受过教育的人也知道这么做，儿子能够尽忠尽孝就对了，如果儿子不遵循教诲，胡作非为，违法乱纪，忘掉了做人的基本规范，就一定会有牢狱之灾。如果到这一地步，就算父母再疼爱他，又有什么办法来帮助他呢？汉武帝驾崩之后，昭帝继承了皇位。燕王刘旦一向自大，从来都不愿意服从别人。霍光辅佐昭帝，用一道御书就逼他自杀了，导致身死国亡，身为臣子不能不谨慎。为使皇子们能从之前一些帝王、大臣的事迹中吸取教训，自我约束，李世民还命令魏徵收集古代帝王子女成败之事，编辑成《自古诸侯王善恶录》，其中善、恶各一篇，分赐给各位皇子，希望他们认真学习。

第四种方法是在为政实践中对诸王子进行磨炼。一般来说，高高在上、长期养尊处优的皇子们最缺乏的是对民间疾苦的了解和为政实践的磨炼。为此，李世民要求辅佐太子的于正宁、杜正伦多向皇子们陈说老百姓的利害之事。他说：

卿等辅导太子，常须为说百姓间利害事。朕年十八，犹在民间，百姓艰难，无不谙练。及居帝位，每商量处置，或时有乖疏，得人谏诤，方始觉悟。若无忠谏者为说，何由行得好事？况太子生长深宫，百姓艰难，都不闻见乎？（卷四《教戒太子诸王第十一》）

唐太宗要求师傅们辅导太子的时候，要经常跟他讲一些百姓生活的种种艰辛和困苦。唐太宗回忆说，他自己十八岁的时候，还生活在民间，非常了解百姓的生活情况。等到当上了皇帝，处理政事的时候，依然还是会出现偏差。好在得到大臣们的直言进谏，才有所醒悟。如果没有那些忠心耿耿的大臣们的进谏，自己怎么能够为百姓做好事情呢？唐太宗强调，太子跟自己不同，他从小就生活在深宫之中，既看不到老百姓的困苦，也听不到老百姓疾苦的情况，因此非常担心太子当上皇帝以后能否处理好政务。正是有鉴于此，唐太宗经常设法让皇子们直接参与处理政务，以便能在实践中得到磨炼。李治被立为太子后，"太宗每视朝，常令在侧，观决庶政，或令参议"（《旧唐书》卷四《高宗本纪上》）。晚年的唐太宗还经常命令李治代为处理国事、军事和一些突发事件等，目的是培养他的治国理政能力。唐太宗还任命其他皇子为都督、刺史等官职，让他们负责处理地方军政事务。

　　鉴于自己之前选定太子李承乾最终败亡的教训，晚年的唐太宗更加重视对太子李治的教育，亲自撰写《帝范》十二篇赐给李治，内容主要是做皇帝的规范，以及如何实现长治久安的道理。《帝范》是我国第一部帝王教子为政的专著，对后世皇帝的教子有较大的影响。

　　唐太宗深刻总结了帝王家教的经验教训，形成以防骄奢、培养帝王继承人为主的家教思想，运用当时各种可行的方法，多方面培养太子和皇子们，其家教思想和实践达到中国历史上其他帝王难以企及的水平。

七、柳玭教子高门"可畏不可恃"

柳玭（？—895），京兆府华原（今陕西铜川市耀州区）人。以明经补秘书正字，历官右补阙、殿中侍御史、刑部员外郎、吏部侍郎、御史大夫、泸州刺史等。柳玭为官清廉忠正，唐昭宗曾想要任命他为宰相，但由于宦官进谗言而没有实现。

柳氏家族世代高官，门第显赫，又以严于教子著称，被称为"柳氏家法"。其祖父柳公绰等做官的时候，担任丹州刺史的曾祖父就不准他们吃肉。后来柳公绰在外地任节度使，儿子柳仲郢去看望他，被要求远远下马，步行走进衙门，而且进衙门之后，见到幕僚、夫役都必须行晚辈之礼。

柳玭的祖母也以善于训子著称。柳玭的父亲年幼时酷爱学习，他的祖母便让人将苦参、黄连和熊胆几种很苦的药混合起来，碾成粉，做成丸子，这种丸子的苦完全可以用"超级"来形容。当他父亲晚上熬夜读书，一旦有了睡意的时候，祖母就让他吃这种苦丸子，帮助他赶走瞌睡虫，以便能继续刻苦读书。柳玭的家教思想显然是和这种家庭背景有密切的关系，其中也凝结着柳氏先人的教子经验。

《旧唐书·柳玭传》云："玭尝著书诫其子弟。"《新唐书·柳玭传》则云："常述家训以戒子孙。"这两种文献所记柳玭的家教言论虽略有不同，但都在开篇强调名门望族是"可畏而不可恃"，名门望族的子弟需要有敬畏之心，不能依仗家族的权势、富贵而飞扬跋扈。对于这一点，柳玭有进一步的解释。首先，他强调："门高则自骄，族盛则人之所嫉。"（《旧唐书·柳玭传》）之所以如此，一方面是名门望族的子弟容易因为富贵而变得骄纵，甚至肆无忌惮；另一方面则是因为名门望族的子弟容易遭受别人的嫉妒和窥视，一旦有了过失，就会有人故意，甚至恶意地宣传张扬，落井下石。其次，柳玭认为如果子弟骄纵胡为，败坏了祖先的教训，罪名比起一般人要更大，即使生前侥幸保住了官位，死后也无颜见祖先。再次，柳玭认为富贵之家子弟有真才实学，德行完美，别人未必会注意到，即便知道了以后也未必会相信。但是假如子弟有丝毫虚假，半点瑕疵，别人就会十手争指，争相议论。正因为如此，柳玭告诫家人："所以承世胄者，修己不得不恳，为学不得不坚。"（《旧唐书·柳玭传》）如果要继承家世，修身就不能不勤恳，治学就不能不坚定，千万不能授人以柄，自取其辱。

柳玭教诫子孙要勤于自修，而不可苛求他人。他说：

> 夫人生世，以无能望他人用，以无善望他人爱，用爱无状，则曰："我不遇时，时不急贤。"亦由农夫卤莽而种，而怨天泽之不润，虽欲弗馁，其可得乎？（《旧唐书·柳玭传》）

一个人如果没有任何才能，而希望有人重用他；自己行为不端，而要求别人尊重他。当得不到重用和尊敬时，他就感叹生不逢时，这与农夫不精耕细作而希望有一个好的收成，当收成不好的时候，就抱怨风不调、雨不顺是同样的道理。

为了能让子孙们对家教有更清楚的认识，柳玭向他们讲论了所谓的"柳氏家法"。他说：

> 予幼闻先训，讲论家法。立身以孝悌为基，以恭默为本，以畏怯为务，以勤俭为法，以交结为末事，以气义为凶人。肥家以忍顺，保交以简敬。百行备，疑身之未周；三缄密，虑言之或失。广记如不及，求名如傥来。去奢与骄，庶几减过。莅官则洁己省事，而后可以言守法，守法而后可以言养人。直不近祸，廉不沽名。廪禄虽微，不可易黎甿之膏血；榎楚虽用，不可恣褊狭之胸襟。忧与福不偕，洁与富不并。比见门家子孙，其先正直当官，耿介特立，不畏强御；及其衰也，唯好犯上，更无他能。如其先逊顺处己，和柔保身，以远悔尤；及其衰也，但有暗劣，莫知所宗。此际几微，非贤不达。（《旧唐书·柳玭传》）

柳玭自己在小时候就聆听过祖父讲论家训、家法。他们告诉子孙，立身要以孝顺父母、敬爱兄长为基础，以恭敬宁静为根本，以小心谨慎为要务，以勤劳节俭为准则，以与人交结为最不重要的事，以讲私人义气为最不争气的人。要想使家庭富足就必须忍让和顺，要保持朋友的交情就必须诚实恭敬。对自己有严格要求，尽可能提升自己的道德品质，还唯恐万一有失；再三要求自己言语谨慎，还是要担心说错话。即使有广博的知识，也要想到还有很多方面是不懂的；求取功名时不要那么功利，而要做到水到渠成地得来。一定要注意克服贪鄙吝啬和骄奢淫逸的习气，大致上就可以减少错误和过失。当官的时候要注意清廉简政，而后才可以谈守法、执法。只有能正确地守法、执法，才可以谈培养人才的事。为人一定要正直，不要去做违背法理的事；为人要廉洁，不要去沽名钓誉。薪资俸禄虽然不多，但不能小看这些百姓的膏血；刑具虽然难免会用到，但不能因为自己狭窄的心胸而滥用。忧愁与幸福、高洁与富贵不能同时并存。经常看到世宦之家的一些子孙，他们的祖先正直，光明正大，不畏强权，等到家道衰微的时候，他们就喜好以下犯上，再没有其他能力。假如他们能按照先人的要求谦恭律己，温顺保身，就可以远离过失。等到家道衰微的时候，仅仅有隐藏不露的劣迹，而不知道它的本源。这些细微的道理，不是贤者是不可能很好地理解的。"家法"一词，在《辞海》（第六版）中有一释义为："旧时家长统制家族、训饬子弟的法规。"因此，柳玭所说的"柳氏家法"就是柳氏先辈教育子弟的法规或者要求，其内容虽然比较广泛，但可以用"逊顺处己，柔和保身"八个字来概括。

为了能让子孙们真正明白柳氏家法的含义，柳玭又指出了足以坏名灾己、辱先丧家的五个方面：一是不甘于淡泊，自求安逸，只要是对自己有利，就不顾是非，也不管别人如何议论，唯利是图。二是不学无术，既不通儒家经典，又不懂人情世事，自己无知尚属其次，还妒忌有学问的人。三是嫉贤妒能，厌恶那些胜过自己的人，亲近那些巴结逢迎自己的人，不仅不思进取，反而德义日销。四是毫无敬业精神，反而以勤事为俗流，"崇好慢游，耽嗜麹蘖"（《旧唐书·柳玭传》），一味地吃喝玩乐。五是看重权势，阿谀奉承，趋炎附势。这样虽然一时也能得一官半职，但可能引起群疑众怒，绝不可能长久。在柳玭看来，这五种毛病比任何疾病都更严重，因为疾病还有治好的可能，但这五种毛病却是水平再高明的家长、老师也无法治好的。

为了说明问题，柳玭又列举了正反许多事例，其中有载诸方册的"前贤炯戒"，也有见诸传闻的"近代覆车"。柳玭列举的正面事例有，崔山南的祖母唐夫人侍奉曾祖母长孙夫人尽心尽力，长年累月都是如此，长孙夫人"一日病，言无以报吾妇，冀子孙皆得如妇孝"（《新唐书·柳玭传》）。崔氏之门子孙之盛，其他士族之家无法相比。又比如，裴宽的先人因迎娶已身陷牢狱的魏玄同之女，不失信义，得以子孙繁盛，成为显赫的家族。柳玭列举的反面事例：外郎冯球，其妻子的首饰就值七十万钱，"以卑位贪货，不能正其家，忠于所事，不能保其身"（《新唐书·柳玭传》），最终为人所害。舒元舆因与李繁有矛盾，他当御史的时候，想尽各种办法罗织李繁的罪名，最终自己也没落个好下场。通过这些事例，柳玭得出这样的结论：

> 夫名门右族，莫不由祖考忠孝勤俭以成立之，莫不由子孙顽率奢傲以覆坠之。成立之难如升天，覆坠之易如燎毛。
>
> （《新唐书·柳玭传》）

大凡那些名门望族，没有一个不是因为祖辈、父辈的忠诚孝廉、勤劳节俭而成家立业的，也没有一个不是因为子孙的顽劣轻率、奢淫傲慢而走向衰败的。

柳玭的家教思想抓住了名门望族子弟的心理特点，提出高门"可畏不可恃"这一观点，并阐述了名门望族子弟为人处世和为官的道德规范，要求他们珍惜先辈的创业成果，发扬自立精神，有较强的启示意义，影响深远。在清代名臣张英、曾国藩的家教思想和实践中，都可以清楚地看到柳玭家教思想的影响。

宋元家教家风

☆范仲淹：惟勤学奉公，勿忧前路，慎无好书札，有文性，勿小其志也。

☆司马光：顾人之常情，由俭入奢易，由奢入俭难。

☆陆游：人莫不爱其子孙，爱而不知教之，犹弗爱也。人莫不思其父祖，思而不知奉其教，犹弗思也。

☆朱熹：勿以善小而不为，勿以恶小而为之。

宋元是我国家教发展史上的繁荣时期，尤其是宋代出现的一大批有影响的家教著作，极大地丰富了中国古代的家教思想，使宋代在我国家教史上占有重要的地位。

　　之所以如此，主要有三个方面的原因：一是从先秦至唐代已经积累了丰富的家教经验和思想，为宋代家教思想的发展奠定了基础。二是宋代官方的文教政策使读书人受到特殊的尊重，宋太祖赵匡胤曾经说"宰相须用读书人"（李焘《续资治通鉴长编》卷七，乾德四年五月条），读书人通过科举考试及第任官的机会，以及任官后的待遇之高均是此前少有的。在这种情况下，教子读书应试被许多人视为振兴门户、光宗耀祖的首选之途，家庭教育也因此兴盛起来。三是宋代思想文化的蓬勃发展，出现了一大批有影响的学者、思想家，他们成为宋代家教思想的总结者和创新者，使宋代家教的理论水平明显提升。

一、范仲淹以清苦节俭教子侄

　　范仲淹（989—1052），字希文，苏州吴县（今江苏苏州）人。大中祥符八年（1015）进士及第，授广德军司理参军。庆历三年（1043），出任参知政事，发起"庆历新政"。皇祐四年

（1052），在赴任颍州的路上病逝，谥号"文正"，世称"范文正公"。

范仲淹非常重视对孝道的培养，这与他自身的经历有关。范仲淹两岁时，父亲就去世了，贫苦无依，母亲谢氏以孟母自励，悉心教子。范仲淹七岁时，谢氏教他识字、写字，因为买不起笔墨纸张，只能在地上用树枝练习写字。范仲淹中进士任官之后，接回改嫁到朱家的母亲悉心奉养。范仲淹在给儿子的信中回忆了自己夫妻是如何侍奉母亲的：

> 吾贫时与汝母养吾亲，汝母躬执爨，吾亲甘旨未尝充也。今而得厚禄，欲以养亲，亲不在矣。汝母亦已早世，吾所最恨者，忍令若曹享富贵之乐也。（《范仲淹全集·范文正公集续补卷第二·书简》）

范仲淹说：家庭贫穷的时候，我与你们的母亲奉养我的母亲，你们的母亲亲自下厨做饭菜，我的母亲不曾充分享受过丰厚的营养品。如今我能得到优厚的俸禄了，想用来更好地奉养父母，但是我的父母已经不在了，你们的母亲也早早去世了。现在最困扰我的是，怎么不让你们因为我有优厚的俸禄而整天安坐享用。范仲淹的这段话，说明了孝养有时的道理，既是对母亲、妻子的怀念，更是对儿子们尽孝的教育。

范仲淹晚年用毕生积蓄在故乡苏州建立范氏义庄，目的之一就是为了让范氏家族的老年人能够老有所依。范仲淹认为孝不仅存在于普通百姓中，还存在于君主帝王家。他曾经规劝皇帝善待刘皇后，以尽人子之道。

在以身作则教育子女尽孝的同时，范仲淹以清苦节俭持家、乐善好施教育子弟。范仲淹自己就是这方面的典范，他自幼随母亲改嫁到朱家，长大以后，知道了自己的身世，便辞别母亲，离开朱家，到寺庙去苦学。据宋彭乘的《墨客挥犀》记：范仲淹以颜回为榜样，发愤读书。在寺庙苦读时，每天用两升小米煲粥，粥凝固以后，他就用力把粥划成四块，早晚就着腌菜各吃两块，最终苦读成才。这就是成语"划粥断齑"的来历。

这种清苦、节俭的生活习惯并没有因为范仲淹身份地位的变化而改变。做官以后，他每餐不吃两种以上的荤菜，妻子和孩子的衣食也仅仅满足基本需求，《宋史·范仲淹传》记："其后虽贵，非宾客不重肉。妻子衣食仅能自充。"范仲淹家如果不是有客人来了，基本不会吃肉，他的妻子和儿子们过的都只是在温饱线上的生活。他还清楚地告诉儿子："虽清贫，但身安为重。家间苦淡，士之常也，省去冗口可矣。"（《范仲淹全集·范文正公尺牍》卷上《书简·朱氏》）

据朱弁《曲洧旧闻》卷三《范氏以清苦俭约著世》记：

> 范氏自文正公贵，以清苦俭约著于世，子孙皆守其家法也。忠宣正拜后，尝留晁美叔同匕箸，美叔退谓人曰："丞相变家风矣。"问之，对曰："盐豉棋子，而上有肉两簇，岂非变家风乎？"人莫不大笑。

"忠宣"，即范仲淹的第四个儿子范纯仁。范纯仁被任命为宰相之后，依然秉持父亲的教诲，过着清苦节俭的生活。有一天，身为宰相的范纯仁留客在家吃饭，客人吃过饭以后就对别人说："范丞相的家风变了！"有人问："是怎么个变法？"客人说："吃饭的时候，桌子上有几根咸豆角，像棋子一样排列在碟子里，咸豆角的上面放了两小片肉。从前，他穷的时候，只有几根咸菜；如今，居然加了两小片肉，这难道不是家风变了吗？"对方听了笑得合不拢嘴，其实都清楚，这恰恰说明范家的节俭家风完全没有变。尽管这只是一则笔记资料，不一定真实，但是非常生动地反映出范仲淹节俭家教与家风对子女的影响。

范仲淹把节省下来的钱置义田、义宅，以赡养族人。他曾写了《告子弟书》，教育子弟不能独享富贵而不恤宗族。

> 吾吴中宗族甚众，于吾固有亲疏，然吾祖宗视之，则均是子孙，固无亲疏也。苟祖宗之意无亲疏，则饥寒者吾安得不恤也？自祖宗来，积德百余年而始发于吾，得至大官。若独享富贵而不恤宗族，异日何以见祖宗于地下？今何颜入家庙乎？

范仲淹说：在我们老家吴中，范氏家族的子弟很多，跟我的关系有亲近的，也有疏远的，然而从同祖同宗的角度去看，大家都是范氏家族的子孙，所以不应该有什么亲疏之别。他们之中还有那么多人过着忍饥挨饿的生活，我们又怎能不去帮助他们呢？范氏先祖积累的德行流传至现在已经百余年了，到现在才有我做了大官，如果我独自享受富贵而不去周济同宗族人，等到我死了以后，又有什么面目去地下见祖先，又有什么脸面进入家庙受后人祭祀呢？因此，范仲淹要周济族人，"恩例俸赐，常均于族人，并置义田宅云"。

为了能说明乐善好施的好处，范仲淹还特地写了一篇《窦谏议录》。被范仲淹称为窦谏议的窦禹钧是范阳人，因为乐善好施，得到上天的回报，生了五个儿子。由于窦禹钧教子有方，五个儿子先后都中了进士，"五子登科"。窦禹钧有八个孙子，后来也都很显贵。《三字经》把窦禹钧的事迹都写进去了："窦燕山，有义方，教五子，名俱扬。"范仲淹说，自己的祖上与窦禹钧是好朋友，祖上曾经把窦禹钧的事迹写下来，以此教育自己的子孙。

为官清正廉洁、敢于直言进谏的范仲淹还教育子弟要勤学奉公，廉洁为官，不徇私情，不以权谋私。他再三要求子弟"做官莫营私利"。他谆谆教诫子弟："惟勤学奉公，勿忧前路，慎无好书札，有文性，勿小其志也。"（《范仲淹全集·范文正公尺牍》卷上《书简·朱氏》）即：你们做官的时候，只要勤学奉公，就不用担心前途。如果不勤学，就很难有大的志向。

范仲温要求弟弟范仲淹给自己的儿子们谋个一官半职，范仲淹在回信中特别要求侄儿们勤学苦读：

> 二郎、三郎，并勤修学，日立功课。彼中儿男，切须令苦学，勿使因循。须候有事业成人，方与恩泽文字。兼今后不乱奏人，逐房各已有恩泽，须是有事业，可以入官，方与奏荐也，请告谕之。（《范仲淹全集·范文正公尺牍》卷上《书简·中舍》）

范仲淹说：哥哥要督促自己的两个儿子发奋学习，要求他们每天钻研功课，苦读苦练，决不能得过且过，混天度日。要让他们认识到，只有他们学有所成以后，自己才能按规定向朝廷请示给他们安排官职。两个侄儿在范仲淹的教育下，学业上进，品行端正，深受邻里乡亲的喜爱。后来经过范仲淹的推荐，朝廷按有关规定让他们恩荫入仕。

范仲淹特别告诫子侄辈要清廉为官。在如何对待利益的问题上，范仲淹清楚地告诉他们，一定不要见利忘义，凡见利就要想到后患，必须耐得住贫穷。"京师少往还，凡见利处便须思患。老夫屡经风波，惟能忍穷，故得免祸。"（《范仲淹全集·范文正公尺牍》卷上《书简·朱氏》）范仲淹说：京师最好还是能少来就少来，凡是见到与利益有关的事情，要多想想后面可能蕴含的祸患。我自己经历了很多大风大浪，能够忍受利益的诱惑而坚守简朴，所以才能够避开灾祸。这是范仲淹保持清廉的经验之谈。

不仅如此，范仲淹还要求子侄们不要让家乡的亲戚朋友来他们自己管辖的地区做生意。"莫纵乡亲来部下兴贩，自家且一向清心做官，莫营私利。汝看老叔自来如何，还曾营私否？"（《范仲淹全集·范文正公尺牍》卷上《书简·中舍二子三监簿四太祝》）范仲淹说：你们不要放纵乡亲来自己管辖的地方做买卖获利，一定要做个清正廉洁的好官，不可结党营私，谋求私利。你们看看我这个做叔叔的，曾经利用手中的权力谋取过私利吗？范仲淹讲到的这一点，对我们现在还是有相当的现实意义的。从中纪委和各级纪委公布的案件来看，极少数官员在一个地方主政的时候，家人或者亲戚多利用他们的关系延揽项目、承包工程等获取非法利益，最终不仅把自己和家人送进了监狱，而且连亲戚也受到牵连。

此外，范仲淹还以自己的经验告诉子弟，在京城的时候，必须谨言慎行，不要随意发表议论。"京师交游，慎于高议不同，当言责之地也。且温习文字，清心洁行，以自树立。平生之称，当见大节，不必窃论曲直，取小名招大侮矣。"（《范仲淹全集·范文正公尺牍》卷上《书简·朱氏》）范仲淹说：在京城行走结交，要谨慎小心地说话办事，这里不是随便发表意见的地方。不仅如此，范仲淹还要求他们勤加学习，清心寡欲，洁身自好，树立一个正直的形象，凡事应该从大局出发，看大节大义，不要私下里议论是非，不要因为小小的利益和名声招来大的灾祸，那样会追悔莫及。

范仲淹的家教是很成功的。他有四个儿子，长子范纯祐，字天成，"性英悟自得，尚节行。方十岁，能读诸书；为文章，籍籍有称"（《宋史·范纯祐传》）。但他三十岁开始生病，卒年四十九岁。次子范纯仁，字尧夫，在范仲淹的四个儿子中最为著名。皇祐元年（1049）中进士，但因不愿"轻去父母"，也就是为了陪伴、照顾父母，一直到皇祐四年范仲淹去世后才出来做官，后来官至宰相。范纯仁"务以博大开上意，忠笃革士风"（《宋史·范纯仁传》），是一代名臣，宋徽宗在其致仕还乡养疾之后，还发出"范纯仁，得一识面足矣"的感叹。《宋史》对范纯仁的评价很高："纯仁性夷易宽简，不以声色加人，谊之所在，则挺然不少屈。自为布衣至宰相，廉俭如一，所得奉赐，皆以广义庄；前后任子恩，多先疏族。没之日，幼子、五孙犹未官。"于是，在民间范纯仁便得了一个"布衣宰相"的雅号，宰相是他的官职，而布衣之说则是因为他的清廉节俭作风。三子范纯礼，字彝叟，官至礼部尚书、尚书丞，以沉毅刚正、为政宽仁著称。四子范纯粹，字德孺，曾在多地任官，史称其"沉毅有干略，才应时须"。

应该说，这与范仲淹的教育是密切相关的。范纯仁曾深有体会地说："唯俭可以养廉，唯恕可以养德。"古往今来，喜好浮华是年轻人的天性。范纯仁结婚时，他和妻子打算以绫罗绸缎作为婚房的装饰。范仲淹知道后立即把范纯仁喊来训话："罗绮岂帷幔之物？吾家素清俭，安得乱吾家法？若持归吾家，当火于庭。"（《言行拾遗事录》卷一《子纯仁娶妇》）范仲淹说：我们范家一直以来都是节俭持家，你们怎么可以用绫罗绸缎作为婚房的帷幔呢？那不是坏了我们范家的规矩吗？如果你们要把这种帷幔带回来，我就把它当庭烧掉。之后，范仲淹更是语重心长地告诫子孙："谦恭尚廉洁，绝戒骄傲情。"（《范仲淹家训百字铭》）

范仲淹的家教与家风在范氏家族长期传承，其第三代也能严守节俭之风。据朱弁的《曲洧旧闻》卷三《范子夷操履甚于贫儒》记：

> 范正平子夷，忠宣公子也。勤苦学问，操履甚于贫儒。与外氏子弟，结课于觉林寺，去城二十里。忠宣当国时，以败扇障日，徒步往来，人往往不知为忠宣公之子。

"忠宣公"就是范仲淹的儿子范纯仁，"范正平"就是宰相范纯仁的儿子、范仲淹的孙子。范正平学习非常刻苦，但是身为"官三代"的他所穿的衣服还不如穷书生。他在城外读书，距城有二十里，夏天就用破扇子遮太阳，每天往返步行四十里上学，没人知道他父亲是当朝的宰相范纯仁。从范正平的节俭、清苦生活可以窥见范仲淹清正的家教家风。

二、欧阳修教子侄克己奉公

欧阳修（1007—1072），字永叔，号醉翁，晚号六一居士，吉州永丰（今江西永丰）人。因吉州原属庐陵郡，遂自称"庐陵欧阳修"。官至翰林学士、枢密副使、参知政事，谥号"文忠"，世称"欧阳文忠公"。

欧阳修四岁时父亲就去世了，母亲给了他良好的教育。据欧阳修的长子欧阳发等所述的《先公事迹》记：

> 先公四岁而孤，家贫无资，太夫人以荻画地，教以书字，多诵古人篇章，使学为诗。及其稍长，而家无书读，就闾里士人家借而读之，或因而抄录，抄录未毕，而已能诵其书。以至昼夜忘寝食，惟读书是务。自幼所作诗赋文字，下笔已如成人。

欧阳修四岁时父亲就去世了，家里太穷了，没有钱供他上学。欧阳修的母亲就用芦苇秆在沙地上写字，教他识字、写字。欧阳修的母亲还给他诵读许多古人的篇章，让他学习写诗。他慢慢长大了，家里没有书可读了，他就到同乡读书人家去借书来读，有时把借来的书抄录下来，以至于废寝忘食。他小时候所写的诗歌文章，下笔已经像成年人那样老成，显露出他的过人才华。在母亲的教育下，欧阳修从小就知道廉洁仁厚、事亲孝敬等道理，为人廉洁正直，不徇私情，风节凛然。应该说，欧阳修的品行与成就是和母亲的家教密不可分的，他的母亲也被列入中国"四大贤母"。

欧阳修在教育子侄的时候，强调要克己奉公、清廉正直为官。宋仁宗时期，他的侄子欧阳通理在象州（今广西象州）任官，当时那一带正发生农民起义。欧阳修为此写家书给欧阳通理，教诫他应当尽心公事：

> 欧阳氏自江南归明，累世蒙朝廷官禄，吾今又蒙荣显，致汝等并列官裳，当思报效。偶此多事，如有差使，尽心向前，不得避事。至于临难死节，亦是汝荣事。但存心尽公，神明亦自祐汝，慎不可思避事也。[《与十二侄（通理）二通》]

欧阳修在对待公与私的关系上，则强调尽心公事。虽每天都担忧侄子的安危，但是身为朝廷重臣的他并没有设法把在前线的侄子调到安全的地方去任官，反而告诫侄子不得避事，即使临难死节也是一件荣耀的事，这充分反映了欧阳修克己奉公的家教思想。

欧阳通理在来信中说，要为欧阳修买些朱砂，欧阳修在回信中拒绝了他的好意。他认为朱砂是欧阳通理管辖范围内的土特产，官员如果买自己所管辖地区的物品，很可能会出现压价购买，或者卖家出于利益需要赠送行贿等不法之事。于是他语重心长地对欧阳通理说："汝于官下宜守廉，何得买官下物。吾在官所，除饮食物外，不曾买一物，汝可安此为戒也。"[《与十二侄（通理）二通》]欧阳修告诉侄子，自己做官的时候，从来不买管辖地方的任何物品，这是对欧阳通理极好的身教和言教。

除了上述书信，欧阳修还留下《诲学说》《李晟笔说》等教子短文。其中尤以《诲学说》最为著名。《诲学说》是他为第三个儿子欧阳奕写的，文章首先引用了《礼记·学记》的"玉不琢，不成器；人不学，不知道"，然后用玉与人性相比，玉不经雕琢，仍不失为玉；而人性容易受到环境影响，只有不断学习才能进步，否则便会变为"小人"。欧阳修以此来说明环境对人的重要作用，提出人性随环境而变的观点。欧阳修强调人性可以通过学习得以改变，从而说明学习对人的发展的决定性作用。

三、司马光的家教理论与实践并重

司马光（1019—1086），字君实，号迂叟，陕州夏县（今山西夏县）涑水乡人，世称"涑水先生"。宋仁宗宝元元年（1038），司马光考中进士。宋神宗时，因反对王安石变法，司马光离开朝廷十五年，主持编纂了中国历史上第一部编年体通史《资治通鉴》。仁宗、英宗、神宗、哲宗四朝为官，直至尚书左仆射兼门下侍郎，死后赠太师、温国公，谥号"文正"。司马光十分注重家教，留下了《温公家范》《居家杂仪》《戒子孙文》《训俭示康》等家庭教育名著。司马光所编纂的《家范》，是我国历史上家范的第一次结集付梓，它不仅比较系统地总结了宋代以前家范的资料，而且也为今后此类文献的编纂创立了一种新的体例。

（一）家族的家教与家风

司马光的家教思想与他从小受到的良好家教是分不开的。司马光的父亲司马池官居四品，任尚书吏部郎中，充天章阁待制，"以清直仁厚闻于天下，号称一时名臣"（苏轼《司马温公行状》）。司马池作为一名胸怀大志的知识分子，专心读书，锐意进取。在成家立业之后，以做学问的认真态度和质朴待人处事，培养子女。司马光的母亲聂氏是秘阁校理聂震的女儿，也是一位知书达理、才德俱佳的女性。司马光于宋真宗天禧三年（1019）十月十八日生于光州光山县（今河南潢川），当时司马池正在光州等地任职，便以出生地给他取名为"光"。司马光出生在这样一个书香门第、贵胄之家，在品行端正、见识深远的父母的直接影响和教育下成长。

虽然司马光出生那年，父亲司马池已经五十一岁了，但司马池对于这个"老来幼子"并不溺爱，非常注意从多方面进行严格的教育，使他从小就养成了刻苦学习、诚实做人的良好习惯。

在学识方面，司马池对儿子不但要求严格，而且期望也非常高。司马光六岁发蒙读书，起初他对所学的东西不能理解，但是在父亲的鼓励下，读书的兴趣越来越浓厚，甚至到了废寝忘食的程度。据《宋史·司马光传》记：司马光七岁开始学习《左氏春秋》，非常喜欢这本史书，可以将学习的大概内容讲给其他人听，"自是手不释书，至不知饥渴寒暑"。到了十五岁，司马光便于书"无所不通，文辞醇深，有西汉风"（《司马文正公行状》）。

在品德方面，司马池同样严格要求儿子，教育他要诚实做人。《邵氏闻见后录》卷二十一记载了这样一件事：

> 光年五六岁，弄青胡桃，女兄欲为脱其皮，不得。女兄去，一婢子以汤脱之。女兄复来，问脱胡桃皮者，光曰："自脱也。"先公适见，诃之曰："小子何得谩语！"光自是不敢谩语。

司马光五六岁的时候，有一次拿到一个青核桃，他的姐姐想帮他把核桃皮剥掉，但是核桃皮太硬了，结果硬是没能剥掉。后来家里的一个女佣人用热水把核桃浸泡一下，很快就把核桃皮剥掉了。姐姐回来以后就问，是谁剥掉了核桃皮？司马光说："是我自己剥掉的。"这件事正好被父亲司马池看见了，他批评司马光说："明明不是你剥掉的，你怎么可以说假话呢？"这件事虽然很小，但却给司马光留下很深刻的印象。从此以后，无论是为人处事，还是学习，他总是十分诚实，不敢有半点虚假。

司马光个人素养极高，史称他"孝友忠信，恭俭正直，居处有法，动作有礼"，"自少至老，语未尝妄"。他也曾不无自豪地说过："吾无过人者，但平生所为，未尝有不可对人言者耳。"（《宋史·司马光传》）司马光的品德、学问在当时最负盛名，他简直就成了道德的化身，据《宋史·司马光传》记载："陕、洛间皆化其德，有不善，曰：'君实得无知之乎？'"

（二）秉持儒家传统的家教思想

司马光在吸取先贤家教思想中的合理成分的同时，结合自身的学术修养，尤其是对儒家文化思想的深刻认识，创造性地发展了中华传统家教思想，他是继颜之推之后在中国家教史上又一位颇有理论建树的思想家。

首先，司马光把家教与治国平天下联系起来，认为在齐家的同时，能够实现治国平天下的理想。司马光继承、发扬了儒家的传统，强调齐家为治国之本。他认为，治国者必先教育好家人，而后才能教化好百姓。他在《家范》中引用《周易》的解释："父父子子，兄兄弟弟，夫夫妇妇，而家道正，正家而天下定矣。""所谓治国必先齐其家者，其家不可教而能教人者无之。"（《温公家范》卷一）如果连家人都教不好，又怎么去教化天下的百姓呢？他又引用儒家经典《大学》的话来解释："其为父子兄弟足法，而后民法之也。此谓治国在齐其家。"一个人无论是作为父亲、儿子，还是兄长、弟弟，都值得人家效法的时候，老百姓才会去效法他。司马光认为，这是要治理国家必须先管理好家庭、家族的道理。

其次，司马光认为家庭是社会的缩影，治家与治国有相通之处，如家长能慈爱，到社会上便能以慈使众；子弟能孝敬，到朝廷中便移孝作忠。只要人人能尽忠孝，也就能"定天下"了。在这里，司马光已经认识到家庭是社会的细胞，家庭成员同时也是社会成员，他们在家庭中言行的好坏，必然会反映到其社会行为中，从而把家庭教育看作一个关系国家和社会发展的大事，而不是个人的私事。

"孝"是儒家思想的基本概念，孝道教育历来是中国传统家庭教育的重要内容，司马光在其家教著作中有很多关于孝道的论述。司马光认为孝是修身养性的基础，而修身又是齐国的基础，从而指出孝道教育的重要性。他说："治身莫先于孝，治国莫先于公。孔子曰：'孝，德之本也。'又曰：'不爱其亲而爱它人者，谓之悖德；不敬其亲而敬它人者，谓之悖礼。'未有根绝而叶茂，源涸而流长者也。"[《司马光奏议》卷十三《二先札子（治平元年五月十八日上）》]在这里，司马光明确指出，修身没有不先从孝道开始的，治国没有不先从公正开始的。

在谈到子女如何做才算尽孝时，司马光认为赡养父母只是孝道的低层次内容，发自内心地尊敬父母才是孝的核心所在。子女应该顺从父母，《居家杂仪》中指出：

> 凡子受父母之命，必籍记而佩之，时省而速行之。事毕，则返命焉。或所命有不可行者，则和色柔声，具是非利害而白之。待父母之许，然后改之。若不许，苟于事无大害者，亦当曲从。若以父母之命为非，而直行己志，虽所执皆是，犹为不顺之子，况未必是乎！

司马光认为，子女在接受父母的命令时，应当认真记录下来，佩在衣带上。凡是父母命令自己去做的事，就必须不折不扣地去完成；等事情有了结果，就要立刻向父母禀报，不要让父母担心、牵挂。父母吩咐的事情，如果有的是不应该做的，做子女的就应该和颜悦色地向父母讲明事情的是非利害，得到父母许可后再决定去不去做。如果父母不听从子女的意见，事情本身又无关大局，子女就应该顺从父母的意志去完成。如果子女自作主张，擅自行事，尽管做得对，也称不上孝顺，更何况所做之事也未必是对的，那就是更大的不孝。这些思想充分体现了司马光要求子女顺从父母的孝道思想。

司马光还提出了有名的孝子四原则，清人张鉴在《浅近录》中记载：

> 司马温公曰："孝子之大纲有四：一曰立德，二曰承家，三曰保身，四曰养志。其间遇有不齐，才有各异，要在随分随力，尽所当尽，实有一段至诚之意行乎中。终其身至于瞑目，无毫发之遗憾，其于孝也庶几矣。"

司马光认为，孝子关键是要做到四点：其一树立德行，其二继承家业，其三保全自身，其四培养志向。在这四点的基础上，做到诚其心意，尽其本分，使父母在终老的时候能没有一丝一毫的遗憾，那就是真正尽到孝道了。

司马光反对愚忠愚孝，认为子女尽孝要做到"孝而不失规劝"。《温公家范》中说：

> 谏者，为救过也。亲之命可以从而不从，是悖戾也；不可从而从之，则陷亲于大恶。然而不谏是路人，故当不义则不可不争也。

司马光说，子女劝谏是为了补救父母的过失。如果父母的言行或决定是正确的，子女不听从是不对的。但如果父母的言行是错误的，就不应该只是听从。如果子女明知不应该听从而听从，那就会陷父母于不义。如果知道父母的言行或决定是错误的，但是又不进行劝谏，这种子女跟父母就如同路人，那也是不孝的。司马光这种"孝而不失规劝"的孝道理论，超越了"子孙受长上呵责，当俯首默受，毋得分理"的愚孝思想。他支持子女对父母的错误言行或决定采取委婉而坚决的劝谏，打破了长期以来在家庭教育中子女处于被动服从地位的局面，使得父母与子女之间有了一定程度的可以展开双向交流的空间，蕴含了家庭成员之间平等关系的进步意识。

司马光以孝道教育子女的同时，自己也做到以身示范。司马光继承父亲司马池的俭朴清白家风，自己高居宰相仍不改初衷，做到前文所说的孝子四原则。司马光对待兄长司马旦像对待父亲一样尊重他，像对待婴儿一样照顾他，《宋史·司马光传》记："在洛时，每往夏县展墓，必过其兄旦，旦年将八十，奉之如严父，保之如婴儿。自少至老，语未尝妄。"应该说，司马光不仅是一位家庭孝道的教育者，更是家庭孝道的践行者。

不仅如此，司马光还继承了太任、孔子等人所提倡的孩子要及早施教的观点，他主张进行胎教的同时，认为孩子出生以后更应该加强教育。他说："彼子尚未生也，固已教之，况已生乎？"他引用贾谊的话来说明孩子在襁褓期间就需进行教育，说："贾谊言：'古之王者，太子始生，固举以礼。使士负之，过阙则下，过庙则趋，孝子之道也。故自为赤子，而教固已行矣。'"（《温公家范》卷三）"赤子"，刚出生的婴儿。贾谊认为，古代太子出生不久，就要用符合礼法的行动来给他做示范，让有文化的官员背着他过了宫阙就把他放下，以表示礼貌。太子路过家庙的时候，一定要小步快走以示孝敬，用这种方式来培养婴儿的孝道观念和习惯。此外，司马光还引用《颜氏家训》中的观点来说明即使是平民家庭的子女教育也应该坚持及早施教的原则。

司马光不仅从正面论述及早施教的意义，而且还从反面来论证不及早实施教育的弊端。他批评一些为人父母者对孩子姑息迁就的错误做法，认为这种倾向对孩子的成长是极为有害的。他在《温公家范》卷三中说：

> 人之爱其子者，多曰："儿幼未有知耳，俟其长而教之。"是犹养恶木之萌芽。曰"俟其合抱而伐之"，其用力顾不多哉！又如开笼放鸟而捕之，解缰放马而逐之，曷若勿纵勿解之为易也！

很多家长溺爱自己的孩子，总认为孩子年幼无知，等长大以后再慢慢进行教育。他把这种情况形象地比喻成像种树一样，树木小的时候如果不修枝剪叶，任其自然生长，很容易长成又歪又斜的不材之木。等到小树长到合抱大小，再去修剪整枝，结果必定是劳而无功。他认为这种做法，好像是打开鸟笼把鸟放走再去捕捉，松了缰绳把马放走再去追赶的做法是一样的，都是不可取的。

司马光提出在开展教育的过程中，应当根据儿童模仿性强，但分辨是非善恶的能力比较差的特点，坚持正面教育为主，多给孩子树立正面榜样，用正面的形象去影响他们。司马光指出：

> 夫习与正人居之，不能毋正。犹生长于齐，不能不齐言也；习与不正人居之，不能毋不正，犹生长于楚，不能不楚言也。（《温公家范》卷三）

孩子和好人在一起生活，必定能学好，就像是在齐国出生、长大的人不可能不会说齐语一样；与坏人生活在一起，不可能不学坏，就像在楚国出生、长大的人不可能不会说楚语一样。司马光通过比喻手法，用正、反两方面的论证来说明对孩子进行正面教育的重要作用。

司马光还认为，好的环境也是正面教育所必需的，甚至对孩子的一生都将产生深远的影响。他在《居家杂仪》中说："凡子始生，若为之求乳母，必择良惠妇人稍温谨者。"在他看来，孩子的乳母需要找温柔贤惠、谨慎有礼的女性。在《家范》中，他还借用"孟母三迁"的故事来说明好的环境对孩子成长的重要性。

司马光认为，家庭教育必须爱与教相结合。只爱不教，或者只教不爱都是不对的，由此他提出了"慈训曲全"的主张。他在《潜虚》中说："慈而不训，失尊之义；训而不慈，害亲之理。慈训曲全，尊亲斯备。"为人父母的人，如果只讲慈爱而不去教育孩了，家长、长辈就没有尽到教育子女的责任和义务；反之，如果只知道严厉教育、训诫子女，则可能会伤害到骨肉之间的亲情。因此，只有做到"慈训曲全"，即爱与教相结合，才具备了既尽了责任与义务，又能维持亲情，才能称得上是完整的家教。

在司马光看来，子女是父母的亲生骨肉，父母爱子女是人之常情。因此，大可不必担心父母不慈爱孩子，需要担心的是父母往往娇宠、溺爱孩子，最后毁了孩子。对此，他在《温公家范》中说：

> 为人母者，不患不慈，患于知爱而不知教也。古人有言曰："慈母败子。"爱而不教，使沦于不肖，陷于大恶，入于刑辟，归于乱亡。非他人败之也，母败之也。自古及今，若是者多矣，不可悉数。

为人母的人，不怕她不慈祥，怕的是她只知道疼爱子女，而不懂得去教育子女。古人说"慈母败子"，母亲溺爱子女却不能教育子女，使子女沦为道德修养不高的人，甚至去干一些违背道义的事，可能由此引出祸乱，自取灭亡。司马光认为让孩子出现这种情况的，并不是别人，而是溺爱他们的母亲。

其实，在司马光看来不仅"慈母败子"，父亲如果"知爱不知教"同样也会坑害自己的孩子。他举石碏劝谏卫庄公的例子来说明这一道理。卫庄公夫人庄姜无子，遂以他人子为子，即后来的齐桓公。嬖人之子州吁，恃宠好兵，卫庄公纵容默许，大臣石碏谏曰："臣闻爱子，教之以义方，弗纳于邪，骄奢淫泆，所自邪也。四者之来，宠禄过也。"喜欢儿子，应当以道义教导他，使他不要走上邪路。骄傲、奢侈、放荡、安逸都是让子弟走向邪路的原因。而这四种恶行的产生，都与父母的溺爱直接相关。司马光在《潜虚》中还用一个生动的对比来批评这种只爱不教的行为，他说："老牛舐犊，不如燕引其雏。"老牛的舐犊之爱，不如燕子教小燕子学飞行更有实际的好处。从司马光这种精辟形象的寓爱于教的观点，我们不难看出其对爱教结合原则的推崇和重视。

司马光主张开展家教的时候要宽严相济。在家庭的教育中，如何去爱孩子，如何去教孩子，在爱与教的过程中应该把握怎样的尺度？这就引出了"严"与"宽"的问题，它是家教中存在的一对矛盾。司马光提出不仅要坚持"爱教结合"，还要注意"宽严相济"。所谓"宽"，在古语中就有"慈"的意思，慈祥仁爱；"严"即是"威严、尊严"的意思。司马光承继我国古代家教思想中家教从严的主张，提出在家教中应该严格要求子女。他非常赞赏孔子教育儿子孔鲤的态度，司马光通过孔子教孔鲤学《礼》、学《诗》这个故事，告诉人们父子之间要保持有礼有节，孔子"远其子"并不是要疏远儿子，而是在与孩子的接触中把握分寸，有章法，从而做到爱其子，而又不过分亲昵。司马光还引用颜之推的话来说明为人父母要严格教育子女，"父子之间，不宜简慢"，父亲要对儿子有足够的威严。为人父母者，严加管教孩子也是一种爱的体现。"严"才可以出孝子、出才子。《温公家范》引用《颜氏家训》中王僧辩的母亲对他严加管教的故事，来说明父母严加管教的好处。

不过，司马光认为过"宽"和过"严"都不好，宽严相济才是恰到好处。过于宽松的家教将有可能导致父母无法管教长大了的孩子，甚至可能让父母忧愁苦闷成疾，最后含恨而死。反之，过于严格的家教则可能导致父子相残，父母的慈爱也会荡然无存。

如何做到宽严相济呢？司马光认为父母对子女的"宽"要藏在心底，"严"则显于表面，这样才能收到良好的效果。他引用曾子的话说：

> "君子之于子，爱之而勿面，使之而勿貌，导之以道而勿强言"；心虽爱之，不形于外，常以严庄莅之，不以辞色悦之也。不导之以道，是弃之也。然强之，或伤恩，故以日月渐磨之也。（《温公家范》卷三）

曾子说，君子对于自己的子女，内心喜爱他们却不表露在脸上，命令、指使他们也不露声色，引导他们按道理做事情，但又不勉强他们。心里虽然很喜爱他们，却不表露出来，对待他们要严肃庄重，不能用假装高兴的表情来讨他们喜欢。不教育子女按道理做事，就会把他们引上邪路。然而如果一味地强迫他们做，又可能会伤了父子之间的和气。因此，对待子女只能靠平时言传身教去慢慢教育引导他们。

司马光强调通过家教来实现家庭的和睦。他认为一个家庭、家族的人如果能团结起来，就能达到内可和睦、外可御敌的效果。那么如何才能保持家庭、家族成员的团结和睦呢？司马光认为，首先要有"礼"的规范。他提出在治家中

"礼"也要先行，所谓"治家莫如礼。男女之别，礼之大节也，故治家者必以为先"《温公家范》卷一）。有智慧的家长都会制定必要的家庭、家族规范，让每个成员去学习，并受之约束，这就是所谓的"礼"。用这种尊卑有等、长幼有序的"礼"来规范每个家庭、家族成员的行为，就可能营造"父慈而教，子孝而箴，兄爱而友，弟敬而顺，夫和而义，妻柔而正，姑慈而从，妇听而婉"《温公家范》卷一）的和睦有序的家庭氛围。

为此，司马光写了一本《司马氏书仪》，共计十卷，由"书"和"仪"两部分组成，其中从卷二至卷十都是关于家庭礼仪的论述，从其内容来看，涵盖了中国"四仪"的全部内容，分别有冠仪、婚仪、丧仪和祭仪。其中，在卷四《婚仪》结尾还增加了《居家杂仪》一篇，专门用来规范家庭成员的礼节，包括孩子的日常起居、子女孝亲、尊卑有序之礼等，涉及上自父母，下至奴仆所有家庭成员。《司马氏书仪》形成了一个相对完整的家庭礼仪体系，并成为后世家庭礼仪制定及教育的范本，比如朱熹《家礼》中的许多内容都直接引用了《司马氏书仪》中的文字，其中《居家杂仪》一篇更是一字不差地照搬过去。可见，司马光关于家庭礼仪的影响之大。

不仅要守礼，司马光认为"忍"也是保持家庭和睦的法宝。在《温公家范》中，司马光举了一个例子：唐高宗问张公艺保持家庭和睦相处方法的时候，张公艺在纸上连写了一百多个"忍"字，以说明保持家庭团结和睦，就是要忍让的道理。

此外，司马光认为兄弟之间情同手足是家庭和睦的重要保障。《温公家范》云：“夫兄弟至亲，一体而分，同气异息。”司马光认为虽然兄弟之间的身体是分开的，但他们都同为父母的骨肉，气血是相通的。兄弟之间如果做到了以诚相待，情同手足，那么彼此的妻妾、子女也就会安守本分，家庭和睦也就自然天成。

（三）以节俭教诫儿子

在司马光众多的家教作品中，以《训俭示康》最为著名。司马康（1050—1090），司马光的大哥司马旦之子。司马光之子司马童、司马唐夭折后，司马康过继给司马光为子。他自幼品行端正，敏学过人，博通群书。司马康以明经及第，官至著作佐郎兼侍讲。他是一个典型的孝子，母亲去世之后，三天粒米、滴水不进，几乎丧命。司马光过世之后，他在墓庐中吃极差的食物，并且睡在地上，因此得了肠胃病，最后病逝，年仅四十一岁。

《训俭示康》是司马光写给司马康的一封家书，内容正如篇名所示，就是用来教育司马康节俭的。司马光是一位于学无所不通，但是在物质方面却没有任何爱好的人，生性不喜爱奢华。“吾性不喜华靡，自为乳儿，长者加以金银华美之服，辄羞赧弃去之。”（《训俭示康》）司马光自己小的时候，长辈给他穿上华美的衣服，他总是害羞地脱掉。

司马光生活极为节俭，平时只要衣服能御寒、饮食能充饥就可以了，恶衣菲食，他一辈子坚持这种生活习惯。司马光这么做，完全是出于天性，不是为了沽名钓誉，这与当时的社会风气是迥然不同的。他描写了当时社会的侈靡之风：

> 酒非内法，果肴非远方珍异，食非多品，器皿非满案，不敢会宾友。常数日营聚，然后敢发书。苟或不然，人争非之，以为鄙吝。(《训俭示康》)

司马光说：近来士大夫之家的生活非常奢侈，他们喝的酒假如不是按宫内酿酒的方法酿造，水果、菜肴假如不是远方的珍品特产，食物假如不是多个品种，餐具假如不是摆满桌子，就不敢约请宾客好友聚会。每次要宴请宾客，常常是经过了多日的精心准备之后，才敢发出邀请。如果不这样做，人们就会争相责怪他，认为他鄙陋和吝啬。

在这种奢靡的社会风气中，司马光不但自己不为所动，而且还教诫儿子司马康要把世代清白、节俭的家风传下去。他引述孔子的话来说明可嗤可笑的是世俗众生，而不是他自己。他引用《论语·里仁》中的话："士志于道而耻恶衣恶食者，未足与议也。"孔子说，有人以学习和实行圣人的道理为志向，但又以自己吃穿得不好为耻辱。对于这种人，是不值得跟他谈论"道"的。面对傲慢、少礼与俭朴乃至几分寒碜，孔子总是选择后者，"与其不逊也，宁固"。在孔子看来，"以约失之者鲜矣"(《训俭示康》)，用礼来约束自己，再犯错误的人就少了。司马光引用孔子的这些话，是告诉司马康要节俭，不要奢华成性，奢华往往导致败亡。

在这封信中，司马光引述了宋代节俭清廉大臣的事迹来说明自己的观点。

他首先举出了北宋咸平年间宰相李沆（947—1004）的事迹，说：

> 又闻昔李文靖公为相，治居第于封丘门内，厅事前仅容旋马，或言其太隘。公笑曰："居第当传子孙，此为宰相厅事诚隘，为太祝、奉礼厅事已宽矣。"（《训俭示康》）

"李文靖公"即李沆。他担任宰相的时候，在封丘门内住房厅堂前的空间太小，仅仅能够让一匹马转过身。有人说这个地方太狭窄了，李沆笑着说："住房是要传给子孙的，这里现在作为宰相办事的厅堂确实狭窄了些，但如果作为太祝祭祀和奉礼司仪的厅堂已经很宽了。"司马光告诉司马康，李沆尽管身为宰相，并没有追求奢华的房屋，而是从长远的角度来考虑家庭的将来。

第二个例子是鲁宗道（966—1029），他因为节俭受到宋真宗的器重。司马光说：

> 参政鲁公为谏官，真宗遣使急召之，得于酒家，既入，问其所来，以实对。上曰："卿为清望官，奈何饮于酒肆？"对曰："臣家贫，客至，无器皿肴果，故就酒家觞之。"上以其无隐，益重之。（《训俭示康》）

"参政鲁公"即鲁宗道。他担任谏官时，宋真宗派人紧急召见他，最后是在一家酒馆里找到他的。入朝后，宋真宗问他从哪里来的，他据实回答了。宋真宗说："你担任清要显贵的谏官，为什么在酒馆里喝酒？"鲁宗道回答说："臣家里实在太穷了，客人来了，家里没有餐具、菜肴、水果，所以只好到酒馆请客人喝酒。"因为鲁宗道能说出实情，宋真宗更加敬重他。司马光通过这个例子告诉司马康，鲁宗道是因为节俭而受到宋真宗的表扬和敬重。

司马光举的第三个例子是宰相张知白（？—1028）。他说：

> 张文节为相，自奉养如为河阳掌书记时，所亲或规之曰："公今受俸不少，而自奉若此。公虽自信清约，外人颇有公孙布被之讥。公宜少从众。"公叹曰："吾今日之俸，虽举家锦衣玉食，何患不能？顾人之常情，由俭入奢易，由奢入俭难。吾今日之俸岂能常有，身岂能常存？一旦异于今日，家人习奢已久，不能顿俭，必致失所。岂若吾居位去位、身存身亡常如一日乎？"（《训俭示康》）

"张文节"就是张知白。他担任宰相的时候，生活待遇跟之前当河阳节度判官的时候是一样的，他身边的人就劝他说："您现在领取的俸禄已经不少了，可是生活还是这样俭省，我们知道您确实是清廉节俭，但是外人不了解，有不少人认为您是像汉武帝时的宰相公孙弘盖布被子一样，是在欺骗世人，以博取名声。因此，您也应该随大流，不要这么节俭。"张知白听了之后，叹息说："以我现在的俸禄，即使全家都穿上绫罗绸缎，每天吃大鱼大肉，也不是不可以，完全没有问题。然而，人之常情是平时过日子的时候，由节俭到奢侈是很容易的，但由奢侈变得节俭就困难了。像我现在这么高的俸禄难道能够一直拥有吗？我难道能够一直活着吗？如果有一天我被罢了官，或者死了，那么家里的情况就会与现在完全不一样，到那时候，如果家里的人习惯于过奢侈的生活的时间已经很长了，不能立刻节俭，那么他们就一定会沦落到无立足之地的境地。这怎么比得上无论我做官还是被罢官，活着还是死去，家里的生活都是一样的呢？"司马光通过张知白的例子告诉司马康，不能因为自己身居高位就忘记节俭的家风。

司马光还举了一个北宋的反面例子，他说："近世寇莱公豪侈冠一时，然以功业大，人莫之非。子孙习其家风，今多穷困。"（《训俭示康》）"寇莱公"就是北宋名臣寇准（961—1023）。司马光说他豪华奢侈堪称第一，但是因为他的功劳大，没有人批评他，他的子孙也因此沾染了这种家风，到现在大多已经穷困潦倒，家族也没有办法传下去了。

既然节俭能带来荣耀，奢靡导致败亡，那么家里应该怎样接待客人呢？司马光以他的父亲司马池为例来说明：司马池在担任郡牧判官的时候，只要有客人来，他都会毫无例外地设宴款待，但是款待的时候，饮酒一般只是三巡五盏，最多也不过七杯。酒是从集市上买来的普通酒，瓜果也只是平常的梨子、大枣、栗子和柿子之类，菜只有干肉、肉酱和菜汤，用的是瓷器和漆器，没有豪华的器皿。司马光总结出这样的一个结论："会数而礼勤，物薄而情厚。"（《训俭示康》）对客人的情意，并不体现在待客之物是否丰盛上，多次相聚依然礼节周到殷勤，饮食虽然不丰盛但情真意切，这才是君子交往的风范。

司马光通过列举事例所要说明的道理，归结到一点，都只是印证了春秋时期鲁国大夫御孙所说的话："俭，德之共也；侈，恶之大也。"（《训俭示康》）所有的德都来源于俭，奢侈是很大的罪恶。因此，司马光要求司马康奉行节俭。

在这封家书中，司马光用大量的古今事例，对比了节俭和奢侈的利害，不厌其详，反复论述，语气自然，事例亲切动人，其中的名言警句，比如："由俭入奢易，由奢入俭难""俭则寡欲""侈则多欲""以俭立名，以侈自败"之类，起到了画龙点睛的效果。这封家书是我国众多家教之作中难得的精品。

史称司马康"为人廉洁，口不言财"。司马光死后，为了给他立神道碑，朝廷派人给司马康送去二千两银子，司马康认为父亲的丧葬费用已经是朝廷给的，立神道碑就不能再让朝廷出钱了，因此坚辞不收。这种廉洁的风范，显然和他父亲司马光的教诫直接相关，也与司马光家族家风的影响是分不开的。

四、叶梦得的家教修身、治生并举

叶梦得（1077—1148），字少蕴，号石林居士，原籍吴县（今江苏苏州）。宋哲宗绍圣四年（1097）考中进士，宋徽宗时历任翰林学士、户部尚书、江东安抚制置大使等。晚年隐居湖州卞山石林谷，自号石林居士。所著诗文多以"石林"为名。叶梦得的家训作品有两篇，一是《石林家训》，一是《石林治生家训要略》。两篇家训内容各不相同，但篇首的序文基本一致。清末经学家叶德辉的解释是：这两部家训，可能是叶梦得写于不同的时期。写《石林治生家训要略》时，他的儿子还比较小，所以偏重于家庭生活问题方面；后来他的儿子长大了，业已学成，并已经入仕为官了，这时写《石林家训》，便"谆谆勉以忠谏立身大节"，教儿子做人、做官的道理了。

至于为什么要编写《石林家训》和《石林治生家训要略》，在自序中，叶梦得将原因说得很清楚：他一直有意将自己平时教育儿子的言论、祖先的遗德，以及从古至今所有可以师法和应引以为戒的言论、事例，加以梳理，编成一本书，著成叶氏家范，使子孙有所依循。但是因为忙于其他事务，一直没能如愿，直至五十五岁时，闲居石林山，才有时间和精力来选择平时训导儿子中值得记录的话，编写成家训。叶梦得希望儿子们把《石林家训》《石林治生家训要略》"人人录一编，置之几案，朝夕展味，心慕力行"，要求他们人手一册，每天能够揣摩学习，并且遵照实行。

叶梦得有十个儿子，其家训的训诫对象很明确，是写给稍长的五个儿子，即叶栋、叶桯、叶模、叶楫和叶橹的。叶梦得特别强调，他本来不愿意叙说别人的过失和别人家庭的隐私，但家训中有劝有戒，要拿真实而切近的事例让儿子们心生畏惧，引以为戒，也就避免不了这些。为此，他要求儿子们不要把叶氏家训传扬到外面去，但如果同族的子弟想了解，则可以"出而示之"。因为叶梦得认为制定家训的目的，不只是要成就一家人，而是整个叶氏家族。

《石林家训》在"序"之外，原本有十九条，现存十二条，分"修身要略以戒诸子""性善说喻子弟""不贰过说喻诸子""尽忠实录以遗子孙""戒诸子侄以保孝行""因仲子楏、模出仕以忠谏之义谕其行""勉幼子力学解""避难缙云以乐自况"八条。此外，还有"又家训后四条"。《石林家训》首先是告诉儿子们修身的要点，即"贫穷而志广，隆仁也；富贵而体恭，杀势也；安燕而气血不惰，循道也；劳倦而容貌不枯，好交也；怒不过夺、喜不过与，法胜私也。此数者，修身之切要也"。不仅如此，叶梦得谆谆教诫子孙，应该"尽忠报国"。他从维护国家安定、政治清明的高度看尽忠，认为大臣尽忠主要表现为忠谏；忠谏也是为了国家社稷的安宁。

　　《石林治生家训要略》一卷，除全书最后一条为跋语外，共计十四条，专讲治生，也就是如何开源节流，维持一家人的生计。在中国古代的家教中，专讲谋生计的，即个人及家庭经济问题的家训是极少的，因此《石林治生家训要略》就显得有其特别的价值了。它主要有以下几个方面的内容：

　　第一，叶梦得认为治生是人得以生存的根本条件。叶梦得开宗明义地说，人不治生是苦了自己："人之为人，生而已矣。人不治生，是苦其生也，是拂其生也，何以生为？"个人的生计是人生存的前提，也是社会发展的前提，无论是圣贤还是士大夫都无法回避这一问题，更何况普通百姓？在叶梦得看来，治生的重要性不亚于"禹之治水，稷之播种，皋之明刑"。应该说，叶梦得这种重治生的主张，是南宋时期东南地区商品经济得到一定发展的条件下，人们观念逐渐变化的直接体现。尽管如此，叶梦得也告诉子弟必须明白谋生的职业是多种多样的，比如有"出作入息"的农民，有"居肆成事"的手工业者，有"贸迁有无"的商人，有"膏油继晷"的士人，但是他认为士仍是四民之首，地位是最高的，因此鼓励儿子们通过读书成为士人。

第二，叶梦得告诉儿子们要择善而从。我国古代有"为富不仁矣，为仁不富矣"之说，把贫与善、富与恶直接挂钩。叶梦得认为贫富与善恶需要脱钩，他说孔子弟子中最穷的原宪，并不比最富的子贡要好到哪里去；他既反对不择手段聚敛的季氏，也鄙视矫情清高，饿得昏头昏脑，最后只得去吃井边李子的陈仲子。叶梦得认为贫富与善恶并不一定有必然联系，只要循理而行就是善。他的这种观点无疑是鼓励冲破传统观念的束缚，鼓励子孙去大胆致富。

第三，叶梦得教育儿子，治生有一条基本的道德规范，就是不能营营逐逐，损人利己。叶梦得提出了治生的六条基本原则：

一要勤。"每日起早，凡生理所当为者，须及时为之"，否则将在不觉不知之间损耗家道，就不会有任何收获，"如芒种不种田，安能望有秋之多获"。

二要俭。"俭者，守家第一法也"，日用奉养都应该节省。如果过于奢侈，"神气必耗，欲念炽而意气自满，贫穷至而廉耻不顾"。

三要耐久。不要急于谋利，须知"欲速则不达，见小利则大事不成"，应该"先定吾规模，规模既定，由是朝夕念此为此，必欲得此"，如此则"势我集，利我归"。

四要和气。不要总是与人较锱铢，争毫末，失了和气，要相信人都是有良心的，"我若能以礼自处，让人一分，则人亦相让矣"。

五要购田产。中国传统社会以农业经济为主，土地在人们的生活、生产中的地位不可替代，叶梦得告诫子弟有好田产可买则买，这样即使"无劳经营而有自然之利，其利虽微而长久"。

六要自奉宜俭。在叶梦得看来，自己的生活需要节俭，但跟他人交往一定要尽可能大方，不能因为自己的吝啬而不讲礼节。他说："至于往来相交，礼所当尽者，当及时尽之，可厚而不可薄。若太鄙吝废礼，何可以言人道乎？而又何以施颜面乎？然开源节流，不在悭琐为能。凡事贵乎适宜，以免物议也。"

叶梦得认为，治生除了要坚持上述原则之外，家中妻子应该贤淑温良、勤俭持家，并且懂得惜福传后，不要跟"六婆尼师"交往。"六婆"是指牙婆（介绍买卖者，古代把贩卖商叫牙子）、媒婆（介绍婚姻者）、师婆（即女巫）、虔婆（元曲上称贼婆为虔婆）、药婆（即卖药并为人治病的老媪）、稳婆（即接生婆）。在传统观念中，六婆都是能言善道，语言夸张，表情丰富的人，她们道德品质一般不高，甚至诲淫诲盗，因此不能和她们常来往。家里的女性首饰、衣服要简朴，平时的生活不能追求奢华。叶梦得提出："不唯消费难继，亦非所以惜福而传后也。"子女嫁娶应选择有教养的人家，"凤凰生而有仁义之意，狼虎生而有暴戾之心，两者不等，各以其母"，因而娶妻嫁女都应该选择孝悌人家的孩子，这样才会子孙慈孝。一家之长"最宜公心，以仁让为先，且如他人尚不可欺，而况于一家至亲骨肉乎？"在叶梦得看来，一家之长平均分配每年的收入是有公心的重要表现，才能实现"和气致祥"的目标，否则"少有所私，人神共鉴"。应该说，这是叶梦得人生经验的总结。

宋代的商品经济得到了一定的发展，人们对于经济利益的追求逐渐强烈，关于"治生"的家训呼之欲出，叶梦得的《石林治生家训要略》开了先河，不仅承认治生的急迫和必要，还为子弟制定了治生的基本规范，字字句句透露了其良苦用心。在我国家教史上，叶梦得最先提出治生的意义、原则和方法，提出贫富并非善恶的标志，划清治生与"妄取于人"的界限，这对我们现在的家教都有一定的借鉴意义。

五、陆游以诗歌教子

陆游（1125—1210），字务观，号放翁，越州山阴（今浙江绍兴）人。尚书右丞陆佃之孙，南宋著名的文学家、史学家、爱国诗人。陆游自幼在家深受爱国思想熏陶，孝宗朝赐进士出身，中年投身军旅生活，官至宝章阁待制，晚年退居家乡。陆游创作的诗歌数量惊人，现存有九千多首，内容极为丰富，他是中国文学史上产量最丰富的诗人之一。在这些诗歌中，约二百首与教子有关，他是中国历史上写教子诗最多的诗人。陆游的家教思想与实践主要有以下几个方面：

第一，陆游主张家教要寓爱于教。他说：

> 人莫不爱其子孙，爱而不知教之，犹弗爱也。人莫不思
> 其父祖，思而不知奉其教，犹弗思也。(《跋范巨山家训》)

天下人都爱他们的子孙，但是往往只知道爱，而不知道教，这不是真正的爱。陆游主张家教要把爱与教联系起来，爱体现在教之中。与此同时，陆游也主张子弟应当把对父母的爱体现在接受教育上。

第二，陆游提出教子"四戒"。陆游一生常常自勉为善，也希望子孙一辈子都是善人，他说："小儿教汝书，不用日十纸。字字讲声形，仍要身践履。果能称善人，便可老乡里。勿言五鼎养，肉食吾所鄙。"(《示儿》)为了达到培养善人的目标，陆游根据自己的生活经验，撰写《放翁家训》，提出教子"四戒"：

戒奢侈。陆游生活的时代，奢靡之风盛行，"旧俗方以大坏，厌藜藿，慕膏粱，往往更以上世之事为讳"。陆游说：现在的社会风气是将过去的习俗完全抛弃，纷纷厌俭慕奢，把祖先的俭朴生活当作忌讳，不敢对子孙提起。

但是陆游不一样，为了让子孙们保持节俭的传统，他常常对子孙讲祖上生活俭朴的事例。比如，高祖陆轸在朝为官四十余年，从来没有置过家产，很多天才吃一次肉汤，过年或生日才吃一次笼饼等，生活非常节俭。身为尚书右丞的祖父陆佃也是如此，早年家庭贫穷，革带断了，就用麻绳接一下继续用，大概相当于我们现在皮带断了，不去买新的，用绳子接一下，继续使用。有一次，陆佃用几个月存下来的钱做了一件新棉袄，但是在吃饭的时候，不小心把菜汤洒到这

件新衣服上了，把它弄脏了，陆佃居然非常伤心地痛哭起来，连饭也吃不下了，可见他对这件新衣服是多么爱惜。陆游以高祖、祖父为例子来教育子孙，不要忘记陆氏家族节俭的传统，因为"天下之事常成于困约而败于奢靡"。

戒贪。陆游指出："世之贪夫，溪壑无厌，固不足责，至若常人之情，见他人服玩，不能不动，亦是一病。"那些贪得无厌的人，固然不值得费口舌去责备。看到别人的东西就动心，虽然是人之常情，但也是一种毛病，如果这种毛病任由其发展下去，就可能会发展成巧取豪夺，为非作歹。因此，他告诫子弟千万不要有这种毛病。

戒诉讼。陆游要求子弟不要轻易提起诉讼，即使是公正地打官司，也不要轻易地去做，更何况当时的官场是"官司关节，更取货贿"，极为腐败，贿赂成风，难有公正性可言。在陆游看来，邻里之间的矛盾不过是侵地界、欠钱物、逞凶霸之类的事情，对这类事应"姑徐徐谕之，勿遽兴讼也，若能置而不较，尤善"。对这类矛盾，需要时间慢慢调解，不要着急起诉。如果可能的话，最好是不与对方计较。

戒轻薄。陆游认为，那些有才华而又轻浮的子弟是最容易变坏的。父亲、兄长应当经常对子弟加以管教、约束，要求他们做人宽厚恭谨，不要与那些轻浮的人来往，这样才可能把自己引入正道，否则"可虑之事，盖非一端"。应该说，这"四戒"是陆游长期生活经验的总结，对于子弟的成长是相当有益的。

第三，陆游注重对子孙学习的指导。陆游在诗中常提醒儿孙，要珍惜青春年华，勤奋为学：

小儿破帽出求师，老父寒炉夜画诗。

不耐青灯写孤影，聊呼薄酒慰长饥。

我今仅守诗书业，汝勿轻捐少壮时。(《小儿入城》)

他还经常通过父子共读的方式，带动儿孙学习。如《示子聿》：

我钻故纸似痴蝇，汝复孳孳不少惩。

父子更兼师友分，夜深常共短檠灯。

诗中生动地反映了父子共用一盏灯，一起学习的情景，家庭浓厚学习氛围无疑会对子弟的学习产生良好的影响。

作为一位大诗人，陆游积累了丰富的学习经验，他积极向儿孙传授了这些经验。他告诉儿子，要学以致用，反对纸上谈兵，他说：

古人学问无遗力，少壮工夫老始成。

纸上得来终觉浅，绝知此事要躬行。(《冬夜读书示子聿》)

在这里，他指出学习要坚持不懈，又强调不能满足于字面上的知识，还应在实践中去加深理解，把书本知识变为自己的实践能力，做到学以知识致用。当然，他的"躬行"仅指躬行儒家的伦理道德，比如他所说的"学贵身行道，儒当世守经"。在当时士人把学习当作应付科举考试的"敲门砖"的情况下，陆游学以致用的主张显然是颇有见地的。

第四，陆游要求子孙传承廉洁正直的家风，注重气节，廉洁为官。陆游在《放翁家训》中首先以祖上的廉直家风教育子孙。在唐代，陆氏家族有六人为宰相级别的高官，"廉直忠孝，世载令闻"。到五代时，因不愿为被陆氏家族视为"伪国"的朝廷效力，以谋取功名利禄，子孙们放弃做官，成为普通百姓。尽管如此，陆氏先人仍"孝悌行于家，忠信著于乡"。北宋朝廷统一全国之后，陆氏子孙才开始重新做官，逐渐发展成世家大族。回顾了陆氏的家世之后，陆游谆谆告诫子孙，陆氏家族最重的就是气节，决不能屈节求贵，拿原则做交易。

陆游还要求做官的儿子廉洁为官。南宋宁宗嘉泰二年（1202），陆游次子陆子龙赴吉州（今江西吉安）为吉州掾（原为佐助的意思，后为副职官员或官署属员的通称），他写了《适子龙赴吉州掾》，要儿子清白为官：

汝为吉州吏，但饮吉州水。一钱亦分明，谁能肆谗毁。

聚俸嫁阿惜，择士教元礼。我食可自营，勿用念甘旨。

衣穿听露肘，履破从见指。出门虽被嘲，归舍却睡美。

这首诗的大概意思是说：你去担任吉州的地方官，一定要廉洁奉公，只可饮当地清清的流水，一文钱应公私分明，如果能做到这些，谁又能够造谣诋毁你呢？你要积攒薪金，以便为女儿阿惜出嫁置办嫁妆，选用德才兼备的老师教育你的儿子陆元礼。至于我自己的饮食起居，我完全可以自理，你在外做官，完全不用惦念为我送美食佳肴。我的衣服烂了，哪怕是双肘都露出来；鞋子破了，哪怕是脚趾都出来，也没有关系的。我穿这样的衣服出去，虽然可能会被别人嘲笑，但是我回家却能睡个安稳觉。陆游这是告诫儿子陆子龙，一定不要以权谋私。

第五，陆游家教思想和实践中都体现出强烈的爱国情怀。陆游出生于北宋灭亡之际，从小在家受爱国思想的熏陶，具有强烈的爱国精神。他为官时坚决主张抗金，虽屡遭压制，但从不气馁。晚年虽然被贬，闲居故乡，但收复中原的信念矢志不渝，并力图把这种信念传给儿孙。在年老衰病的情况下，陆游只好将收复失土的希望寄托于下一代。陆游临终时，写下了最后一首教子诗，作为自己的遗嘱，其中表达了对收复中原、统一祖国的热切期望。《示儿》：

死去元知万事空，但悲不见九州同。

王师北定中原日，家祭无忘告乃翁。

陆游明知死后"万事空"，但仍希望听到克复中原的好消息。整首诗的字里行间蕴含着对南宋政权偏安江南的强烈不满和对祖国统一的坚定信念。这种爱国赤诚之心对儿孙无疑会有刻骨铭心的教育作用，对所有中华儿女也是一种强烈的激励，推动人们为维护祖国统一不懈努力奋斗。这首诗是教子名篇，也成为后世广为传诵的爱国诗篇。

陆游的家教思想是比较全面的，他的家教实践也达到了比较高的水平，这与他所受的陆氏家风的熏陶，与自己良好的内在修养、渊博的知识是分不开的。

六、朱熹的家教实践与《朱子家训》

朱熹（1130—1200），字元晦，一字仲晦，号晦庵，别称紫阳，谥号"文"，世称朱文公。祖籍徽州婺源（今属江西），出生于南剑州尤溪（今属福建）。宋代著名的理学家，闽学派的代表人物，儒学集大成者，后世尊称其为"朱子"。

朱熹的著述非常多，其中关于家庭教育的著述主要有三类：第一类是专为儿童编写的启蒙读物和行为守则，主要包括《论语训蒙口义》《训蒙绝句》（九十八首）和《童蒙须知》等。除《论语训蒙口义》早已失传外，《训蒙绝句》《童蒙须知》都长期作为家庭教育和儿童教育的教材而广为流传。

第二类著述则基本上是为成年的子女所写，其中流传最广、为研究者注意最多的是《与长子受之》和《训子帖》，是乾道九年（1173）朱熹送长子朱塾到吕祖谦处学习时所写。

第三类著述散见于朱熹的书信，数量较多，主要是关于长子朱塾、次子朱埜、幼子朱在和两个孙子朱钜、朱钧教育的文献。

除了这些文献之外，《朱子全书》第26册（上海古籍出版社、安徽教育出版社，2002年版）收录了束景南先生《朱熹佚诗佚文全考》，在这一部的类目六"朱子遗集"的卷四"杂著"中收录了三百余字的《家训》。《朱子全书》在此后有按语：各种朱氏宗谱、族谱都载有此《家训》《家政》《童蒙须知》等，云是朱熹晚年作此以训其孙朱鉴。当然，也有学者认为从内容上来看，《朱子家训》内容杂糅，而且是出自明代族谱，不尽可信。

由于朱熹的家教文献比较多，家教思想比较丰富。我们选择《童蒙须知》《训子帖》和《朱子家训》三种重要的文献来解读朱熹的家教思想和实践。

（一）《童蒙须知》的家教思想

由于古代儿童教育主要由家庭教育来完成，因此《童蒙须知》可以视为家庭教育的教材，内容丰富，包括"衣服冠履""语言步趋""洒扫涓洁""读书写文字""杂细事宜"五大类数十条规定，明确了儿童学习的步骤应该从仪容、仪表开始，然后是讲话、走路的规矩，接下来是培养良好的卫生习惯，最后才是读书、写字的注意事项，以及各项礼仪规范。应该说，这些规范全面贯彻了古代的"蒙以养正"的教育思想。具体而言，《童蒙须知》的内容主要有以下一些：

第一，《童蒙须知》重点规范儿童的言谈举止，多次出现"整齐""端正""端严"之类的词语。如在衣服冠履方面，开篇即讲："大抵为人，先要身体端正，自冠巾、衣服、鞋袜，皆须收拾爱护，常令洁净整齐。"至于行步走路，也"须是端正，不可疾走跳踯"。在物品摆放方面，"文字笔砚，凡百器用，皆当严肃整齐，顿放有常处"。读书写字更是如此："凡读书，须整顿几席，令洁净端正"，"凡写字，未问写得工拙如何，且要一笔一画，严正分明，不可潦草"。对其他所谓的"杂细事宜"也有规定："凡待婢仆，必端严，勿得与之嬉笑。凡执器皿必敬谨，惟恐有失。"这些"端""严"之规，既是对儿童基本生活（包括读书、写字）习惯的要求和训练，同时也暗含着对儿童基本道德观念的培养。

第二,《童蒙须知》要求儿童日常生活中讲究清洁卫生。在衣服方面的强调尤其多,如:"饮食照管,勿令污坏;行路看顾,勿令泥渍";"着衣既久,则不免垢腻,须要勤勤洗浣";"凡盥面,必以巾帨遮护衣领,卷束两袖,勿令有所湿";"凡就劳役,必去上笼衣服,只着短便,爱护勿使损污";"凡日中所着衣服,夜卧必更,则不藏蚤虱,不即敝坏。"其他方面也有类似的规定,如平时于"洒扫居处之地"要"拂拭几案,当令洁净";"窗壁几案文字间,不可书字";"凡书册须要爱护,不可损污皱折。"这些规定对于儿童养成爱清洁、讲卫生的良好品行是很有帮助的。

第三,《童蒙须知》力图培养儿童的日常道德规范,其中最突出的是要儿童学会尊敬长辈。"长幼有序"是朱熹强调的"五伦""五教"之一,他要求儿童在日常行为中得到落实。比如:

说话:"凡为人子弟,须是常低声下气,语言详缓,不可高声喧哄,浮言戏笑。父兄长上有所教督,但当低首听受,不可妄自议论。"

走路:"若父母长上有所唤召,却当疾走而前,不可舒缓。"

洒扫:"凡父兄长上坐起处,文字楷札之属,或有散乱,当加意整齐,不可辄自取用。"

称呼:"凡对父母长上,朋友必称名。及称呼长上,不可以字,必云某丈。如异姓者,则云某姓某丈。"

进出:"凡出外及归,必于长上前作揖,虽暂出亦然。"

相处:"凡侍长者之侧,必正立拱手,有所问,则必实对,语言须不可妄";"凡侍长上出,行必居路之右,住必居左。"

饮食："凡饮食于长上之前，必轻嚼缓咽，不可闻饮食之声。"

这些规定，或强调对长辈的顺从，或强调对长辈的孝敬，二者虽然内涵不尽相同，甚至包含有盲从的弊端，但基本点都是在日常生活中培养孩子尊敬长辈之心，从而逐渐理解上下有别、长幼有序的伦理观念。

第四，《童蒙须知》教给儿童一些简单的生活常识和读书写字的方法。

在生活常识方面，如：

穿衣："必先提整襟领，结两衽纽带，不可令有阙落。"

吃饭："凡饮食，举匙必置箸，举箸必置匙。食已，则置匙、箸于案。"

晚上睡觉："凡夜卧，必以枕，勿以寝衣覆首。"

冬天烤火："凡向火，勿迫近火旁，不惟举止不佳，且防焚爇衣服。"

在读书方法上，朱熹提出了"心到、眼到、口到"的三到法，并强调"心到"最重要，他说："三到之中，心到最急，心到既矣，眼口岂不到乎？"

写字也要得法，"须高执墨锭，端正研磨，勿使墨汁污手。高执笔，双钩端，楷书字，不得令手指着毫"。这些技巧有利于儿童尽快掌握读书写字的要领。

朱熹的这些规定，"一物一则，一事一宜"，"至纤至悉"，基本上是当时儿童教育必不可少的内容。这些规定包含了朱熹以人伦为本的教育思想，即通过这些要求的长期规范，使儿童形成符合理学要求的行为习惯和道德观念，成为一个个视听言动无所不正的"圣贤坯璞",从而真正达到"蒙以养正"的目的,为今后进一步理解和接受"三纲五常"的道德伦理,能够"入于大贤君子之域"奠定坚实基础。在《童蒙须知》的最后部分,朱熹信心十足地说:"凡此五篇,若能遵守不违,自不失为谨愿之士。必又能读圣贤之书,恢大此心,进德修业,入于大贤君子之域,无不可者。"

在《童蒙须知》之前,已有一些关于儿童行为规范要求的家教作品,比如《礼记》中的《曲礼》《内则》等,但总体来说,还是比较零散的,不具体,更没有形成专书,这在一定程度上影响了童蒙教育的实际推进。朱熹曾经激烈批评当时教育体系中存在的"全失了小学工夫"的弊端,其中也应该包含对童蒙教育的不满。《童蒙须知》在一定程度弥补了这一环节的不足,使传统的"蒙以养正"更为具体化、规范化,标志着我国古代童蒙教育进入了一个新的阶段。

《童蒙须知》是第一部较为完备的儿童行为守则,在儿童教育史上具有开创性,不仅长期为古代家庭所采纳施行,而且不少内容对当下的家庭教育、幼儿教育都有借鉴意义。

（二）教子思想与实践

朱熹在家庭教育中,写了大量的书信和教诫性文献,教育或者讨论的对象都是自己的儿子和孙子;其中对长子朱塾的教育的内容比较多。可以说,对长子朱塾的教育比较充分地体现了朱熹的家教思想和实践。

朱塾年幼时,朱熹对他充满了期望,称他"自幼开爽,不类常儿"。我想这是大多数初为父母者的心理,多认为自己刚刚出生的孩子比别人家的孩子聪慧，长大以后应该能成大器。正因为如此，除了亲自施教外，朱熹还注意选择品学兼优的弟子来负责朱塾教育。乾道二年（1166），古田林用中师从朱熹，朱熹觉得他"操履甚谨，思索愈精"，与林用中交往是"大有所益"（《答何叔京》），于是"邀至家馆，教塾、埜二人，其见明切"。[《与祝直清书（乾道二年）》]朱熹看到林用中学问与为人都很不错，就把他请来教长子朱塾、次子朱埜。乾道六年（1170），朱熹又请建阳蔡元定在自己所筑的寒泉精舍教育朱塾兄弟。与林用中一样，蔡元定也是朱熹十分器重的高足，史载朱熹初次见到蔡元定，跟他交流了一些学术问题之后惊呼："此吾老友也，不当在弟子列。"之后，"四方来学者，熹必俾先从元定质正焉"（《宋史·蔡元定传》）。朱熹认为蔡元定的学术水平相当高，跟自己完全是同一个水平上的，不应该视他为学生。朱熹让这么高水平的弟子来教自己的儿子，说明他对两个儿子的学习和未来都抱有极高的期望。

让朱熹非常失望的是，随着朱塾逐渐长大，朱熹发现自己的期望可能要落空了。朱熹在给蔡元定的信中说，幼时聪慧的朱塾已经染上了懒散的恶习，希望蔡元定能对朱塾"痛加绳约"，即严加管教。朱熹以"望与镌之"，并提出了学习的具体要求："大儿不免令读时文，然观近年一种浅切文字殊不佳，须寻得数十年前文字宽舒有议论者与看为佳，虽不入时，无可奈何。"（《答蔡季通》）在朱熹看来，蔡元定指导朱塾学习科举应试作文的时候，应该学习数十年前的应试范文，而不是现在的。朱熹对于朱塾的学习进行了专门的指导，他说："此儿读《左传》向毕，经书要处更令温绎为佳（如《礼记》，令拣篇读），韩、欧、曾、苏之文澝沛明白者，拣数十篇，令写出，反复成诵尤善。庄、荀之属皆未读，可更与兼善斟酌，度其缓急而授之也。"（《答蔡季通》）朱熹要求儿子读的有《左传》《礼记》、韩愈、欧阳修、曾巩和苏轼的文章，以及庄子、荀子的部分著作等。

尽管朱熹为朱塾聘请了高水平的老师，自己也亲自悉心指导，但是朱塾到二十多岁时，学业还是没有真正的长进。朱熹在给吕祖谦的信中不无感慨地说："此儿懒惰之甚。"他意识到对于懒惰成性的朱塾来说，"在家读书绝不成伦理"。既然在家读书没有希望，朱熹决定采用孟子"易子而教"的办法，将朱塾送到远在"千里"之外的朋友吕祖谦那里学习，在吕祖谦的亲自教育下，"或肯向前"（《答吕伯恭》）。实际上，这里也透露出朱熹对长子朱塾教育的无奈。

朱熹为什么要选择吕祖谦作为朱塾的老师呢？主要有四个方面的原因：其一，吕祖谦是浙江金华学派的代表性人物，与朱熹同为当时顶尖学者，学术水准和个人修养都极高。其二，吕祖谦是进士出身，精通科举应试教育。其三，朱熹和吕祖谦二人已有多年的交往，对吕祖谦的学问和为人都相当了解。其四，吕祖谦此时因为父亲去世丁忧在家，正好有时间来教朱塾。

乾道九年（1173），朱塾离家前往金华师从吕祖谦时，朱熹专门写下了著名的《与长子受之》（又名《朱子训子帖》），对朱塾进行了细致的交代。朱熹要求朱塾到了婺州之后，除了礼敬先生之外，"大抵只是勤谨二字"。

朱熹在"勤"的方面对朱塾的要求是：

对学习过程中的疑问，要随时记录，有机会就向老师请教，"日间思索有疑，用册子随手札记，候见质问，不得放过"。

对老师所讲授的内容，要反复思考，"要切之言，逐日札记，归日要看"。

对于别人的长处和比自己写得好的文章，要善于学习和积累，"见人嘉言善行，则敬慕而纪录之。见人好文字胜己者，则借来熟看，或传录之而咨问之，思与之齐而后已"，并且不要看对方的年龄是比自己大还是小，"惟善是取"。

要制定学习计划，"要自写一节目，逐日早起夜眠，遵依偦趁。日间勿接闲人，说闲话，专意办自己功"。"节目"就是学习的计划，一定要按照计划执行，不要闲谈耽误时间，耽误学习。

"谨"主要是要求言谈举止和接人处事要符合基本的道德规范，朱熹对朱塾的要求有："不得自擅出入，与人往还"；"居处须是居敬，不得倨肆惰慢"；"言语须要谛当，不得戏笑喧哗"；"凡事谦恭，不得尚气凌人，自取耻辱"；"不得饮酒，荒思废业"；"不可言人过恶，及说人家长短是非"；"交游之间，尤当审择，虽是同学，不可无亲疏之辨。"这些规范和要求非常详细，而且语重心长，情真意浓，充分反映出朱熹积极认真的教子态度。

除了对朱塾的学习和生活进行要求之外，朱熹还以父亲的身份解释了送他去外地读书的原因，他说："盖汝若好学，在家足可读书作文，讲明义理，不待远离膝下，千里从师。汝既不能如此，即是自不好学，已无可望之理。"之所以送朱塾去千里之外的地方求学，主要是因其在家不好好读书，已经让朱熹感到绝望了。他又告诉朱塾："然今遣汝者，恐汝在家汩于俗务，不得专意。又父子之间不欲昼夜督责，及无朋友闻见，故令汝一行。"送朱塾去外地读书有三大好处，即不会被家里的一些事务打搅而分心，不会因为老被朱熹责备而导致父子关系紧张，不会因为跟一些朋友玩耍浪费时间。朱熹再次对朱塾提出了期望：

> 汝若到彼能奋然勇为，力改故习，一味勤谨，则吾犹有望。不然，则徒劳费，只与在家一般。他日归来，又只是旧时伎俩人物，不知汝将何面目归见父母亲戚、乡党故旧耶？（《与长子受之》）

朱熹一方面鼓励朱塾洗心革面，改过自新；另一方面又严厉警告朱塾，如果再不努力，以后回家的时候，将无脸见家乡父老。在这封家书的字里行间，我们能真切地感受到朱熹对朱塾浓浓的父爱和热切的期望。

在要求朱塾的同时，朱熹也写信告诉吕祖谦朱塾的不足，他说："小儿无知，仰累鞭策，感愧深矣。在家百计提督，但无奈其懒何。"因此，朱熹希望在吕祖谦这样的严师、良师的教育下，首先能扫除朱塾身上的懒惰这一"大患"，即"先与击去此病，庶或可望其及人也"（《答吕伯恭》）。在此基础上，再努力提高朱塾的应试成绩，早日考取科举功名。

为了不负朱熹的重托，吕祖谦在朱塾的教育方面投入了很大精力：

首先，在住宿的安排上，让朱塾就近住在门人潘景宪家旁边的书院里，与潘景宪的弟弟潘景愈做"同窗"。吕祖谦之所以这样安排，一是因为潘景愈为人非常正直、谨慎，跟他一起学习，能够督促朱塾改掉懒散的毛病；二是潘景愈擅长写科举应试文章，让朱塾跟他一起学习，有利于提高朱塾的科举应试成绩。

其次，吕祖谦对朱塾的要求十分严格。比如，吕祖谦曾经一度规定朱塾不得独来独往，要求他必须和潘景愈一同出入，以便加强对朱塾的监督。再比如，吕祖谦对朱塾的课程学习抓得很紧，为朱塾"立定课程"，并针对其写作应试文章水平差的状况，采取强化训练的方式，他在写给朱熹的信中说："今且令破三两月工夫，专整顿。盖既欲赴试，悠悠则卒难见工也。此段既见涯涘，则当于经、史间作长久课程。大抵举业，若能与流辈相追逐，则便可止。得失盖有命焉，不必数数然也。"（《与朱侍讲元晦书》）吕祖谦希望通过两三个月的强化训练，能提高朱塾的写作水平，这样到了科举考试的时候，写出的文章才不会太难看。

朱塾跟随吕祖谦学习了八年，一直到吕祖谦淳熙八年（1181）病逝前夕才结束。在这段时间内，虽然吕祖谦精心教育，但朱塾的进步始终不大，这在朱熹与吕祖谦二人的通信中都多次提到。淳熙七年，朱熹在信中写道："大儿来自里中，懒慢如故，令诵程文，仅能记三两句耳。"（《答吕伯恭》）吕祖谦也说朱塾"志向非它人所能与"。次年，朱塾返回家中以后，吕祖谦仍称他"志业未甚立"。吕祖谦通过信函询问朱熹，朱塾到家以后是不是勤奋了一些呢？是不是在科举考试中有所进步呢？朱熹给他回信说："儿子归来，不惟课业胜前，至于惰性作为，亦比往时小异，信乎亲炙熏陶之效。举家感德，不可名言。"这明显是朱熹的客套话，但由此也可以明显看到朱熹对朱塾的进步是不满意的。他用"但"字一转，说："但惜乎其气质本凡，又无大意于大受，不足以希升堂之列耳。"（《答吕伯恭》）朱熹告诉吕祖谦，尽管教育效果不明显，但责任不在老师，而在朱塾本人。

朱塾回到家中之后，懒惰的毛病丝毫没有改变，朱熹在写给吕祖谦的信中说："渠懒甚，向令写一二年《大事记》及他文字一两篇，竟不写来。"（《答吕伯恭》）朱塾还是非常懒，让他写东西，根本就不写。朱塾惰性未改，科举应试的结果也就可想而知了，他曾经三次参加科举，每次都以落第告终，既没有达到朱熹对他的期望，也没有实现吕祖谦的愿望。对于长子朱塾的教育，朱熹多次表达出无可奈何，甚至绝望的心情。

从长子朱塾的情况来看，似乎很难说朱熹家教是成功的。但是我们必须看到，教育确实是一件非常复杂的事，孩子的成才有多方面的原因和条件，很难因为朱塾没有成才就否定朱熹家教思想的有效性，更不能因此否定朱熹对于中华传统家教的理论贡献。

（三）《朱子家训》的家教思想

朱熹《朱子家训》古本只有"家训"两个字，后来冠以"文公""朱子"等尊称而有《朱子家训》之名。《朱子家训》虽然只有三百余字，但内容相当丰富。

我们从文本入手来解读这篇家训。

父之所贵者，慈也；子之所贵者，孝也。君之所贵者，
仁也；臣之所贵者，忠也。兄之所贵者，爱也；弟之所贵者，
敬也。夫之所贵者，和也；妇之所贵者，柔也。事师长，贵
乎礼也。交朋友，贵乎信也。

"贵"，以某种情况为贵。"仁"，爱护人民。"忠"，忠
君爱国。"慈"，疼爱子女。"敬"，尊敬兄长。"事"，侍奉。
"信"，信用。

朱熹说：国君最重要的是"仁"，要爱护人民。做臣子
最重要的是"忠"，要忠于国君，爱国爱家。做父亲最重要
的是"慈"，要疼爱子女。做子女最重要的是"孝"，要孝顺
父母。做兄长最重要的是"爱"，要爱护弟弟。做弟弟最重
要的是"敬"，要尊敬兄长。做丈夫最重要的是"和"，对妻
子要爱护。做妻子最重要的是"柔"，对丈夫要温顺。对待
师长要礼貌，交朋友应该重视信用。

《朱子家训》首先定位了"五伦"关系。"五伦"是宗法
社会中最主要的人际关系。儒家的人伦等级虽有上下亲疏、
尊卑贵贱之分，但道德操守的要求是对等的，有相互承担的
义务与责任。如《大学》要求："为人君，止于仁；为人臣，
止于敬；为人子，止于孝；为人父，止于慈；与国人交，
止于信。"《礼记·礼运》也说："何谓人义？父慈，子孝；兄
良，弟弟；夫义，妇听；长惠，幼顺；君仁，臣忠。十者，
谓之人义。"这里的父慈子孝、君仁臣忠就是指双方在道德

上要对等。在对应的关系中，如果有一方不遵守应当承担的人伦之道，另一方的义务也可随之解除。正因为这样，即便是君主，如果不仁，大臣就可以不忠；如果父亲不慈爱儿子，那么儿子也可以不孝，这对单方面强调君父的绝对权威能在政治伦理方面起到一定的制约作用。

宋明时期，专制君权发展至高峰，父权、夫权也明显上升，从而出现了"君要臣死，臣不敢不死""父要子亡，子不敢不亡"的礼教现象。对妇女要求"三从四德"，宁可饿死也不能"失节"。朱熹也认为"三纲五常终变不得"。然而在家庭教育方面，朱熹提出要按照对等的道德要求开展，强调君仁臣忠，父慈子孝，兄友弟恭，夫和妇柔，事师以礼，交友守信。《朱子家训》揭示家庭成员在家庭生活中扮演不同角色的时候，都应该遵守这种对等的道德准则，只有每个家庭成员都能够以这样的道德准则要求自己，才能够营造出和谐的家庭氛围。

当然，朱熹所提出的对等的道德要求，并非要放弃对子女的教育。比如，朱熹提出的"父之所贵者，慈也"。所谓"慈"，即父母要疼爱子女。但是父母又不能溺爱子女，否则，就是害了子女。当子孙不肖、不听话的时候，对其放纵是不行的，所以朱熹提出："子孙不可不教也。"

这种家庭教育思想在当下仍然具有借鉴意义。我们现在很多家庭把孩子视为掌上明珠，一味地迁就，百般地疼爱，使孩子养成了唯我独尊、刁蛮任性、不懂礼貌的性格。《朱子家训》告诉我们，父母把爱倾注给孩子的同时，也要加强教育，因为人在年幼的时候，性情未定，可塑性大，要抓住这个时机进行教育，使孩子懂礼貌、守规矩、有教养、懂得做人的基本道理。

> 见老者，敬之；见幼者，爱之。有德者，年虽下于我，
> 我必尊之；不肖者，年虽高于我，我必远之。慎勿谈人之短，
> 切勿矜己之长。仇者以义解之，怨者以直报之。人有小过，
> 含容而忍之；人有大过，以理而责之。勿以善小而不为，勿
> 以恶小而为之。人有恶，则掩之；人有善，则扬之。

"不肖"，品行不端。"矜"，夸耀。"直"，坦诚正直。
"谕"，劝导帮助。"掩"，别人做了坏事，应该帮助他改过，
不要宣扬他的恶行。

朱熹说：遇到老人要尊敬，遇到小孩要爱护。有品德的
人，即使年纪比我小，我也要尊敬他。品行不端的人，即使
年纪比我大，我也要远离他。在日常的谈话中，不要随便议
论别人的缺点，也不要夸赞自己的长处。对待与自己有仇隙
的人，尽量用讲明道理的办法来解除仇隙。与那些对自己有
所抱怨的人相处，也要用正直公平的态度来对待他。在生活
中不论遇到顺境还是逆境，都应该做到心平气和地去对待，
并从中找到满足。要尽量用一个宽容的心态去面对他人所犯
的小的过错，当他人犯了大错的时候，要给他讲明道理。不
要因为是细小的好事就不去做，不要因为是细小的坏事就去
做。别人做了坏事，应该帮助他改过，不要宣扬他的恶行。
别人做了好事，应该多加表扬。

敬老爱幼是儒家文化的传统，也是中华传统美德。朱熹

认为除一般从年龄上要敬老爱幼外，在人际交往过程中，还应当加上道德品质的标准。对待有道德的人，即使年纪比自己小，也要对他表示尊敬。相反，对不肖之人，即便是老年人也要避而远之。由此可见，朱熹并不是无条件地尊老，而是以道德好坏作为取舍的标准。

> 处公无私仇，治家无私法。勿损人而利己，勿妒贤而嫉能。勿逞忿而报横逆，勿非理而害物命。见不义之财勿取，遇合义之事则从。《诗》《书》不可不学，礼义不可不知。子孙不可不教，婢仆不可不恤。守我之分者，理也；听我之命者，天也。人能如是，天必相之。此乃日用常行之道，若衣服之于身体，饮食之于口腹，不可一日无也，可不谨哉！

（以上引自《朱子全书》第26册，《朱熹遗集》卷四《家训》）

"仇"，待人、办事不要有私人仇怨。"嫉能"，不要妒忌贤才和嫉妒有能力的人。"忿"，愤怒。"报"，对待。"横逆"，蛮不讲理的人。"害物命"，伤害人和动物的生命。"恤"，怜恤。

待人处事不要累积私人仇怨，治理家务不要另立私法。千万不要做损人利己的事情，不要嫉贤妒能。对待蛮不讲理的人不要声言愤愤，暴跳如雷。不要违反正当事理，而随便伤害人和动物的生命。不要接受不义的财物，遇到合理的事情要拥护。要勤读史书，要懂得礼仪。要教育好子孙，要同情、怜悯僮仆。对待有德行、有学识的人一定要尊敬，对待有困难的人要帮助。这些都是做人应该懂的道理，每个人都应该尽本分去做才符合"礼"的标准。这样就可以完成天地万物赋予我们的使命，顺乎"天命"的道理法则。

朱熹最后告诫家人，《朱子家训》中所说的内容是日用常行之道，应该像穿衣吃饭一样，是每天都离不开的生活需求。这些看起来很普通的要求，在现实中并不是都能做到的，或者能轻易达到的，比如"勿以善小而不为，勿以恶小而为之""勿损人而利己，勿妒贤而嫉能""见不义之财勿取，遇合义之事则从"等。

由于《朱子家训》最初只是朱熹对自己家庭、家族成员的训诫之词，长期以来它只是在朱氏家族内部流传，并不为外人所知晓，所以影响力远不如其他家训，尤其比不上是同样以《朱子家训》命名的清代朱柏庐的《朱子治家格言》。随着时代的进步，《朱子家训》的价值越来越受到有识之士的重视。朱氏家族也打破了自我封闭的传统，认为既然是好的东西就应该与世人共享，大力宣传《朱子家训》的合理价值，使其不仅有益于一个家族，也有益于一个国家和民族。

七、"《颜氏家训》之亚"《袁氏世范》

袁采（？—1195），字君载，信安（今浙江衢县）人。宋孝宗隆兴元年（1163）中进士。著有《政和杂志》《县令小录》《世范》等，现在只有《世范》一书传世。

宋代以前的家训，虽数量不少，但大多意求"典正"，不以"流俗"为追求。然而，袁采的这部家训却一反前人的做法，立意"训俗"，就是通俗的家训。因此该书写成之后，他将其取名为《俗训》，明确表达了"厚人伦而美习俗"的宗旨。成书之后，袁采请他的同窗好友、权通判隆兴军府事刘镇为之写序。在序言中，刘镇给予了这部家训极高的评价，认为它不仅可以在袁采当时任职的乐清县实行，而且可以"远诸四海"，普遍适用；不仅可以在当时得到实行，而且可以"垂诸后世""兼善天下"，成为"世之范模"。因此，他建议袁采将该书更名为《世范》，后世为多称其为《袁氏世范》。清代《四库全书总目提要》也给予了高度的评价："其书于立身处世之道，反覆详尽，所以砥砺末俗者，极为笃挚。虽家塾训蒙之书，意求通俗，词句不免于鄙浅。然大要明白切要，使览者易知易从，固不失为《颜氏家训》之亚也。"（《四库全书总目提要》卷九二《子部·儒家类·〈袁氏世范〉提要》）认为其影响力仅次于颜之推的《颜氏家训》，称其为"《颜氏家训》之亚"。

《袁氏世范》共三卷，即《睦亲》《处己》《治家》，内容非常详尽。《睦亲》六十则，论及父子、兄弟、夫妇、妯娌、子侄等各种家庭成员关系的处理，具体分析了家人不和的原因和弊害，阐明了家人、族人和睦相处的各种准则，涵盖了家庭、家族关系的各个方面。《处己》五十五则，主要论述立身、处世、言行、交游之道。《治家》七十二则，基本上是持家兴业的经验之谈，如置办田产，要公平交易；经营商业，不可掺杂使假；借贷钱谷，取息适中，不可高息；兄弟亲属分割家产，要早印阄书，以求公正免争；田产界

至要分明；不能把尼姑、道婆之类的人请到家中来；税赋
应依法及早缴纳等。《袁氏世范》的内容相当丰富，在这里
主要就《睦亲》这一卷所蕴含的家教思想进行解析。

（一）家人应相互尊重并换位思考
　　如何处理家庭关系是家教的重要内容。对于经常出现的
父子、兄弟之间的不和睦的情况，《袁氏世范》开篇就进行
了讨论。

　　　　人之至亲，莫过于父子兄弟。而父子兄弟有不和者，父
　　子或因于责善，兄弟或因于争财。有不因责善、争财而不
　　和者，世人见其不和，或就其中分别是非而莫明其由。(《睦
　　亲·性不可强合》)

　　在人与人的关系中，最亲的莫过于父子、兄弟关系，但
是父子之间、兄弟之间也经常有相处不融洽、不和睦的。这
是什么原因呢？父子之间不和睦是因为父亲对儿子求全责
备，要求太过苛刻。兄与弟之间不和睦是因为相互争夺家产
财物。有的父子之间、兄弟之间即便没有求全责备、争夺财
产，也可能会不和睦，周围的人看见他们不和，有的人想去
找原因，去分辨是非，但最终都找不到合理的解释。
　　之所以会出现这种情况，袁采认为这是父子之间、兄弟
之间的性格不同所造成的。他说：

　　　　盖人之性，或宽缓，或褊急，或刚暴，或柔懦，或严重，

或轻薄，或持检，或放纵，或喜闲静，或喜纷拏，或所见者小，或所见者大，所禀自是不同。父必欲子之性合于己，子之性未必然；兄必欲弟之性合于己，弟之性未必然。其性不可得而合，则其言行亦不可得而合。此父子兄弟不和之根源也。（卷一《睦亲·性不可强合》）

人的性格、性情是各不相同的，有的宽容缓和，有的偏颇急躁，有的刚戾粗暴，有的柔弱儒雅，有的严肃庄重，有的放荡浮薄，有的克制检点，有的放肆纵情，有的喜欢闲雅恬静，有的喜欢纷纷扰扰，有的人识见短浅，有的人识见广博，每个人的禀性、气质确实都有不同。正因为如此，父亲如果一定要强迫儿子合于自己的脾气性格，儿子未必能做到；兄长如果一定要强迫弟弟合于自己的脾气性格，弟弟也未必能做到。由于脾气性格不可能做到完全一致，那么他们的言语、行动也不可能有默契，这就是父与子、兄与弟不和睦的根本原因。

那么这种性格所导致的家庭成员的不和睦会产生什么后果呢？袁采有具体的描述：

况凡临事之际，一以为是，一以为非，一以为当先，一以为当后，一以为宜急，一以为宜缓，其不齐如此。若互欲同于己，必致于争论。争论不胜，至于再三，至于十数，则不和之情自兹而启，或至于终身失欢。（卷一《睦亲·性不可强合》）

遇到某一件事情的时候，如果父亲、兄长和儿子、弟弟中的一方认为是正确的，另一方认为是错误的；如果一方认为应当先做，一方认为应当后做；如果一方认为应该急办，一方认为应该缓办，很难有一致的意见和看法。如果彼此都想要对方与自己的想法一致，这样争吵与论辩就难免不会发生。争吵次数多了，必然会导致矛盾的加剧，不可能和睦，有的甚至会演变成深仇大恨，一辈子都无法化解了。

因此，在处理家庭事务的时候，父亲、兄长和儿子、弟弟一定要相互尊重、相互妥协，只有这样家里才没有争吵，才能和睦相处。袁采提出：

> 若悉悟此理，为父兄者；通情于子弟，而不责子弟之同于己；为子弟者，仰承于父兄，而不望父兄惟己之听，则处事之际，必相和协，无乖争之患。（卷一《睦亲·性不可强合》）

如果大家都能领悟到这个道理，父亲、兄长对儿子、弟弟一般会通情达理，并且不会对儿子过于求全责备，不会要求弟弟事事都与自己相同；做儿子、弟弟的，虽然应该尊重父亲、兄长，但也不应该期望父亲、兄长能采纳自己的所有意见。

在袁采看来，仅仅只有尊重、妥协是不够的，他主张在处理家庭关系的时候，家庭成员之间多进行换位思考。他说："人之父子，或不思各尽其道，而互相责备者，尤启不和之渐也。若各能反思，则无事矣。"（卷一《睦亲·人必贵于反思》）在处理父子关系的时候，有的人不会换位思考，不考虑自己应该做什么，自己应该为家庭承担什么样的责任，一旦家里有事情，或者困难，就去责备对方，这是导致父子不和的最重要的原因。如果父亲、儿子各自都能反思一下自己，那么家庭也可能就会更加和睦。

对于换位思考，袁采提出了具体的做法。他说：

> 为父者曰："吾今日为人之父，盖前日尝为人之子矣。凡吾前日事亲之道，每事尽善，则为子者得于见闻，不待教诏而知效。倘吾前日事亲之道有所未善，将以责其子，得不有愧于心。"（卷一《睦亲·人必贵于反思》）

做父亲的应该这样说："我虽然现在是儿子的父亲，但从前曾经是父母的儿子。如果我原来侍奉、对待父母的时候，每件事都能力求尽善尽美，那么做儿子的就会看到、听到，不等我这个做父亲的去教导他们，他们自然就会明白怎样去对待父母了。假如我过去侍奉、对待父母时，做得不够好，反而去责备儿子不能做到尽善尽美，难道不是有愧于自己的良心吗？"只有这样，做父亲的才能不会对儿子求全责备。

不仅父亲需要反思，袁采认为儿子也需要换位思考。他说：

> 为子者曰："吾今日为人之子，则他日亦当为人之父。今吾父之抚育我者如此，畀付我者如此，亦云厚矣。他日吾之待其子，不异于吾之父，则可俯仰无愧。若或不及，非惟有负于其子，亦何颜以见其父？"（卷一《睦亲·人必贵于反思》）

做儿子的人应该这样说:"我现在虽然是父母的儿子,但是以后肯定会成为儿子的父亲。现在我父亲这样尽心尽力地抚养、培育我,并且为我付出了很多心血,可以称得上是厚爱自己了。以后我也要好好对待儿子,只有做到与父亲对待我的一样的程度,才可以无愧于自己的良心。如果做不到这些,不仅仅有负于儿子,更无颜面去见父亲。"

袁采进一步提出,如果父子、兄弟、夫妇等都能把别人的缺点与自己亲人的优点进行比较,往往就能做到父慈子孝、兄友弟恭。他说:

> 为人父者,能以他人之不肖子喻己子;为人子者,能以他人之不贤父喻己父,则父慈而子愈孝,子孝而父益慈,无偏胜之患矣。至于兄弟、夫妇,亦各能以他人之不及者喻之,则何患不友、恭、正、顺者哉!(卷一《睦亲·父子贵慈孝》)

做父亲的,如果能将他人的不肖子与自己的儿子作比较;做儿子的,如果能将他人不贤达的父亲与自己的父亲相比,那么父亲应该会更加仁慈和顺,儿子应该更加孝顺;儿子孝顺,父亲就会更加慈爱,这样就能消除家庭不和睦的隐患。至于兄弟、夫妇之间,如果每个人都能以他人的缺点与自己亲人的优点去比较,那么还怕亲人对自己不友爱、不恭敬、不正派、不和顺吗?实际上,在袁采看来,通过比较,父亲、兄长、丈夫才能更好地理解儿子、弟弟和妻子,这样家庭成员之间才能更加和睦。

做好儿子与做好父亲是密切关联的。袁采说:

然世之善为人子者，常善为人父。不能孝其亲者，常欲
虐其子。此无他，贤者能自反，则无往而不善；不贤者不能
自反，为人子则多怨，为人父则多暴。然则自反之说，惟贤
者可以语此。（卷一《睦亲·人必贵子反思》）

　　那些善于做儿子的人，通常也很善于当儿子的父亲。那些
不能够孝敬父母的人，也许常常会有虐待自己子女的倾向。这
其中没有别的道理，贤达的人能够反省自己，那么做事就会沉
稳，尽可能少出差错。不贤达的人往往不能反省自己，不会换
位思考，做儿子就会多怨恨，做父亲就会多暴戾。反省自己的
道理，只有贤达的人才可以谈论。

　　（二）家人应宽容与忍让
　　在袁采看来，家庭成员在换位思考的同时，还需要有宽
容之心。他说：

　　自古人伦，贤否相杂。或父子不能皆贤，或兄弟不能皆
令，或夫流荡，或妻悍暴，少有一家之中无此患者，虽圣贤
亦无如之何。身有疮痍疣赘，虽甚可恶，不可决去，惟当宽
怀处之。能知此理，则胸中泰然矣。古人所以谓父子、兄弟、
夫妇之间，人所难言者如此。（卷一《睦亲·处家贵宽容》）

　　自古以来，贤达和不肖之人都有。有的父亲、儿子不能
做到贤达，有的兄长、弟弟不能做到尽善尽美，有的丈夫恣
意放荡，有的妻子悍厉粗暴，很多家庭都有这样、那样的问

题，确实都有一本难念的经。这就好比人身上有创伤或生有脓疽疮痛，虽然非常让人烦恼，却不能除去，只应该以包容之心来对待，让它慢慢变好。如果能懂得这样的道理，那么对待家里存在的各种问题就会非常坦然。虽然古人都认为父子、兄弟、夫妇之间往往难以把家里存在的问题说清楚，但是如果大家都有宽容之心，很多问题也许可以迎刃而解了。

与宽容直接相关的是，袁采认为家庭成员之间还要能相互忍让，否则可能会造成很大的伤害。他说：

> 人言，居家久和者，本于能忍，然知忍而不知处忍之道，其失尤多。盖忍或有藏蓄之意。人之犯我，藏蓄而不发，不过一再而已。积之既多，其发也，如洪流之决，不可遏矣。
>
> （卷一《睦亲·人贵能处忍》）

人们常说，家庭能长期和睦相处的最主要原因是家庭成员能够忍让。一般人仅仅知道需要忍让的重要性，但不知道怎么去忍让，可能也会带来很多问题。要做到忍让，必须要学会隐藏蓄积。假如别人冒犯了自己，自己会隐忍不发作，遇到这样的事一两次还能忍住不发作，但是积蓄得太多了，一旦发作的时候就会像滔天洪水决口一样，完全不可控制，破坏力非常大，因此需要真正学会隐藏积蓄。

那到底怎样才能让家庭成员有忍让的能力呢？袁采认为必须及时排解，他说：

> 不若随而解之，不置胸次，曰："此其不思尔！"曰："此

其无知尔！"曰："此其失误尔！"曰："此其所见者小尔！"曰："此其利害宁几何！"不使之入于吾心，虽日犯我者十数，亦不至形于言而见于色。然后见忍之功效为甚大，此所谓善处忍者。（卷一《睦亲·人贵能处忍》）

与其将不高兴的事情积蓄在胸中，不如将愤懑随时发泄，随时排解，更重要的会自己安慰自己，面对家人做的事让你不高兴的时候，不妨对自己说：他这样做是没有经过深思熟虑的，他这样做是愚昧无知的表现，他这样做是失误所导致的，他这样做是目光短浅、见识狭窄导致的，他这样做对我来说又有多大的影响呢？通过这样的自我安慰，不让这些不高兴的事情进入自己的心中，即使每天被人冒犯数十次之多，也不至于在言语、表情上会表现出任何的愤怒之色，这样才能看出忍耐的功效是多么巨大啊，这才是善于忍耐的人。如果家庭成员都能做到这样，家庭怎么可能还会不和睦呢！

如果遇到家庭成员之间有矛盾，有宽容之心和忍让能力的家庭成员要先主动讲和。袁采说：

> 骨肉之失欢，有本于至微而终至不可解者。止由失欢之后，各自负气，不肯先下尔。朝夕群居，不能无相失。相失之后，有一人能先下气，与之话言，则彼此酬复，遂如平时矣。宜深思之。（卷一《睦亲·亲戚不可失欢》）

家庭成员本来就是亲骨肉，他们之间不和睦或者有矛盾，往往都是因为一些细小琐碎之事，但是有的家庭却因此出现分崩离析。之所以会出现这种情况，这恐怕是家庭成员之间闹矛盾以后，彼此都憋着一口怒气，甚至记仇了，谁都不肯先提出和解，谁也不肯服输。在袁采看来，家庭成员朝夕相处在一起，不可能没有相互失礼之处，不可能没有矛盾。但是，有了矛盾之后，如果其中的一人能够先主动讲和，与对方平心静气地把话说开，那么彼此的关系一般都会恢复，和好如初，家庭也就和睦了。

家庭的宽容之心还表现在家庭成员要理解家长或者当家人的苦衷。袁采说：

> 兴盛之家，长幼多和协，盖所求皆遂，无所争也。破荡之家，妻孥未尝有过，而家长每多责骂者，衣食不给，触事不谐，积怨无所发，惟可施于妻孥之前而已。妻孥能知此，则尤当奉承。（卷一《睦亲·家长尤当奉承》）

当一个家庭兴旺发达，处于鼎盛的时候，家庭成员一般都能和谐相处，家庭幸福美满，他们所希望的东西一般都得到满足，因此没有什么值得争论的东西和事情，矛盾自然也就少了。一旦家道中落，成为破落之家后，妻子、儿女即便没有任何过错和失误，一家之长还是会在家里骂他们，不但家庭氛围不好，甚至连衣服、食物都不能满足家庭成员的需要。如果家长遇到不顺心的事情，他心中累积的怨愤没有地方发泄，就只能在妻子、儿女面前发泄。妻子、儿女如果能理解家长的这种不快与尴尬的处境，最好要包容他、顺从他，使他重新树立起信心，这样家庭才有可能重新崛起。

尽管强调家庭成员要有宽容之心和忍让能力，但是袁采又从人"遇强则避，遇弱则肆"（碰到强大的事物就会回避，遇到弱小的事物就会大肆放纵）之常情的角度出发，认为父亲不能过于仁慈、慈爱，否则可能会导致出现儿子不孝的情况。他说：

　　　　父严而子知所畏，则不敢为非；父宽则子玩易，而恣其所行矣。子之不肖，父多优容；子之愿悫，父或责备之无已。惟贤智之人即无此患。（卷一《睦亲·父子贵慈孝》）

　　如果父亲平时在家该严肃的时候一定要严肃，那么儿子就知道自己该畏惧什么，他就不敢胡作非为；如果父亲过于仁慈、宽容，儿子往往就会有一种漠视一切的态度，进而放纵自己的行为。当儿子不肖的时候，父亲过于仁慈、宽容，并不去责备；当儿子谨慎、诚实的时候，做父亲的往往又对他多加责备，甚至过于严苛。袁采认为，只有贤达且充满智慧的父母和子女才不会有发生这种情况。

　　袁采认为，不仅父亲要这样处理父子关系，夫妇、兄弟的关系也要这么处理。他说：

　　　　至于兄友而弟或不恭，弟恭而兄或不友；夫正而妇或不顺，妇顺而夫或不正，亦由"此强即彼弱，此弱即彼强"积渐而致之。（卷一《睦亲·父子贵慈孝》）

　　至于那些兄长友爱弟弟，弟弟却不敬重兄长的；弟弟尊敬兄长，兄长却并不爱惜弟弟的；丈夫正派，妻子却不和顺的；妻子和顺，而丈夫不正派的，都是由于一方强大了，另一方变得弱小；一方太弱小了，另一方就会变得强大，这是逐渐积累而形成的。

袁采处理家庭关系的理论和方法，不但具有相当强的可操作性，而且还具有超前意识，对我们现在处理家庭关系都有着十分重要的指导意义。

（三）以让长辈舒心为孝的标准

袁采认为家教应该重视孝道，让长辈舒心、顺适是衡量孝道的重要标准。他说：

> 年高之人，作事有如婴孺，喜得钱财微利，喜受饮食、果食小惠，喜与孩童玩狎。为子弟者能知此，而顺适其意，则尽其欢矣。（卷一《睦亲·顺适老人意》）

在袁采看来，年事已高的人，做事像孩子一样，喜欢得到小利，喜欢接受饮食、果实等好吃的东西，并且很愿意和孩子一块儿玩耍。为人子女的，如果能明白这个道理而顺应满足老人的意愿，那么就会尽其所欢，使老人晚年过得幸福。

在这里，袁采说了一个通俗的道理，就是我们现在经常说的"老小孩"。人老了，反而像小孩，需要作为子女的人理解这一点。只有理解了这一点，才能让长辈过得开心、舒心。他提到的孝不是一般的物质需求方面的满足，而是让长辈欢心、开心，应该说这是对孝更高层次的要求。这一观点被曾国藩所继承，他在家教中也强调让长辈"无一时不安乐，无一时不顺适"。

孝敬一定是发自内心的情感，而不是那些繁文缛节。袁采说：

> 人之孝行，根于诚笃，虽繁文末节不至，亦可以动天地、感鬼神。尝见世人有事亲不务诚笃，乃以声音笑貌缪为恭敬者，其不为天地鬼神所诛则幸矣，况望其世世笃孝，而门户昌隆者乎？（卷一《睦亲·孝行贵诚笃》）

人的孝行如果是源于自己的真情实感，即使有某些繁文缛节没有做到，仍然可以感动天地鬼神。曾经看到有的人在侍奉父母双亲时，并不是发自内心的，他们表面上假装非常恭敬，这种行为却不被天地鬼神所诛杀就算是幸事了，又怎么能期望世代子孙都能做到孝敬，并且使家族昌盛兴旺呢？

父母爱子女是自然而然的，即使飞禽走兽也能做到；子女长大以后，即便是竭尽全力尽孝道，也不能报答父母的养育之恩。袁采说：

> 然父母于其子幼之时，爱念抚育，有不可以言尽者。子虽终身承颜致养，极尽孝道，终不能报其少小爱念抚育之恩，况孝道有不尽者。凡人之不能尽孝道者，请观人之抚育婴孺，其情爱如何，终当自悟。（卷一《睦亲·人不可不孝》）

父母在孩子小的时候，对他们的抚育之情，很难用言语来表达。子女们即使终其一生孝顺父母，极尽孝道，也不能报答父母的抚育恩情，更何况有不少人还不能尽孝呢？凡是不能尽孝的人，请他一定要留意一下别人的父母是怎样抚育婴孩的，其中情感的分量有多重，最终他们可能会自己醒悟。

（四）父母不能"曲爱"和"妄憎"孩子

尽管父母爱子女是本能，但袁采认为在抚育孩子的时候，父母要适当控制自己的情感，不能溺爱。袁采说：

> 人之有子，多于婴孺之时，爱忘其丑。恣其所求，恣其所为。无故叫号，不知禁止，而以罪保母；陵轹同辈，不知戒约，而以咎他人。或言其不然，则曰"小未可责"。日渐月渍，养成其恶，此父母曲爱之过也。（卷一《睦亲·父母不可妄憎爱》）

对于一般人来说，大多会在孩子还是婴儿时，溺爱他，因而忽略了孩子的坏毛病，对于他们的各种要求和行为都予以满足。当有的孩子无缘无故地叫喊胡闹的时候，他们的父母不但不会制止，甚至还会将孩子出现这些问题的责任推给看护孩子的老人或者保姆身上。如果自己的孩子欺侮了其他小孩，有的父母却不懂得管教自己的孩子，反而把责任推给被欺侮的孩子。有的父母即便是承认孩子的所作所为是不对的，也不会责备自己的孩子。这样日积月累，孩子就逐渐养成了恶习，这就是父母溺爱孩子造成的过错，袁采将父母的这种爱称之为"曲爱"。

等到孩子长大以后，"曲爱"的恶果也可能就会出现。

这个时候，父母的态度往往会大转变——厌恶孩子，也就是袁采所说的"妄憎"。他说：

> 及其年齿渐长，爱心渐疏，微有疵失，遂成憎怒，摭其小疵以为大恶。如遇亲故，妆饰巧辞，历历陈数，断然以大不孝之名加之。而其子实无他罪，此父母妄憎之过也。（卷一《睦亲·父母不可妄憎爱》）

等到孩子渐渐长大，父母对他们的溺爱也会逐渐减少，到这个时候，只要孩子稍有过失，父母就会因爱而生恨，他们往往会雷霆大怒。孩子出现小小的过错有可能被曾经"曲爱"他们的父母认为是很大的错误。在亲朋故旧面前，有的父母会极尽夸张之能事，用各种机巧之辞，把孩子的各种过失都说出来，甚至把大不孝的恶名加在孩子的身上。袁采说，其实孩子真的没有什么大的过错，这是父母妄加憎恶所造成的。

那么如何避免出现这种"妄憎"呢？袁采认为"妄憎"可能首先出现在母亲身上，这往往需要父亲有正确的判断。袁采说：

> 爱憎之私，多先于母氏，其父若不知此理，则徇其母氏之说，牢不可解。为父者须详察此。子幼必待以严，子壮无薄其爱。（卷一《睦亲·父母不可妄憎爱》）

袁采认为，极端的爱憎感情大多首先来自母亲，如果父亲对此没有清醒的认识，不懂得这个道理，仍然听信母亲的话，认为她对孩子的评价是绝对正确的，那么父亲也可能会犯同样的错误——妄憎孩子。因此，做父亲的必须详细了解情况，并观察儿子的言行，当孩子小的时候一定要严格要求他，长大后也不应减少对他的爱。

那么父母到底应该怎样做才是爱子女呢？无论是贫寒之家，还是富贵之家，父母都应让子女长大以后有正当的职业，避免他们走向邪路，这才是真正的爱的表现。袁采说：

> 人之有子，须使有业。贫贱而有业，则不至于饥寒；富贵而有业，则不至于为非。凡富贵之子弟，耽酒色，好博弈，异衣服，饰舆马，与群小为伍，以至破家者，非其本心之不肖，由无业以度日，遂起为非之心。（卷一《睦亲·子弟须使有业》）

子女长大以后，父母必须要让孩子有某种正当的职业。贫穷家庭的子女有了某种职业，他们也就不至于受饥寒之苦；富贵之家的子女有了正当的职业，他们就不至于由于无所事事而胡作非为。不少富贵之家的子女，沉湎于酒色，喜好赌博、下棋，喜欢穿华丽的衣服，爱好装饰自己的车马，并且总是与不务正业的子弟为伍，这有可能会导致家庭破败。这并不是由于他们的本心不好，而是由于他们没有职业，找不到事情做，就容易生胡作非为之心。

宋代是科第社会，说到孩子的正当职业，最好的肯定是通过读书应试，博取科举功名做官。但是袁采认为父母对子女的科举功名期望值不能过高，否则也是"曲爱"的表现。
他说：

> 大抵富贵之家教子弟读书，固欲其取科第，及深究圣贤
> 言行之精微。然命有穷达，性有昏明，不可责其必到，尤不
> 可因其不到而使之废学。（卷一《睦亲·子弟不可废学》）

　　大多数富贵之家教育子弟读书的目的几乎都是想让他们
在激烈的科场竞争中博取功名，与此同时，也应该要求他们
更深一层探究圣贤言论、行为中的精微之处。但是人的命运
注定是不同的，有的仕途不顺，有的却仕途畅达；个体的
性情资质也各不相同，有的确实动作迟钝，有的动作灵活，
不能苛责每一个人都能达到预定的目标，尤其不能因为他们
没有达到自己的预期目标，就对他们完全失望而让他们放弃
学业，这就是"妄憎"了。
　　那么父母该如何对待孩子的职业选择呢？袁采认为，士
大夫子弟最好的办法是选择学习儒学。因为学习儒学在当时
出路较广，智商高的读书应试者有可能实现金榜题名，获
取功名富贵；即便智商不高而科场失意，也可以开门办学，
当私塾先生养家糊口。此外，如果有了知识，还可以"事笔
札"、"代笺简"、为童蒙之师等。如果子弟无法学习儒学，
可以学做巫医、和尚、道士、农民、商人、技艺之士、方术
之士等。由此可见，与前人不同，在袁采的观念中，子弟择
业范围可以扩大，把古代人一般不屑于从事的巫医、和尚、
道士、农民、商人、技艺之士、方术之士等都包括进可供选

择的正当职业中去。实际上，正是由于有这种职业观，袁采认为当子弟无法实现读书应试做官期望的时候，父母对他们失望进而"妄憎"的情绪会减轻，有利于维护家庭的和睦。

（五）教兄弟和睦之道

在家庭关系中，兄弟之间的关系是非常重要的，《袁氏世范》中对于处理兄弟关系有许多独到见解。父母不能偏爱某个或者某几个儿子，否则有可能导致兄弟之间不和睦。袁采说：

> 人之兄弟不和而至于破家者，或由于父母憎爱之偏，衣服饮食，言语动静，必厚于所爱而薄于所憎。见爱者意气日横，见憎者心不能平。积久之后，遂成深仇。所谓爱之，适所以害之也。苟父母均其所爱，兄弟自相和睦，可以两全，岂不甚善！（卷一《睦亲·父母爱子贵均》）

兄弟之间之不和睦是导致家庭走向衰败的一个重要原因，而兄弟之间不和睦又往往是父母对儿子的偏爱所造成的。如果父母偏爱任何一个儿子，必然表现出对于这个儿子不仅在物质上极为照顾，在态度上也是和颜悦色，而对于不喜欢的儿子则疏远冷淡。这样被父母偏爱的儿子会日益变得意气骄横，被憎恶的儿子心中的不平衡也会逐渐增加，时间长了之后，这种不平衡就有可能会累积成深仇大恨。因此，父母偏爱儿子不是真正爱儿子，反而有可能是害了他们。如果父母把自己的爱平均分给每一个儿子，让他们能和睦相处，这实在是两全其美的做法，难道不是很好的吗？

父母对于经济相对困难的儿子有所照顾，也是为人父母的常情，经济条件相对好一些的儿子一定要理解这一点，千万不能因此怪罪父母，更不能因此让兄弟之间不和睦。袁采说：

> 父母见诸子中有独贫者，往往念之，常加怜恤，饮食衣服之分或有所偏私，子之富者或有所献，则转以与之。此乃父母均一之心。而子之富者或以为怨，此殆未之思也，若使我贫，父母必移此心于我矣。（卷一《睦亲·父母常念子贫》）

如果父母看到几个儿子中有一个很穷，他们往往就会多挂念他一些，甚至会在物质上给他一些特别的关照，比如在分配衣服、饮食的时候，往往会对他有所照顾。富裕儿子有时孝敬他们的东西，他们会转而把这些东西给那个贫穷的儿子。这是父母均一的心情使之然也，是人之常情。但是，如果富裕的儿子们对父母的此种做法有意见，这就是他们的不对了，是父母考虑问题不周全的表现。袁采提出，如果是他们自己也很贫穷，父母一定也会把这份多余的爱加在他们身上的。

处理兄弟之间的关系，除了父母不能偏爱之外，兄弟有公心也是关键。袁采说：

> 兄弟子侄同居至于不和，本非大有所争。由其中有一人设心不公，为己稍重，虽是毫末，必独取于众，或众有所分，在己必欲多得。其他心不能平，遂启争端，破荡家产。驯小

得而致大患。若知此理，各怀公心，取于私则皆取于私，取于公则皆取于公。众有所分，虽果实之属，直不数十文，亦必均平，则亦何争之有！（卷一《睦亲·同居贵怀公心》）

兄弟、子侄生活在一起出现不和睦，很少是因为有原则性的争论和意见分歧。大概是由于他们之中有一两个人的私心太重，总是把自己的利益放在第一位，即便是蝇头小利，也一定想自己多得一些；或者有时大家一起分配东西，他一定要比别人多拿一点儿，只有这样心理才会觉得平衡些，其他兄弟的心中一定会为此愤愤不平。这样，兄弟之间出现争端也就在所难免，甚至会出现分崩离析、倾家荡产的严重后果。如果人们都知道这个道理，在处理家庭事务的时候就能秉持有一颗公允之心，该私人出钱的就从私人那里支取，该全家出钱的就从大家的财物中支取，每个人都能分到相同的东西，即便是果实之类的小东西，价值不过数十文钱，也同样公平分配，那么还会有什么值得争论的事呢？还愁兄弟会不和睦吗？

除了有公心之外，兄弟之间难免会出现有的贫穷，有的富裕，如果他们不能各安贫富，也可能会导致兄弟之间不和睦。袁采说：

兄弟、子侄贫富、厚薄不同，富者既怀独善之心，又多骄傲；贫者不生自勉之心，又多妒嫉，此所以不和。若富者时分惠其余，不恤其不知恩；贫者知自有定分，不望其必分惠，则亦何争之有！（卷一《睦亲·兄弟贫富不齐》）

兄弟、子侄的家庭经济状况是各有不同的，如果富裕家庭的兄弟不仅怀有一颗只顾自己的"独善"之心，而且还非常骄横傲慢；贫穷家庭的兄弟不反思、勉励自己，进而自力更生，还喜欢妒忌，这样兄弟之间不和睦就无法避免。如果富裕的兄弟不时地给贫穷的兄弟分一点儿多余的东西，并且不指望着他们知恩图报；如果贫穷的兄弟懂得贫富是命中注定的，也不期望一定会得到其他兄弟分给他财物，那么还有什么可以争论的呢？兄弟之间怎么可能还会不和睦呢！

兄弟之间不和睦还有一个重要原因就是父母过世之后争遗产，这是古往今来都有的。袁采认为兄弟之间一定不要争父辈的遗产，他认为遗产的多少并不能成为日后富裕的重要条件。如果兄弟之间为了争遗产而打官司，兄弟之情也会随之消失了。

如果兄弟之间的矛盾实在无法调和，袁采建议兄弟之间尽早分家：

> 兄弟义居，固世之美事。然其间有一人早亡，诸父与子侄其爱稍疏，其心未必均齐。为长而欺瞒其幼者有之，为幼而悖慢其长者有之。顾见义居而交争者，其相疾有甚于路人。前日之美事，乃甚不美矣。故兄弟当分，宜早有所定。兄弟相爱，虽异居异财，亦不害为孝义。一有交争，则孝义何在！（卷一《睦亲·兄弟贵相爱》）

兄弟、子侄能和睦地共同居住生活，这固然是一件好事。但是，如果他们其中有一人早早去世，叔伯与侄儿之间

的情感逐渐疏远，他们之间的志向也未⌇

怀心事。做长辈的，欺瞒晚辈；做晚辈的，

经常看到那些几世同堂的家庭一旦发生矛盾，

的程度比陌生的路人更加严重。所以，如果兄弟们

一定要尽早做出决定。兄弟之间如果有感情，即使是

过，也不会影响他们的关系。否则，因为顾及孝义的虚

居住在一起，一旦发生争吵，那么孝义又在哪里呢？

此外，《袁氏世范·睦亲》还提出了不少处理家庭成员
的准则。比如：分配财物要公平，不必斤斤计较；兄弟子
侄同居"长幼贵和"，"相处贵宽"，不能私藏金宝，不可听
背后之言；对亲朋故旧中的贫穷者要随力周济；收养年老
而子孙不孝的亲戚，当虑及后患；对孤儿寡母要体恤照顾；
因亲结亲，尤当尽礼；收养义子，应当避免争端；父祖年
高须早立公平遗嘱，以免家人争讼等。

总之，袁采继承了颜之推等人的家教思想成果，同时结
合宋代的社会状况进行了创新发展，反映出宋代家教思想发
展到了一个新的高度。与颜之推的《颜氏家训》一样，《袁
氏世范》也为后世所推崇，清代名臣张英和曾国藩的家教思
想都深受其直接的影响。

八、世代相继的《郑氏规范》

婺州郑氏义门始于宋代的郑绮。"义门"是指崇尚孝义
的家族，唐宋时期对一些崇尚孝义的家族予以表彰，赐为义

门。《宋史》对郑绮的评价是"善读书，通《春秋穀梁》学。以肃睦治家，九世不异爨"。郑绮是一位饱学之士，善于治家，郑氏家族九代都是同居共爨。他的四世孙郑德珪、郑德璋"孝友天至，昼则联几案，夜则同衾寝"（《宋史·郑绮传》)，关系非常融洽。

到元朝郑文嗣时，则已历十世，二百四十多年了，元朝至大年间，朝廷曾予以旌表。郑文嗣死后，其从弟郑文融继续主持家事，这时是郑氏家族最为兴旺的时期，元朝学者余阙（1303—1358，元统进士）称其为"东浙第一家"。继郑文融之后，郑钦、郑钜、郑铭、郑铉、郑渭或父子相承，或兄弟相继主持家务，各有建树。因郑氏家族有义门声誉，在元末明初的战乱中，所有军队都"无犯义门"，郑氏家族平安无事。

明朝建立之后，郑氏家族又有郑濂、郑渶相继主持家事。明太祖朱元璋赐为"江南第一家"。建文帝时，曾旌表其门，郑渶入朝致谢，建文帝又御笔亲书"孝义家"三字予以褒奖。宪宗成化十年（1474)，因地方官在岁报中说郑永朝"世敦孝行"，明朝廷再一次"旌以孝义之门"。

作为郑氏家族的家训，《郑氏规范》并非出自一人之手，亦非成于一时。它最先由郑文融制订，仅有五十八条。其子郑钦主持家务之后，增加了七十条。从子郑铉，又增加了二十二条，至此，《郑氏规范》增至一百五十条。郑铉曾依当时将家谱刻于石碑的做法，将《郑氏规范》"勒之于石"。明朝郑濂主持家务时，他的弟弟郑涛、郑泳、郑澳、郑湜相互商榷讨论，并征得家长郑濂和其兄长郑源的同意，对《郑氏规范》进行修订，增至一百六十八条，并刊行于世。

《郑氏规范》的修撰历经三世，跨越了元明两朝，成于众人，条款众多，内容也相当丰富，主要有：修建祠堂、四时祭祀、选择宗子、朔望参谒、早晨训教、家长规范、产业文券、修造工役、增拓产业、钱粮收支、招佃田租、衣资分发、家众膳事、接待宾客、会聚亲戚、冠笄礼仪、男婚女嫁、子弟学业、丧事葬仪、出仕为宦、庇护宗人、仁施义行、礼敬尊长、和待乡邻、男训女诫等，涉及治家的各个方面。在《郑氏规范》中，相应的奖优罚劣也有明确细致的规定。《郑氏规范》主要有以下特点：

第一，注重对家长接班人嫡长子的培养。由于郑氏家族的宗子，即嫡长子是主持家庭事务的家长的接班人，所以《郑氏规范》强调要对他进行重点教育和培养："宗子上奉祖考，下壹宗族，家长当极力教养。若其不肖，当遵横渠张子之说，择次贤者易之。""横渠张子之说"是指北宋理学家张载（世称横渠先生）在《宗法》中提出的"厚养宗子"和"择贤选任"的观点。如果嫡长子不符合条件，可以遵照张载的观点换人，嫡长子也不一定是家长唯一的接班人。

第二，注重对家族成员的道德教育。《郑氏规范》要求对郑氏家族成员进行基本道德知识的宣讲，每月朔（初一）、望（十五日）："家长率众参谒祠堂毕，出坐堂上，男女分立堂下，击鼓二十四声，令子弟一人唱云：'听，听，听！凡为子者必孝其亲，为妻者必敬其夫，为兄者必爱其弟，为弟者必恭其兄。听，听，听！毋徇私以妨大义，毋怠惰以荒厥事，毋纵奢侈以干天刑，毋用妇言以间和气，毋为横非以扰门庭，毋耽曲蘖以乱厥性。有一于此，既殒尔德，复隳尔允。睠兹祖训，实系废兴，言之再三，尔宜深戒。听！听！听！'众皆一揖，分东西行而坐。复令子弟敬诵孝弟故实一过。会揖而退。"每天早上诵读男训和女训。这些宣讲内容虽然不乏传统社会的老生常谈，但也有比较强的针对性，主要是为了防止或纠正家庭成员恃强凌弱、巧取横夺、搬弄是非、放纵非为等行为，目的是增强道义感和凝聚力，使郑氏这个大家族得以长久维持。

第三，规定家族子弟需要分年龄段学习。"子孙自八岁入小学，十二岁出就外傅，十六岁入大学，聘致明师，训饬必以孝弟忠信为主，期底于道。若年至二十一岁，其业无所就者，令习治家理财。向学有进者不拘。"从这一规定来看，郑氏家族子弟从八岁开始发蒙读书，十二岁外出求学，十六岁开始应试科举。如果到二十一岁还没有考上科举功名，就要转向学习治家理财，不再读书应试了。

第四，注重在实践中锤炼子弟的治家、管家能力。《郑氏规范》要求家族子弟通过跟随家长和相关的管理人员轮流到各地去，"练达世故，庶无懵暗不谙事机之患"。要在实践中让他们通达人情世故，以免他懵懂昏昧不会办事，这有点像我们大学生在毕业前的实习。郑氏一家人口众多，家长主管全家的大小事务，如果我们把郑氏家族看作一个企业的话，家长大致相当于董事长兼总经理，他具体负责"输纳赋租"，"至于山林陂池防范之务，与夫增拓田业之勤、计会财息之任，亦并属之"。可见，让子弟跟随家长去实习，确实能较好地提高他们管理家族事务的能力。

第五，对家族子弟的行为规范进行教育。《郑氏规范》要求子孙应当有"义家气象"，即受皇帝表彰的孝义家族子弟的形象，比如要"孝友"，"见兄长，坐必起，行必以序，应对必以名，毋以尔我。诸妇并同"。要善待乡邻，扶贫济穷，比如秋收谷贱时，购入五百石，作为储备粮食，到缺粮时按原价卖给缺粮食的邻居，干旱时不得吝惜家族陂塘之水等。总之，教育子弟不忘"义门"的荣誉和应当承担的责任，做社会公德的表率。

第六，重视妇德教育。《郑氏规范》要求家族妇女安详恭敬，孝公婆、敬丈夫、和娣姒，无故不出中门，夜行以烛。"如其淫狎，即宜屏放；若有妒忌长舌者，姑诲之；诲之不悛，则责之；责之不悛，则出之"。如果家族的女性狎亵淫荡，就应赶她出门。如果家族妇女出于嫉妒而搬弄是非，先要进行严厉的训斥。如果教育之后不悔改，那就责罚她。如果责罚之后，依旧不肯悔改，就要休了她，将其赶出郑氏家族。新娶的媳妇在半年之内都要通晓家训的大意。如果学不会，就要惩罚她的丈夫。

第七，对违反家规的子弟有相应的惩戒措施。郑氏家族主要采用"劝惩簿"和祠堂责罚两种措施。"劝惩簿"由监视掌之，"月书功过，以为善善、恶恶之戒"。对于子弟的平时表现按月记录，作为惩戒的主要依据。祠堂责罚则主要针对郑氏子孙私置田业、私积钱财，以及赌博无赖和其他违反礼法的事情，其中对私积钱财惩罚是最重的，如果有违反者，"家长率众告于祠堂，击鼓声罪而榜于壁。更邀其所与亲朋，告语之。所私即便拘纳公堂。有不服者，告官，以不孝论"。如果有子弟私存钱财，家长要在祠堂召开大会，把这个子弟的罪状公布出来，还要邀请他的亲戚朋友来参加，告诉他们这个人违反了郑氏家族的家规，之后把他私存的钱财全部收缴。如果这个家族子弟不服，家长就到官府起诉他，请求官府以不孝治他的罪。对赌博无赖等子弟，家长做出判断，先用"罚拜"来羞辱他，"但长一年者，受三十拜"。如果仍不悔改，则当众痛打他。如果还是不悔改，则上告官府，请求官府把他流放到边远地区去，并且在祠堂公开把他的名字从宗谱上去掉，取消他郑氏家族成员的资格。但是，如果这个子弟在三年内能改过自新，仍然可以恢复其郑氏家庭成员的资格。

《郑氏规范》是郑氏家族十余代治家经验的总结，反过来它又维系了郑氏"义门"的发展，并借郑氏"义门"而著名于世，是世家大族家训的典范，明清不少显赫之家的家规、家训即是以此为蓝本制订的。

明代家教家风

☆方孝孺：君子之道，本于身，行诸家，而推于天下，则家者身之符，天下之本也。

☆王守仁：大抵童子之情，乐嬉游而惮拘检，如草木之始萌芽，舒畅之则条达，摧挠之则衰痿。今教童子，必使其趋向鼓舞，中心喜悦，则其进自不能已。

明初在加强中央集权的同时，将程朱理学作为统治思想。明朝中叶以前的文化教育领域强化了伦理道德教育，家庭教育也不例外。至明代中叶，以王守仁、湛若水等为代表构建的心学兴起，以"心即理""知行合一""致良知""随处体认天理"为学旨，强调人的道德主体性，即道德自由，不断地发明良知、实践良知，以振奋人的精神，这种思想在明代中后期家教思想中都有清楚的体现。

与此同时，随着商品经济的发展，商人的社会地位有所上升，他们希望通过培养子弟读书应试，让家族在经济富裕的同时，地位也变得显贵，成为真正的富贵之家，因此商人之家的家教逐渐兴起。尽管有关商人之家家教的文献并不多，但毕竟为中国古代家教增添了新气象，最直接的表现就是贴近群众生活、语言浅显通俗的家训、家规的出现。

一、方孝孺以正学教子

方孝孺（1357—1402），字希直，又字希古，浙江宁海人。自幼聪明好学、机警敏捷，长大后拜元末明初的大儒宋濂为师，为同辈人所推崇。洪武三十一年（1398），明太祖朱元璋驾崩，建文帝即位后，即遵照明太祖遗训，召方孝孺入京委以重任，先后让他出任翰林侍讲、翰林学士。燕王朱棣（明成祖，1402年即位）誓师"靖难"，挥师南下。建文帝亦派兵北伐，当时讨伐燕王的诏书、檄文都出自方孝孺之手。建文四年（1402）五月，燕王进京，文武百官大多见风使舵，投靠燕王。燕王登上帝位之前，命令方孝孺给他草拟即位诏书。但是让朱棣没有想到的是，方孝孺居然穿着丧服在大殿的丹陛之下痛哭，坚决拒绝这一要求。朱棣看到这种情况，非常生气，就威胁他说："你难道不顾及你的九族吗？"言下之意："你要是不帮我起草即位诏书，我就灭你九族。"方孝孺却理直气壮地说："不要说九族，就是灭我十族也不怕。"于是，明成祖下令斩杀了方孝孺，并诛了他的十族（宗亲九族及其学生），死者达八百七十余人。姚广孝曾经对朱棣说："杀孝孺，天下读书种子绝矣。"（《明史·方孝孺传》）

作为明代坚持正统观念、儒家伦理道德的最有力者，方孝孺读书之庐被蜀献王称为"正学"，其人被称为"正学先生"。黄宗羲认为方孝孺思想的形成与他父亲的家教有很大的关系。方孝孺的父亲在洪武初年担任山东济宁知府，清正爱民，鼓励垦荒，减轻百姓负担，又设立了数百所社学，修葺文庙，是一位完全按照儒家伦理观念办事的正直、有为的官员。方孝孺受他的影响，以持守严正著称，其家教以严格实践儒学伦理道德规范为特征。

方孝孺在家教中重视礼制，遵守儒家伦理所倡导的尊卑等级关系。他认为这种等级关系可以使全体家庭成员凝聚在一起，有条不紊地从事生产活动，"国不患乎无积，

中的其他人就会听从和遵守家规，都会产生敬畏之心，没有人敢骄傲横行，家庭才有可能幸福和睦。

《宗仪》是方孝孺为其家族所制定的规则，一共九条。方孝孺在序言中又重申："君子之道，本于身，行诸家，而推于天下，则家者身之符，天下之本也。"（卷一《杂著·宗仪》）《宗仪》的目的在于正家，是家人以此为行事的准则。从"尊祖"开始逐渐推广，通过每年春季的祭祖仪式上的宣讲，普及敬父兄、慈子弟、和邻里、勤树艺、无欺讼、无犯国法、无虐佃民、无博弈、无争斗等基本德行。《宗仪》强调以修族谱来定叙亲疏、定尊卑、收涣散、敦亲睦。通过"睦族""广睦""奉终""务学""谨行""修德""体仁"等环节，逐渐从修己立德向家人、族人、邻人、朋友、社会推广仁德，更具体地展示修齐治平的道路。

《幼仪杂箴》是方孝孺为自己和家人制定的行为规范，包括坐、立、行、寝、揖、拜、食、饮、言、动、笑、喜、怒、忧、好、恶、取、与、诵、书等，共计二十项，对人的基本行为都有很严格而且具体的规定。

比如"坐"："维坐容，背欲直，貌端庄，手拱臆。仰为骄，俯为戚。毋箕以踞，欹以侧。坚静若山乃恒德。"坐着背要直，容貌要端庄，手放前边。仰坐表示傲慢，前倾表示忧虑。不要伸开腿坐，或歪斜着坐。像山一样稳坐，是有道德修养的表现。

又如"立"："足之比也如植，手之恭也如翼。其中也敬，而外也直。不为物迁，进退可式，将有立乎圣贤之域。"脚站得要稳，要像树那样扎根在地上；双手像羽翼一样，恭敬地分置两边。心中敬谨，其外表自然就直。不受其他事情影响，进退有榜样，修养才可能达到圣贤的境地。

《幼仪杂箴》与一般家规不一样，并不是仅仅规范家庭、家族子弟，它是为规范方孝孺自己的行为而订立的，这也清楚地体现了儒家从修身做起，逐步推广到家庭、社会的修齐治平的思想。

总之，方孝孺的家教完全是按照儒家修己治人的理念来进行的，其家教的目的、内容和方法都充分体现了浓厚的儒家伦理道德色彩。可以说，方孝孺的家教思想也是其"正学"的体现。

二、王守仁寓心学于家教

王守仁（1472—1529），字伯安，浙江余姚人，因曾筑室于故乡阳明洞中，自号阳明子，世称阳明先生，亦称王阳明。弘治十二年（1499）考中进士，历任刑部主事、贵州龙场驿丞、南赣巡抚等职，晚年官至南京兵部尚书、都察院左都御史。因平定"宸濠之乱"有功而被封为新建伯。隆庆年间追赠新建侯，谥号"文成"，故后人又称"王文成公"。王守仁是明代心学的集大成者，正是在他的努力下，心学成为明代影响最大的哲学思想。王守仁集立德、立言、立功于一身，是历史上少有的"三立"人物之一。

王守仁早年没有儿子，遂养育侄儿王正宪为儿子。晚年生子王正亿，但在其两岁的时候，王守仁就去世了。因此，王守仁的家教对象主要是弟弟和子侄。作为心学大师，王守仁的家教思想体现出鲜明的心学色彩，尤其在儿童教育方面体现出其思想的独特性。

（一）以立志与仁、孝教子

王守仁告诉弟弟、子侄做学问首先要立志。所谓"志"，古人解释为心之所之，心之所向。古往今来的学者，没有不重视立志的。王守仁从心学理论出发，高度重视立志对人的导向作用，他告诉养子王正宪，立志就好像种树要植根一样，他说："汝自冬春来，颇解学文义。吾心岂不喜？顾此枝叶事，如树不植根，暂荣终必瘁。植根可如何？愿汝且立志！"（《书扇示正宪》）由于王正宪能发奋读书，王守仁非常高兴，他用种树做比喻：种树的时候，如果不把根种下去，这棵树只会有短暂的生命，必然很快就会死掉；而做学问的根就是立志。

《示弟立志说》是王守仁的主要家教文献之一，他在其中详细阐述了自己的立志观。在这封写给弟弟的家书中，王守仁开宗明义地强调立志的重要意义。

> 夫学，莫先于立志。志之不立，犹不种其根而徒事培壅灌溉，劳苦无成矣。世之所以因循苟且，随俗习非，而卒归于污下者，凡以志之弗立也。

王守仁说：我们学习之前，一定要先立志，这是最重要的。如果学习之前不确立志向，就好比种树不种它的根，那么无论怎么培土、浇灌都是徒劳的，再辛苦也不会有任何收获。普通的人之所以会因循守旧，敷衍塞责，随波逐流，习以为常，最终堕落为品格低下的人，多是因为没有立志的缘故。

在王守仁看来，弟弟需要立志为圣人，这是立志的最高层次。他认为只有立志做圣人，就会主动去探求圣人之所以能成为圣人的原因，就会发现圣人都是"纯乎天理而无人欲"，必然会"去人欲而存天理"，并努力探求去人欲、存天理之方。

立志是为学习提供方向的，有其志始有其方，无其志则无其事，学习方法是从属于志向的，有其志自然会找到好的学习方法。假如没有志向，即使掌握了方法，也是无济于事的。

那么如何立志呢？王守仁认为，立志绝非一朝一夕之事，而是一种持续的行为，应在日常生活中时时、处处、事事以立志为目的。但是，他又明确告诉弟弟，立志不容易是千真万确的。古往今来，有志者虽不在少数，但能做到使志向常立不衰者，却为数不多。这里有很复杂的原因，特别是客观的原因。王守仁认为，习俗移人，就像平常油之渍面，常在不知不觉间，如果没有专心致志的精神，如猫捕鼠、如鸡覆卵的专注精神，那是一定不能使志常立而不衰的。所以"有志者甚可喜，然志之难立而易坠也，则亦深可惧也"（卷四《与戴子良》）。志之难立，并且易坠，确实是无数历史和现实的经验总结。

虽然强调学习必先立志，而且要求志向要常立不衰，但是王守仁又主张做学问和立志必须切实可行，不能凭空悬想，流于空言，到头来仍然免不了有岁月蹉跎之叹。立志用功，就好比是种树。刚种下种子的时候，树会长出新芽，然后有了树干。有了树干之后，才会有枝丫。等有了枝丫，才会有叶子。有了叶子才会有花、有果，这是树的成长过程和规律。所以开始种树的时候，只要管栽培、灌溉，就不要想枝丫有多少，叶子是否繁茂，花是否会开得鲜艳，果实是不是会有很多。总之，不能好高骛远，侈谈立志，不务其实。

不仅如此，王守仁认为立志还需要有切实可行的功夫，这就好比是农夫耕种，选好良种之后，就要深耕易耨，勤于灌溉，早作而夜思，只有这样才能有所收获。他指出：读书人的志向，就像是良种，而学问、思辨、笃行就是耕耨灌溉以求秋后的收获。志不正，就是莨莠，而功不继，其结果是五谷不熟。假如五谷不熟，那就还不如莨莠。因此，在王守仁看来，没有志向固□□□无法学成，但是即便有了志向，如果不用功，学问也难□□□□成功。这样，王守仁就把立志和行志结合起来，把理□□□□结合起来。在他的家教思想中，虽然强调立志，但□□□□而空。王守仁的这种为学立志的思想，比之前□□□切实，而且更加全面。

在强调立志□□□□与程朱理学家一样，王守仁要求王正宪□□□□仁是人心，是人之所以为人之所在□□□□家书中说："吾平生讲学，只是'致□□□□人心也；良知之诚爱恻怛处，便是仁□□□□怛之心，亦无良知可致矣。汝于此处，宜加猛省□□（卷二十六《寄正宪男手墨二卷》）在王守仁那里，所谓人心、良知，说到底就是一个仁。没有仁就没有人心、良知可言，这是他对自己平生学术的精炼概括。抓住这一要领，才可能在学问上有所成就。

王守仁还教育子侄要以孝为本，他在给侄儿王正思的家书中要求："吾非徒望尔辈但取青紫荣身肥家，如世俗所尚，以夸市井小儿。尔辈须以仁礼存心，以孝弟为本，以圣贤自期，务在光前裕后。"（卷二十六《赣州书示四侄正思等》）在王守仁看来，孝悌是学问的根本，他要求王正宪将其摆在科举功名之前："正宪读书，一切举业功名等事皆非所望，但惟教之以孝弟而已。"（卷二十六《又与克彰太叔》）

王守仁是一个典型的孝子。黄绾《阳明先生行状》记载，王守仁因得罪权阉刘瑾，被贬谪龙场。刚刚走到钱塘时，他原本想去隐居而不是去贬谪之地，但是又担心因此连累正在做官的父亲王华，遂经江西、湖南达到贵州龙场，开始了艰苦的贬谪生涯。由此可见，他遇到人生大变故的时候，不是先考虑自己，而是先考虑到自己的父亲，先考虑自己的家人，这是从内心敬重父母、长辈的表现，是真正的孝。

不仅如此，王守仁在江西平叛期间，因为祖母的病情越来越严重，他非常担心牵挂，多次上疏请求辞职回家照顾祖母。正德十四年（1519）的《乞放归田里疏》云："以百岁祖母卧病床褥，切思一念为诀。悲苦积郁，神志耗眊，视听恍惚，隔宿之事，不复记忆。"百岁祖母卧病在床，王守仁心中非常挂念，都到了无心工作的程度了。

在擒获宁王朱宸濠，但遭遇张忠、许泰之变（王守仁平定宁王谋反之后，张忠、许泰因为没有得到朱宸濠，想要冒功，便以搜逆党为名，大肆抓捕，士民被诬陷中伤者不可胜数，被诛杀判刑的人亦不在少数，他们还处处刁难有功的王守仁），王守仁唯一不能忘怀的就是父亲，他曾经对门人说："此时若有一孔可以窃父而逃，吾亦终身长往而不悔矣。"《又与克彰太叔》云："近得书闻老父稍失调，心极忧苦……老父疮疾，不能归侍，日夜苦切，真所谓欲济无梁，欲飞无翼。"他思念父亲情真意切，确实感人至深。王守仁的重孝不仅体现在言教上，而且真真实实地体现在身教上。

（二）以勤学与改过迁善教子

尽管王守仁的家教思想强调子弟要求仁，讲求孝道，并且批评以荣身肥家为目的的读书，但并不排斥应试知识的学习，他认为勤学应试与学为圣人之间并不矛盾。当听到侄儿学习有了进步，科举考试成绩名列前茅，他竟然高兴得睡不着觉，连忙写信勉励他们，他说："近闻尔曹学业有进，有司考校，获居前列，吾闻之喜而不寐。此是家门好消息。继吾书香者，在尔辈矣。勉之勉之！"（卷二十六《赣州书示四侄正思等》）他还以自己幼年"失学无行，无师友之助，迨今中年，未有所成"的教训劝勉子侄："尔辈当鉴吾既往，及时勉力，毋又自贻他日之悔，如吾今日也。"并且告诉他们，自己在动荡紧张的军旅生活中仍不废学习，希望以此来激励他们惜时勤学，他说："读书讲学，此最吾所宿好。今虽干戈扰攘中，四方有来学者，吾未尝拒之。所恨牢落尘网，未能脱身而归。今幸盗贼稍平，以塞责求退，归卧林间，携尔曹朝夕切磋砥砺，吾何乐如之！偶便先示尔等，尔等勉焉，毋虚吾望。"（卷二十六《赣州书示四侄正思等》）王阳明告诫子侄，自己以读书讲学为人生的最高追求。正因为如此，对于四方求学者，他都是来者不拒，并且希望自己日后能归隐山林，与子侄们一起读书讲学。

在王守仁看来，虽然读书应试，确实不能与学为圣贤者同日而语，但是他深知科举有其历史发展的必然性，隋唐以来以科举取士，士人即便掌握了圣贤之学，但是不通过科举考试博取功名，最终也没有办法更好地传播圣贤之学。因此，与一些宋代理学家认为圣贤之学和科举之学不能相容的观点不同，王守仁认为这二者既相妨碍，也不相妨碍。读书应试与学为圣贤矛盾的关键不在于是否有科举，而在于学者自己有没有立志。如果学者有志于圣贤之学，即使是读书应试，科举也不会妨碍他学习圣贤之学。王守仁清楚地知道举业是当时知识分子踏入仕途的主要途径，对知识分子有着巨大的吸引力，排斥举业是不现实的，排斥举业而谈为圣贤之学，圣贤之学也不过是空中楼阁。

事实上，王守仁自己是先考中进士，后来依然在学术上有很高的建树，至少在他身上读书应试没有对学为圣贤产生直接的负面影响。但是，王阳明也非常清楚，既要志于圣贤之学，又不脱离举业；既要工于举业，又要超越举业，这种境界一般人是难以达到的。这是他自己全力追求的理想境界，也是他对子侄们的期许。

自觉改过迁善，是王守仁所提倡的修养工夫之一，也是其家教思想的重要内容。他认为，过错人人难免，然贵于能改过自新。他告诉弟弟说："人孰无过，改之为贵。"他举出蘧伯玉的例子，蘧伯玉是春秋末年卫国的大贤人，深得吴公子季札和孔子的称赞，但他自己却说："欲寡其过而未能。"

他又举出成汤、孔子的例子。成汤、孔子是后世公认的圣人，可孔子却说："假我数年学《易》，可以无过。"而仲虺称赞成汤，也只是说"改过不吝"而已。可见，贤人像蘧伯玉，圣人像成汤、孔子，过错都在所难免。王守仁指出，一般人都说："人非尧舜，孰能无过？"这一说法其实是把尧舜视为无过之人，这是一种误解。如果尧舜自以为无过，那他们就不是圣人了。尧舜以"人心惟危，道心惟微，惟精惟一，允执厥中"相授受，他们自以为人心惟危，就可以知道他们的心和常人的心没有什么不同。王守仁又解释说：所谓"危"是什么呢？危即是过，也就是说人人都可能有过。只是因为尧、舜兢兢业业，加之有"精一"之功，所以能"允执厥中"而免于过。[卷四《寄诸弟（戊寅）》]在王守仁看来，古代的圣贤随时都能发现自己的过错，并且能改正，所以他们表现出来的是无过，这是他们比常人更高明的地方。

在王守仁看来，能否改过是区分君子与小人的重要标志：君子有过即改，小人有过则掩饰。所以看一个人能否改过，就可知道他是君子还是小人。王守仁说，舜在深山之中与木石一同居住，同鹿、豕等野兽为伴，看上去与深山中的野人并没有什么两样。但是，当他听到一句善言，见到一次善行，他的内在道德就能得到激发，并且充分发挥出来，像洪水从决口的江河中奔涌而出一样，滔滔不绝，不可阻挡，他们在这方面的表现确实是与常人不同的。因此，完全没有必要为圣贤的过失进行辩护。一般人认为朱熹是大儒，不宜说他有什么过错，应该多为他隐饰装点，并且诋毁与朱熹有不同观点的陆象山，他们认为这样就有助于提高朱熹的地位，改善朱熹的形象。但是王守仁认为他们并不知道朱熹的过错是君子之过，如果用小人之见来为他掩饰，不能不说这是违背朱熹本心的。惟改过才能迁善，过不改，善必不入。至于改过的方式，王守仁提倡自省。

王守仁告诉子侄、弟弟们，知道、发现自己的过错，不能因此而气馁，更不应因为人家看到自己有过错而不相信自己，之后变得消极沉沦。相反，应该勇敢地面对错误，鼓起改过的勇气。不知过，固然谈不上迁善，但时时反省自己的过失，也有可能会造成自卑的心理。而且，即便自己改过，别人也不一定马上相信。在这种情况下，难免会丧失改过的勇气。为了鼓励子侄、弟弟改过，王守仁认为应该有改过的勇气和决心，不能自欺欺人。

王守仁家教思想既是其心学思想在家教中的具体体现，也是他个人在家教实践中的心得体会，无论从内容上，还是从表现方式上，都与宋代理学家的家教思想有所不同。

（三）基于"童子之心"的儿童教育思想

作为明代最大学问家的王守仁十分关注儿童教育，并且有自己的独到见解。由于儿童基本是在家庭中生活、学习，因此，我把王守仁的儿童教育思想归到家庭教育的范围中来。

王守仁认为，人在不同的时期，认识能力是不同的，因此教育内容和方法也应该随着年龄的变化而不断调整。对于儿童，他在《训蒙大意示教读刘伯颂等》中说：

大抵童子之情，乐嬉游而惮拘检，如草木之始萌芽，舒畅之则条达，摧挠之则衰痿。今教童子，必使其趋向鼓舞，中心喜悦，则其进自不能已。譬之时雨春风，沾被卉木，莫不萌动发越，自然日长月化。若冰霜剥落，则生意萧索，日就枯槁矣。

大体而言，儿童的天性是喜欢嬉笑玩乐，害怕约束拘禁，他们就像草木开始萌芽的时候，如果让它们舒展通畅，就会枝叶繁茂；如果不断地摧残阻挠，它们就会衰败萎靡。因此，开展儿童教育的时候，一定要让他们的心情先受到鼓舞、激励，心中有快感，那么他们进步的速度就连自己都没有办法控制了。这就好比及时的雨水、和煦的春风灌溉滋养花木一样，花木无不萌发并生长，自然会天天茁壮成长，月月会有大的变化；如果像冰霜一样去摧残他们，那么花木就会生机萧落，日益变得枯槁了。激发儿童的兴趣，让儿童开心、快乐，是开展儿童教育的重要前提。

面对一些家庭和教育者不顾儿童身心发展的特点所开展的教育，王守仁认为其结果必然会适得其反。他说：

若近世之训蒙稚者，日惟督以句读课仿，责其检束，而不知导之以礼；求其聪明，而不知养之以善。鞭挞绳缚，若待拘囚。

像现在那些教育儿童的家长或教育者，每天只知道督促儿童在句读和模仿文法上用功，对他们的行为进行严格的约束，却不知道按照儿童身心的状况用礼来引导。只希望儿童掌握书本知识，却不知道存养他们的善心。对他们进行鞭打约束，像对待被拘禁的囚徒一样。

在王守仁看来，这种教育儿童的方法往往收效甚微，甚至有可能会造成"彼视学舍如囹狱而不肯入，视师长如寇仇而不欲见"的后果。这样一来，儿童就可能常常会借故逃学，不想上课，更不愿意见到老师。有的儿童还会"窥避掩覆以遂其嬉游，设诈饰诡以肆其顽鄙"，会放肆地从事各种顽劣的游戏，以达到他们嬉游玩耍的目的；久而久之，就可能会变成"偷薄庸劣，日趋下流"的不良儿童、问题少年。对于这种教育方法，王守仁提出了严厉的批评："是盖驱之于恶而求其为善也，何可得乎？"这种不顾儿童身心发展特点，把儿童当作"小大人"的做法，是传统儿童教育的致命弱点。

在中国古代教育史中，像王守仁这样正确地认识儿童生理、心理特征的教育家是很少的。更可贵的是，王守仁根据儿童身心发展的特点和规律提出"使其趋向鼓舞，中心喜悦"的教育思想和教育方法，把儿童"乐嬉游"的天性引导到学习上来，这种以鼓励为主进行正面引导的教育思想，符合儿童身心发展的特点和规律，能取得"时雨春风""萌动发越""日长月化"的最佳效果。这与近代西方教育家提出的反对束缚儿童、解放儿童个性的主张颇有相通之处。王守仁在十六世纪初就能够提出这样的见解，是十分难得的。

在教育方法上，王守仁提出："则宜诱之歌诗以发其志意，导之习礼以肃其威仪，讽之读书以开其知觉。"在儿童教育方法上，最好通过咏诗唱歌来诱导孩子，以激发他们的志向和兴趣；引导他们学习礼仪，以使他们仪表严肃；教导他们读书讽诵，以开发他们的智力。在古代教育中，对儿童进行"诗""书""礼"的教育是非常普遍的，但是王守仁采取的"诱""导""讽"的教育方法，是不同于以往传统的灌输、体罚的教育方法，即把知识、礼仪、歌诗的传授和儿童的生理、心理特征相结合，同时把儿童的身体锻炼和道德涵养联系在一起，这样就在传授知识的同时兼顾了儿童的身心发展特点。

王守仁又进一步提出了儿童教育的内容，他说：

> 故凡诱之歌诗者，非但发其志意而已，亦所以泄其跳号呼啸于咏歌，宣其幽抑结滞于音节也；导之习礼者，非但肃其威仪而已，亦所以周旋揖让而动荡其血脉，拜起屈伸而固束其筋骸也；讽之读书者，非但开其知觉而已，亦所以沉潜反复而存其心，抑扬讽诵以宣其志也。

用咏诗唱歌来诱导儿童，不仅是为了培养他们的意志，也是为了把他们想要呼喊、蹦跳的情绪发泄在咏诗唱歌中，将郁结压抑的感情抒发于抑扬顿挫的音节中；教他们学习礼仪，不仅是为了养成他们的仪表气质，也是为了让他们在揖让行礼当中活动血脉，用起跪屈伸来强健他们的筋骨；要求他们读书，不仅仅是为了增加他们的书本知识，让他们变得更聪明，也是为了让他们在反复的潜心阅读中涵养性情，在抑扬顿挫的诵读中明白他们的志向。王守仁的这一段论述至少包含了三个方面的内容：

第一，重视儿童的诗歌教育。他认为借助咏诗唱歌，不仅可以激发他们的志向兴趣，也可以使他们在咏唱中宣泄欢呼跳跃的情绪，在抑扬顿挫的音节中抒发忧郁呆板的感情，这不仅能够陶冶儿童的性情，而且对他们的身心健康都有好处，使他们能回到自己倡导的"良知良能"。

第二，重视礼仪教育。他认为通过礼仪教育，不仅可以让儿童面容仪表更加得体，也可以在揖让叩拜中活动他们的血脉，强筋壮骨。用习礼来代替学礼，在习礼的教学中，发挥德育、体育功能，即融德育、体育于习礼之中。

第三，王守仁强调读书不仅可以开发他们的智力，还可以使他们在反复的钻研中修身养性，在抑扬顿挫的诵读中确立志向。

在王守仁看来，这么做的目的其实就是因势利导，而不是强迫儿童学习。他说："凡此皆所以顺导其志意，调理其性情，潜消其鄙吝，默化其粗顽。"这一切都是为了在志向上因势利导，在性情中调理养护，通过潜移默化的影响，消除他们的鄙陋和吝啬。

王守仁教育其子王正宪，用三字一句的儿歌，传授浅近的做人道理："幼儿曹，听教诲：勤读书，要孝弟；学谦恭，循礼义；节饮食，戒游戏；毋说谎，毋贪利；毋任情，毋斗气；毋责人，但自治。能下人，是有志；能容人，是大器。凡做人，在心地；心地好，是良士；心地恶，是凶类。譬树果，心是蒂；蒂若坏，果必坠。吾教汝，全在是。汝谛听，勿轻弃。"（《示宪儿》）王守仁的这首"教子三字经"，也被人称为《王阳明家训》。他采用朗朗上口的韵文，要求儿子做到"勤读书""要孝弟""学谦恭""循礼义",一"节"、一"戒"、五"毋"、两"能",成为"心地好"的"良士"。最后通过"譬树果,心是蒂"的形象比喻,进一步从正反两个方面说明道德品质的重要性。可以说,这首教儿诗内容非常具体,形式又非常通俗易懂。

王守仁准确地概括"童子之心"的"乐嬉游而惮拘检"的心理特点,否定了在教育中对儿童使用"鞭挞绳缚,若待拘囚"的体罚手段,提倡采取"诱之""导之""讽之"的启发诱导方法。这些思想是有相当可取之处的,对于我们现在的家庭教育儿童教育都有直接的借鉴意义。

三、霍韬以《霍渭厓家训》教子

霍韬(1487—1540),字渭先,始号兀厓,后改号渭厓,南海县石头乡(今广东佛山市南海区)人。霍韬少时跟随家人在家务农,弘治十八年(1505)始入乡塾。天资聪颖,过目不忘,学业进步神速。正德八年(1513)中举,次年会试即名列第一,考中会元。殿试列二甲第一名,为传胪,赐进士出身。霍韬官至礼部尚书,协掌詹事府事,卒于嘉靖十九年(1540),赠太子太保,谥号"文敏"。

作为出生于庶民家庭的子弟,霍韬在青年时期即开始注重家庭、家族事业。正德二年(1507),年仅二十一岁的霍韬虽然还是一名生员,就写成了《家训》二十篇。嘉靖八年(1529),已经担任礼部右侍郎的霍韬对《家训》进行润色和删改，减少至十四篇，同时增添三篇附录。因为霍韬号渭厓，故称《霍渭厓家训》。

《霍渭厓家训》除了序、跋之外，主要内容有：田圃、仓厢、货殖、赋役、衣布、酒醋、膳食、冠婚、丧祭、器用、子侄、蒙规、汇训上、汇训下，此后还有三篇附录，即祠堂事例、社学事例、四峰书院事例。

嘉靖十五年（1536），已经五十岁的霍韬再次编写《家训续编》，主要篇目有雍睦、友爱上、友爱下、敦睦、家教、婚娶、子弟、子侄、俭德、慎德、嗣世不肖、世载秽德、奕世儒宗、奕世清德、阴骘、先德。

霍韬前后花费了三十年心血来制定和完善家训，他这么做的目的是什么呢？"先是，正德丁卯，尝著训凡二十篇，将以保家也。今删润凡十四篇，兄弟子孙世慎守焉，将永保家也。附录三篇，家之推也。於戏！立家极难，败家极易。祖考尝为其难矣。兄弟子孙毋为其易也哉？念哉念哉，保尔家哉。"（《家训前编·序》）由此可见，霍韬撰写家训的目的是"保家"。他认为家中的兄弟子孙只要能严守家训，就能永保其家。

至于如何实现保家，霍韬在借鉴司马光、柳玭、义门郑氏等家教思想的基础上，结合霍氏家族的实际特点和明代商品经济得到发展的现实情况，提出了"保家"的具体措施。

首先，霍韬非常重视家庭和家族的产业，重视族产的管理，将其视为保家的经济基础。在霍韬看来，耕种田圃是维系家庭生计的头等大事，他将"田圃"列为《家训》之首，说："人家养生，农圃为重。末俗尚浮，不力田，不治圃，坐与衰期。"（卷一《田圃第一》）因此，他要求将田分配给族人耕种，并根据产量进行考核，也就是他所说的"考功"。《家训》规定：族中的壮丁拥有的田亩数，子侄可耕田三十亩，二十五岁可授田，五十岁收回。对耕种收成的考核要求是："凡耕田三十亩，岁收亩入十石为上功，七石为中功，五石为下功（灾不在此限。乡俗以五升为斗）。"（卷一《田圃第一》）对于耕种所收获的谷物，霍韬提出要"储聚之于公"，统一存放，然后进行统一分配。到了年底，要根据这一年的收入和支出来考核领田者和家长的绩效，并进行相应的赏罚。

除了耕种，霍韬还主张发展家族的工商业。霍氏家族主要从事铸铁业、经营木材和烧制陶器，霍韬提出，不同经营种类要派不同的人来专门管理。他说："凡石湾窑冶，佛山炭铁，登州木植，可以便民同利者，司货者掌之。年一人司窑冶，一人司炭铁，一人司木植，岁入利市，报于司货者。司货者。岁终，咨禀家长，以知功最。（司窑冶者，犹兼治田，非谓只司窑冶而已。盖本可以兼末，事末不可废本故也，司木、司铁亦然。）"（卷一《货殖第三》）对于负责经营的宗族子弟也有考核的要求："凡岁报功最，以田五亩，银三十两为上最；田二亩，银十五两为中最；田一亩，银五两为下最。"（卷一《货殖第三》）

每年正月初一，宗族的成年男子在大宗祠堂内集合，举行"岁报功最"的奖罚仪式，这有点类似于我们现在的一些单位在每年年底举行的总结表彰大会。据《霍渭厓家训》记，每年正月初一，家族成年男性要齐聚祠堂参拜祖先。参拜完毕，家族子弟要"各陈其岁功于堂下"。家族子弟要将祖先牌位摆放好，家长要站立于祠堂两侧，兄弟依次序站在两廊，然后各"报功最"，也就是向祖先和在场的人报告本年度的经营状况。如果考功位于最低等级者，将"无罚无赏"(卷一《货殖第三》)。但是，如果连续三年都是最低等级，负责经营的子弟就要跪在堂下，向祖先报告，然后被打二十鞭。正是由于既有农耕，又有工商实业，加之有比较严格的管理体制，霍氏家族的保家才有了比较坚实的经济基础。

其次，以礼法教育家族子弟是霍韬实现保家的思想保障。霍韬吸收了司马光的治家必须谨守礼法的思想，他提出："守礼法以御子弟，治家之本也；量入为出，费有节制，治家之法也；裁省冗费，禁止奢华，治家之要务也。保家者，不可一日不讲焉者也。"(《霍渭厓家训·家训续编·家教第五》)霍韬在《霍渭厓家训续编》中提出了诸多明确的要求。在霍韬看来，家长必须让族人懂得无论事情大小，都不能擅自做主，否则可能导致家庭管理的失控。他说："此实治家纲领，家无家长，家不可齐。如家之卑幼，凡事不禀家长，纪纲所由乱也，家何由齐？"(《家训续编·家教第五》)为了让子弟能谨守礼法，他照搬了《郑氏规范》的做法来对家族子弟进行道德宣讲，即："朔望，家长率众参谒祠堂毕，出坐堂上，男女分立堂下，击鼓二十四声，令子弟一人唱云：'听，听，听，凡为子者，必孝其亲；为妻者，必敬其夫；为兄者，必爱其弟；为弟者，必恭其兄……'"对于《郑氏规范》中的这些言论，霍韬明确要求家族子弟都要认真读和体会，认为这些要求"真可保身、保家族"。(《家训续编·家教第五》)

在霍韬看来，家族子弟按照礼法的要求提升自己的道德修养，即所谓保身是保家的前提。他认为柳玭、诸葛亮等人的教子言论与自己教育霍氏子弟的观点是最契合的，子弟们只要认真体会这些言论，就可以实现保身。他说："子弟恒省念，可以保身。"霍韬告诉霍氏子弟，柳玭的"坏名灾己，辱先丧家，其失尤大者五，宜深志之"。霍氏子弟要逐字逐句地体会，并且反思自己。然后，又转述了柳玭所谓五大弊端，认为这五大弊端是"天下万世之通弊"，富贵之家的子弟很难不受这些弊端的影响。因此，霍韬再三要求霍氏子弟："有家者之欲保家也，常念之哉！"（《家训续编·子弟第七》）霍韬又引用了北宋理学家邵雍谈论凶吉的观点，明确告诫霍氏子弟必须加强自身的道德修养，即保身，以趋吉避凶，保家、保族。

霍韬还为霍氏子弟的保身提供了具体的标准，认为需要按照北宋理学家程颐的弟子张思叔座右铭的要求来做。张思叔的座右铭是：

> 凡语必忠信，凡行必笃敬。饮食必慎节，字画必楷正。容貌必端庄，衣冠必肃整。步履必安详，居处必正静。作事必谋始，出言必顾行。常德必固持，然诺必重应。见善如己出，见恶如己病。（《家训续编·子弟第七》）

霍韬要求上自家长，下到子弟都必须遵守："凡此十四事，上自家长，下逮卑幼，皆宜记念。而语必忠信，饮食必慎节，尤养德、养身之切务，保家之训矩也。"（《家训续编·子弟第七》）不止是养德和养身，霍韬还要求子弟学习诸葛亮告诚子弟的名言以养气和养心，明确告诉他们："淡薄以养气，宁静以养心，内外交养也。惝慢则肆于外，险躁则肆于内心，气交病也。学者时时省察，德其有不进乎？否则，时驰岁去，其成枯落，犹之可也。甚则恣肆险诞，祸至杀身犹不已也。"（《家训续编·子弟第七》）

在霍韬看来，实学是子弟保身的重要内容。他在《慎德第十》中强调："保家在子弟，教子弟在实学，学无实力，子弟恃才为奸，败家覆族。"霍韬还教育子弟要节俭，他强调："昆弟子侄之保家，莫大于俭。"（《家训续编·序》）《俭德第九》专门探讨了"俭"的问题，认为："俭德始于保身，中于保家，终于保家族子孙，至要至切。"在古代家训中，"俭"与"勤"往往是联系在一起的，霍韬也不例外。在《子侄第八》中，他指出："勤之一字，自卑幼至于老长，自农工至于士、大夫、公卿，无可不勉者也。有家者恒念勤字，虽欲不保家不可得已，否则，虽欲保家不可得已。"

为了给霍氏子弟提供更好的教育，使子弟能做到保身，进而达到保家的目的，霍韬还建立了石头书院和四峰书院，专门招收霍氏子弟。正是由于重视家教，霍韬的七个儿子都拥有科举功名，二子霍与瑕最为出众，考中进士后，任浙江慈溪知县、兵部职方司员外郎、广西佥事。七子霍与璎和九子霍与瑞都是举人出身。在霍韬的二十三个侄儿中，有十一人拥有科举功名。这些子孙是霍氏家教培养出来的保身的佼佼者，他们也是霍氏家族实现保家的重要力量。由此可见，霍韬费尽心血所制定和完善的《霍渭厓家训》对霍氏家族影响之深远。

四、杨继盛刑前遗嘱教子

杨继盛（1516—1555），字仲芳，号椒山，保定容城（今属河北）人。嘉靖二十六年（1547）进士及第，初任南京吏部主事，后官兵部员外郎。因上疏弹劾大将军仇鸾开马市之议，被贬为狄道典史，其后被起用，官兵部武选司员外郎。嘉靖三十二年，因上疏力劾严嵩"五奸十大罪"，遭诬陷下狱。在狱中备受严刑拷打，杨继盛坚强地挺了过来。在其所撰的《年谱》中，非常清楚地描述了自己遭受酷刑之后，伤口化脓溃烂，自己用小刀把伤口割开，让脓流出来的情况。《三国演义》中描述的关公刮骨疗毒还要华佗这样的高明医生来做，而杨继盛自己给自己化脓的伤口疗伤，应该说其勇敢程度之高、意志力之顽强不亚于小说中描写的关公。嘉靖三十四年，杨继盛被杀害，年仅四十岁。隆庆帝即位之后，以杨继盛位列直谏诸臣之首，追赠太常少卿，谥号"忠愍"，故后世亦称"杨忠愍"。

杨继盛的家教思想体现在《椒山遗嘱》中，《椒山遗嘱》又称《杨忠愍公遗笔》《杨忠愍传家宝训》《杨椒山先生遗训》等，它是杨继盛在就义的前一天写给妻子和两个儿子的两封书信。

在《愚夫谕贤妻张贞》中，除了嘱咐一些家事之外，针对妻子激烈刚暴的性格，杨继盛着重向她讲了一番生死价值的道理。他说：

> 古人云："死有重于泰山，死有轻于鸿毛。"盖当死而死，

则死比泰山尤重；不当死而死，则无益于事，比鸿毛尤轻。生死之际，不可不揆之于道也。

杨继盛之所以这么说，主要是担心妻子也像其他的烈女一样，随夫一同死去，得一个贞烈节义之名，而轻率地放弃了养育儿女的义务。他告诉妻子："妇人家有夫死就同死者，盖以夫主无儿女可守，活着无用，故随夫亦死，这才谓之当死而死，死有重于泰山，才谓之贞节。若夫主虽死，尚有幼女、孤儿，无人收养，则妇人一身，乃夫主宗祀命脉，一生事业所系于此。若死，则弃夫主之宗祀，堕夫主之事业，负夫主之重托，贻夫主身后无穷之虑，则死不但轻于鸿毛，且为众人之唾骂，便是不知道理的妇人。"

杨继盛又说："所惜者，只是两个儿子俱幼，读书俱有进益，将来都成的，只怕误了他。一个女儿尚未出嫁，无人教导看管，怕惹人嗤笑。吾就死了，留的你在教导吾的儿女，成人长大，各自成家立计，就合吾活着的一般，吾在九泉之下也放心，也欢喜，也知感你。如今咱一家儿，无有吾也罢了。无有你，一时成不的，便人亡家破，称了人家的愿，惹人家的笑。你是一个最聪明知道理的，何须吾说。千万，只是要你戒激烈的性子，以吾的儿女为重方可。"他要求妻子在自己死后，坚强地活下去，勇敢地承担起照顾、教育子女的重任，把他们抚养成人。

杨继盛写给两个儿子的《父椒山谕应尾、应箕两儿》的内容相对比较丰富，主要有以下几个方面：

第一，要求兄弟之间相互包容，相互友爱，和睦同宗。

杨继盛多次要求两个儿子以同胞兄弟的情谊为重，始终和睦。在这份遗嘱中，杨继盛将很多具体的事宜都交代得非常详细，比如，不可说母亲偏向哪个儿子和儿媳妇，不能因为各自积私财而产生争端，不能因言语差错或一点小事就红脸，妯娌之间要像亲姐妹一样，饮食衣服也要一致。兄弟之间有再大的矛盾，最多只能请亲友调解，一定不要通过打官司来解决。

针对两个儿子不同的性格，杨继盛也有不同的训诫，"应箕性暴些，应尾自幼晓得他性儿的，看吾面皮，若有些冲撞，担待他罢。应箕敬你哥哥，要十分小心，合敬吾一般的敬才是。若你哥计较你些儿，你便自家跪拜与他陪礼；他若十分恼不解，你便央及你哥相好的朋友劝他。不可他恼了，你就不让他。你大伯这样无情，他摆布吾，吾还敬他，是你眼见的，你待你哥，要学吾才好。"

杨继盛不仅要求两个儿子要处理好关系，还要求他们兄弟俩处理好跟同宗人的关系。首先，要处理好跟几位堂兄的关系。杨继盛说，虽然他们在我这个叔叔入狱期间表现得非常冷淡，但主要是他们的父亲指使的，"却不干他事"，你们要尊敬他们，分祖产的时候要让着他们一点。其次，对与杨继盛一母所生的二姑和四姑，因为她们家庭贫穷，杨继盛要求儿子们尤其要"常看顾"，就像是对自己一样。再次，对与自己不是一母所生的五姑、六姑，杨继盛也要求儿子也不要视他们为路人。最后，对于因自己入狱而吃斋念佛的女儿，杨继盛也要求两个儿子好好对待她，说："他日后若富贵便罢，若是穷，你两个要老实供给照顾他。你娘要与他东西，你两个休要违阻。不但失兄弟之情，且使你娘生气，又为不友，又为不孝，记之！记之！"此外，对于同族中饥寒之人、没有能力办红白喜事的人，也要念在同宗的份上，尽力给予周济，不能无动于衷，漠不关心。

第二，要求儿子发奋立志，存心公道。杨继盛告诫儿子，人必须从小就立下远大的志向，立志之后依然有可能成为小人，但没有不立志而能成为君子的。立志并不意味着取高官，获厚禄，而是要心存天理，心存公道。只有公道之心，才能发为公正之行。"不拘做官不做官，人人都敬重你。"相反，如果没有确定不移的志向，心存恶念，发为恶行，就会成为众人所厌恶的小人。

第三，要求两个儿子结交好友，勤奋向学。杨继盛担心自己两个年幼的儿子被油滑之人哄骗、引诱而学坏了，因此教诫他们不要中了别人或以酒肉饮食，或以金钱诱骗赌博，或以赠送厚礼，或以美色相诱之类的圈套，而应该与那些老成忠厚、肯读书和肯学好的人肝胆相交。要言行一致，谦虚诚实，让人而不使人让，容人而不使人容，吃别人的亏而不使别人吃亏，受别人的气而不使别人受气。总之，杨继盛要求儿子宽以待人，严以律己。学习读书，要见之于行动，见贤人、好事要看齐，见坏人、恶事则要力戒。

在八股文盛行，举业成为走向仕途的必由之路的社会氛围之中，杨继盛也向儿子谈了这方面的经验。"习举业，只是要多记多作。"要找一个好老师，"切记不可一日无师傅。无师博则无严惮，无稽考，虽十分用功，终是疏散，以自在故也"。他说，如果老师不好，要坚决辞退他，另外再找，不要因循迁就，以免耽误学业。如果有一个好的朋友，每天相互切磋，学业长进得就更快。

第四，要求儿子防止奸盗，勤俭治家。杨继盛告诫两个儿子，治家最重要的是要防止奸盗，奸关乎家庭的声誉，盗关乎家庭的财产。女孩子大了，不要随意出门；男孩子大了，不可随意进入官府。不是关系非常亲近的妇女，不要让她常来常往。家中的院墙要高大，而且要布满荆棘，哪怕有一点缺损，都要查明原因。如果院墙被雨淋倒塌了，要立即修好，不可拖延，以免给奸盗之人可乘之机。家中日用之物，要放在仓库内保管好。

第五，要求儿子们生活节俭。他说："衣服要朴素，房屋休高大，饮食使用要俭约。休要见人家穿好衣服便要作，住好房屋便要盖，使好家活便要买，此致穷之道也。"要量入为出，不要支不抵收。假如实在是用度不足，要在计算好费用之后，变卖部分粮食等补足，千万不要向别人借债。

这两封书信是杨继盛临刑前一天写的，在自知自己必死无疑的特殊情况下，杨继盛仍然思路清晰，语句不乱，情深意切，真真实实地表现出他临危不惧的气概和精神。加之，这两封家书中充溢着披肝沥胆的刚直之气，读完更让人仰慕不已。因此，这两封家书在中国家教史上有着独特的地位。

五、吕坤以通俗家训教子

吕坤（1536—1618），字叔简，一字新吾或心吾，宁陵

（今属河南）人。自小家境殷实，生活优裕，父亲吕得胜虽没有取得过科举功名，但十分重视对吕坤的教育和培养，在日常生活中除了言行施教、身教示范外，还很注意从维护族人生计和童蒙教育的角度来教育吕坤，这对吕坤成年后谨守庭训、关心妇孺教育有着潜移默化的影响。万历二年（1574），吕坤考中进士。万历二十五年，因上表《忧危录》，纵论时务，直陈安危，对万历皇帝的昏庸与贪婪进行了猛烈抨击，加之奸臣诬劾，导致万历皇帝对他十分不满，吕坤因此辞官回家，杜门谢客，一心治学。

吕坤一生重视家庭教育。早年，他在父亲的影响下撰写儿童启蒙教材，重视童蒙教育；中年，撰写女教读物，宣扬女性道德规范，给予女性同情与关注，对陈旧道德观念予以批判，鼓励女性大胆追求真挚爱情；晚年，他的家训著述多涉及成人、女子、睦族等方面的道德规范，语言直白通俗，义理平实，是明代家训中的经典。这些文献所包含的吕坤的家教思想主要有以下几个方面：

第一，吕坤非常重视家长在家教中的作用。在他看来，家长主要有以下几类："家长，一家之君也。上焉者使人欢爱而敬重之，次则使人有所严惮，故曰严君。下则使人慢，下则使人陵，最下则使人恨。使人慢，未有不乱者；使人陵，未有不败者；使人恨，未有不亡者。呜呼！齐家岂小故哉？"（《呻吟语》卷一《伦理》）家长是一家的君主。最好的家长让人喜爱而敬重，居其次的家长让人尊敬畏惧，所以叫做"严君"。再其次的家长让人轻视。再再其次的家长让人欺凌。最下等的家长让人痛恨。如果家长被人轻视，这个家就不可能不乱。

如果家长被人欺凌，这个家就不可能不衰败。如果家长被人痛恨，这个家就不可能不破败。很显然，吕坤认为家长的威信在家教中有很大作用，而家长的威信要靠自己提高素质来获得。"一家之中要看得尊长尊，则家治。若看得尊长不尊，如何齐他得？其要在尊长自修。"（《呻吟语》卷一《伦理》）在吕坤看来，家长要获得人家的尊重，他自己必须要提升道德修养，值得人家尊重，这才是最重要的。

第二，吕坤认为家教既要有温暖的亲情，又需要用礼义加以约束，爱与教应当很好地结合起来。他不赞成过于亲昵和过于严厉两种极端。在他看来，前者是仁者之家，虽然父子欢愉、夫妇雍睦，但也有为和睦而和睦、不讲原则的毛病；后者是义者之家，虽然严于教子，但往往弄得一家大小关系紧张，疏而寡思。吕坤认为最好还是以仁为主，恩义相辅。但是，无论如何"仁"，不能不讲礼，他说："一门之内，父子兄弟、长幼尊卑，各有条理，不变不乱，是曰家常。……得其常则治，失其常则乱。未有苟且冥行而不取败者也。"（《呻吟语》卷一《伦理》）在维持礼的基础上，力求做到爱与教结合，恩与义相辅相成，这是吕坤家教的理想模式。

溺爱是家教中最常见的问题，吕坤运用各种方式反复说明其害处。在《宗约歌》中，吕坤指出，溺爱纵容是害子，他说："个个生儿（就）要口噙，人家说句（是）便生嗔。小时（那）珠锦装（他）头角，大了绫罗（就）遍体身（惯了时呵！）。奢侈纵横敖父母，轻浮暴躁（就）欺乡邻（哎！那时惹下了呵）。犯入天罗（你）休怨悔（你怨得谁？），杀他原不是别人。"（《宗约歌·劝教子》）从防止溺爱放纵出发，他提倡家教应当是温和的教导熏陶与严厉的批评责善（包括体罚）相结合。

第三，吕坤的家教以为善、知耻、择交为主要内容。吕坤曾奉父亲之命，作《为善说示诸儿》，集中讲述立身处世中的为善问题。他首先指出，人的祸福吉凶不在于别的，在于自己行动的善与不善。他说：

> 问吉凶于卜筮者，惑也。善则吉，不善则凶。登泰山，造浮图，衣冠土木，谄事鬼神者，亵也。善则福，不善则祸。求人之誉，怨人之毁者，劳也。善则誉，不善则毁。（《去伪斋集》卷七）

"卜筮"即占卜、算卦，是一种预测吉凶福祸的迷信活动。"登泰山"是指古代帝王登临泰山祭天地的封禅活动，在这里则是指一般人的求神拜佛，以求神佛的庇佑赐福的迷信活动。"浮图"即浮屠，梵文佛塔的音译。"衣冠土木"是指塑造佛像、神像。这段话的大概意思是说：吉或凶，福或祸，誉或毁，全看自己是善还是不善。乞求占卜，祈望天地鬼神护佑，或借助他人，都是徒劳的；善在自己，不在外物。在对世界认知有限，迷信盛行的明代，吕坤以这样的价值观教育子孙，是非常难能可贵的。

吕坤作《知耻说示儿》，教育儿子不要与别人比物质享受，而应比学识功业。吕坤作《择交说示儿》，教子择友：

> 凡亲朋聚集，戏谑欢呼，把臂拍肩，蹑足附耳，只是要

殷勤亲热。比党阿徇，才号同心知己，稍不稠称，便说淡薄。这都是世俗态、儿女情。你看那有道交游，德业劝你成就，过失责你改图。或说往古圣贤，或论世间道理，不出淫狎言语，不讦他人短长，不约无益闲游，不干诡随邪事。较量起来，那个是好友？（《去伪斋集》卷七）

吕坤针对青少年直观能力强的特点，用形象的描绘，勾勒出损友与益友的不同特点，使儿子能掌握择友标准。

吕坤在他的儿子入学当天，写了《九儿入学面语戒之》，以此告诫儿子，要像圣贤那样，敬而无失，恭而有礼。最后，吕坤给儿子指出努力方向："'孝弟忠信，礼义廉耻'，此八行者，望汝努力。'怠惰荒宁，放辟邪侈'，此八字者，望汝深戒。不然，纵中三元，官一品，那值得一文钱？"（《去伪斋集》卷七）

除此之外，吕坤也非常关注女性礼教。"女子无才便是德"，中国传统社会是不提倡女子接受文化教育的。但吕坤认为女子可以学习，但是学习的内容必须是传统的伦理纲常，其最终目的是为了让她们以端庄的行为、规范的礼仪在社会中更好地扮演女性的角色，承担家庭的责任和义务。针对过去女教书籍晦涩难懂的弊端，吕坤改进了编纂方法，编写了《闺范》一书，前一部分为"嘉言"，主要辑明代之前先圣先贤关于妇女教育的论述。后一部分为"善行"，将历史上的母教分为九类，原书绘有三十二位代表人物的教子图。书中运用真实且富有趣味的故事来调动女性读者的阅读积极性，即使是一些文化程度不高的女性，也能通过图画大致明白其中的含义。吕坤的女性礼教大体分为"女子礼"和"妇人礼"两个部分，女子礼包括口腹、从命、节俭、职业、卑逊、言语、衣服、佩饰、雅素、书史、女容、勤励、性情等，主要用来规范未婚女子的行为与生活；妇人礼则包括拜跪、居室、无遂、内谮、母家、忍性、体妇、重夫、和家、远别、内慎、姑教、夫教等，主要用来规定已婚妇女的行为与生活。因此，该书出版后受到了社会的广泛关注，据记载："当时士林，乐诵其书，摹印不下数万本，直至流布宫禁。"（陈宏谋辑《五种遗规》）这本书的出版大大改善了女性的教育状况，因此获得了"闺壸箴鉴""闺门至宝"的美誉。

吕坤的家教思想和实践在明代家教史上占有比较重要的地位，其最大贡献在于，适应明代中后期市民社会发展，俗文化兴起的新形势，采用浅近通俗的形式和语言传播家教思想，对明代中后期通俗化家训的兴起具有积极的推动作用。

清代家教家风

　　☆朱柏庐：一粥一饭，当思来处不易。半丝半缕，恒念物力维艰。

　　☆曾国藩：凡人多望子孙为大官，余不愿为大官，但愿为读书明理之君子。勤俭自持，习劳习苦，可以处乐，可以处约，此君子也。

　　☆左宗棠：然子弟欲其成人，总要从寒苦艰难中做起，多酝酿一代多延久一代也。

基于自身巩固统治的需要，清代统治者不断加强社会教化，重视平民家教，从顺治九年（1652）颁行的《卧碑文》，到雍正二年（1724）颁行的《圣谕广训》，都强调开展家教的重要性。《圣谕广训》中的《训子弟以禁非为》是清代官方发布的内容最详尽的家教指导文献，它系统地指出家教的方向、重点、内容方法，对普及家教知识，促进平民家教的发展有比较大的作用。

　　在这种社会氛围之中，清代的家教得到迅速发展，普及化程度得到明显提高。清代出现了不少有影响的家训、家规和家书等家教文献，在极大地丰富了中国古代的家教理论的同时，也成为指导家教实践的重要理论，不少家风特色鲜明、长盛不衰的大家族的出现应与之密切相关。

一、王夫之的家教以从严与说理相结合

　　王夫之（1619—1692），字而农，号姜斋，又号夕堂、一瓠道人、一瓠先生、买姜翁等，湖广衡州府衡阳县（今湖南衡阳）人。自幼跟随父兄读书，明崇祯十一年（1638）入岳麓书院学习。青年时期积极参加反清起义，晚年隐居湖南衡阳的石船山，著书立说，自署船山病叟、船山老农、

船山遗老，学者尊称其"船山先生"，其著作后人编为《船山遗书》。王夫之的学术成就得到后人的高度赞扬，曾主持船山书院的清末著名学者王闿运在其所撰王夫之墓联中，称之为"南国儒林第一人"。

王夫之留下了《耐园家训跋》《家世节录》，以及给子侄的十多封家书等家教文献。《耐园家训跋》《家世节录》的部分内容以叙述家事的方式阐述了王氏祖辈、父辈以及王夫之本人的家教思想。家书则是王夫之本人针对子侄的具体问题进行教育的家教文献。

对于父母与子女的关系，王夫之十分推崇父慈子孝的观念。他说：

> 古人云，读书须要识字。一字为万字之本，识得此字，六经总括在内。一字者何？孝是也。（《姜斋文集》卷四《示姪我文》）

王夫之把孝当作是一切道德的基础。在他所提倡的父慈子孝思想中，对于父母的要求不仅是亲爱子女、抚养子女成人，还要求父母做到教育有方。对于子女的要求不仅是赡养父母、对父母无违，还要求子女做到敬亲尊老。

怎样才能保持父慈子孝的家风绵延不坠呢？王夫之与古代许多父母一样，认为家教应当从严，如果"以善柔便佞教其子弟"，以溺爱、顺从、阿谀的方式教子，不但会陷子弟于不义，同时也会损害家庭的长远利益。但"严"的尺度如何掌握呢？王夫之说："父兄立德威以敬其子弟，子弟凛祗载以敬其父兄，嗃嗃乎礼行其间，庶几哉，可以嗣先，可以启后。

不然，吾所不忍言也。"（《姜斋文集》卷三《耐园家训跋》）"嗃嗃"，严酷的样子。他认为，父亲、兄长应该树立起足够的威严，让子弟有敬畏之心，并进行严格的要求，这是需要靠情感交流来实现的，而不是靠打骂和体罚。

王夫之以他亲眼所见的祖父管教叔父王廷聘的例子来说明：

> （王廷聘）于童年小有过失，少峰公责谴门外，永夕下钥。时当除夕，风雪凄迷，先考私从隙道掖令归寝，先生引咎自责，必遵庭命。翼日元旦，少峰公方启扉焚香，先生怡颜长跽。少峰公且喜且泣，称其允为道器。逮及耆年，省茔酹酒，涕泗横流，拜伏不起，则夫之所亲见也。（《姜斋文集》卷二《牧石先生暨吴太恭人合祔墓表》）

年幼的王廷聘犯了错误以后，祖父王惟敬（即少峰公）就把他关在门外，不准他进门。当天正好是除夕，屋外风雪交加，王夫之的父亲王朝聘从后门把弟弟悄悄带回家里。尽管如此，这件事并没有就此罢了，王廷聘非常自责，他认为必须遵守家规。第二天，也就是正月初一，王惟敬刚刚拜祭完天地和祖先，王廷聘就老老实实地跪下来认错，终于得到了父亲的认可，并且得到了父亲的称赞，称其是能成大器的人。王惟敬过世之后，王廷聘每次去扫墓，都是涕泪横流，跪在坟墓前久久不起来。

祖父的这种从严的家教传统，也被王夫之的父辈所继承。他说："自少峰公而上，家教之严，不但吾宗父老能言之，凡内外姻表交游邻里，皆能言之。至于先子，仁慈天笃，始于吾兄弟冠昏以后，夏楚不施，诃斥不数数焉。"（《姜斋文集》卷三《耐园家训跋》）王夫之说自己家一直坚持严格的家教，他的父亲王朝聘就是这么做的。（这里说到的"冠昏"也写作"冠婚"，即冠礼和婚礼，也就是成年了。）兄弟成年之后，父亲"夏楚不施"，从来不体罚他们兄弟，只是严厉地批评他们而已。"夏"，同"榎"，木名。"楚"，荆条。"夏楚"就是用榎木、荆条做成的鞭扑工具，用于责罚，一般是指老师用的教鞭，也泛指体罚学生、子弟的工具。

那么批评到底有多严厉呢？"或有荡闲之过，先子不许见，不敢以口辨者至两三旬，必仲父牧石翁引导，长跪庭前，牧石翁反覆责谕，述少峰公之遗训，流涕满面，夫之亦闵默泣服，而后得蒙温语相戒。"（《姜斋文集》卷三《耐园家训跋》）可见，王氏家族所谓的家教从严并非体罚，而是以理服人，使之自省。"牧石翁"，指王夫之的叔父王廷聘。如果王夫之犯了错误，父亲王朝聘根本就不见他，他也不敢跟父亲当面辩驳，只是由叔叔王廷聘把他带到家里的大厅之中，让他跪下来，听王廷聘讲祖父王惟敬的家训。王廷聘边讲边哭，泪流满面，王夫之也被感动了，认为叔叔说的有道理，而且还能认识到了自己的错误，也偷偷地哭泣。看到王夫之认识到自己的错误，王廷聘再对他晓之以理，进行教育，这就是王氏家族的从严的家教方法。

王夫之继承王氏先辈的家教从严的传统，注重以理服人，使子弟能够自省。子弟一旦有过错，不是立即予以责问、诃斥，只是表情严肃地不跟他说话，等到子弟自省之后，"真耻内动，流涕求改"（《姜斋文集》卷十《家世节录》），才加以批评。但是，在批评之后就不再旧事重提，以免损伤子弟的自尊心。

从以上的事例中，我们可以清楚看到无论是王朝聘、王廷聘，还是王夫之，都对祖辈、父辈存有发自内心的崇敬之心，这是典型的能尽孝道的表现，也是他们家教家风的体现。王夫之的母亲谭氏也是这方面的典范，她在照顾公公王惟敬的时候，充分体现出了孝道。王夫之对此有清楚的描述：

> 但闻太孺人申戒诸子妇承事先君子者，述其事少峰公者三年，酷寒不敢蒸火，畏烟之出于牖隙也；炎暑不敢扑蚊，畏箑声之遥闻于静夜也；涤器不敢漱水，引濡巾而拭之；猫犬扰，不敢迫逐，拥袂而遣之。每一语及，夔夔悚立。（《王夫之年谱·家谱世系表》）

从这一则描述来看，谭氏照顾生病的公公王惟敬三年之久。在照顾的过程中，她冬天不敢生火取暖，担心生火要开窗户通风，让王惟敬受冻；夏天不敢打蚊子，担心打蚊子的声音吵到王惟敬；洗东西不敢用水冲，只是用潮湿的毛巾擦干净，担心有声音影响到王惟敬的休息。有猫狗进屋里来了，不敢大声驱赶。每次王惟敬跟她讲话，她都是毕恭毕敬的。通过这些文字我们清楚地看到了一位尽心尽力照顾公公三年的"孝妇"形象。

在父母的影响下，王夫之兄弟也遵守孝道。据清人王之春所撰《王夫之年谱》记：崇祯十六年（1643），张献忠的农民起义军攻取衡州之后，到处抓捕名流，有不顺从者，就扔到湘江中去淹死。王朝聘是地方名流，不幸被抓。王夫之的哥哥王介之打算去与父亲同死，被王夫之拦住了，他说："我自有办法。"他用刀把自己的脸划伤，并刺穿双腕，涂上毒药，让伤口溃烂，然后只身去往起义军军营，对他们说："我哥已经死了，我又变成了废人，我父亲也七十多岁了，对你们也没有用，请让我们父子相聚吧。"农民起义军被他的凛然之气所折服，释放了他们父子。王夫之不惜伤害自己，冒着生命危险去救父亲，他的孝道可见一斑。

王夫之的父亲王朝聘滞留在北京，由于天气太冷了，经常生病。王介之（王夫之的哥哥）每每想到父亲，就再也没有笑脸了。有一年除夕，王介之悲吟"长安一片月"一诗，想到了还在北京漂泊的父亲，就宛转唏嘘，流涕满面。母亲谭氏有心痛病，一发病就十天半月不愈，王介之自己也体弱多病，但他每天都在床前服侍母亲，十多天都不睡觉，常常两三天粒米不进。

在教育子侄的过程中，王夫之还要求家中的兄弟子侄必须立志。王夫之在《示侄孙生蕃》这首诗中，用"琐屑计微利"的"市贾及村氓"来比喻那些向清朝统治者投降成为新贵的人，为蝇头小利不惜变节投降的小人，诗的末尾部分更是痛斥这类人如禽兽一般。因此，他希望侄孙要保持做人的尊严，树立远大的理想，做个顶天立地的男子汉，不要与清朝政府有任何的合作。

除此之外，王夫之在给子侄的信中，多次教诫他们和睦相处。《丙寅岁寄弟侄》这封家书写于康熙二十五年（1686），这年王夫之已经七十岁了，他的族弟王尔弼、王指日，以及长侄王我文"跋涉远赴"，"隆礼致祭"，来奔三兄（因王夫之有兄弟三人，长兄王介之，次兄王参之。此处说"三兄"，当为长兄王介之，他于是年正月三十卒，享年八十。）之丧。王夫之感叹家族风俗之淳厚，勉励族弟、侄儿在老家同心协力，使王氏一族能享和睦相处之福。他告诫弟侄们一定要和睦相处：

> 譬如一人左眼生翳，右眼光明，右眼岂欺左眼，以灰屑投其中乎？又如一人右手便利，左手风痹，左手岂妒忌右手，愿其同瘫痪乎？不能于千万人中出头出色，只寻着自家骨肉中相陵相忌，只便是不成人。戒之，戒之！（《姜斋文集》）

家庭成员如同人的两只眼睛，两只手，怎么能互相欺凌嫉妒呢？在明清鼎革之际，王夫之度过了艰难乱世，并撰写了一百多种八百万字的著述，成为中国历史上伟大的思想家。这应该与其所受的家教有着密切的关系，这种家教家风也直接影响着王氏子孙。

王夫之的直系后代（王夫之共育有四子，其中有二子早夭）也表现不凡，长子王攽"与弟齐名，著有《诗经释略》，诗不多见"，次子王敔"学问渊博，操履高洁，时艺尤有盛名"（罗正钧《船山师友记》）。他与邵阳车无咎、王元复，攸县陈之驵等四人被称为"楚南四家"。正是在王敔等人的努力下，王夫之的学问才得以在晚清大放异彩，这既是王氏家族家教家风影响的结果，也是其家教家风得以传承的重要表现。

二、朱柏庐以《朱子治家格言》教子孙

在清初家教文献中，影响最大的应该是朱柏庐的《朱子治家格言》，又称《朱子家训》。为了区别于朱熹的《朱子家训》，一般把朱柏庐的家训称为《朱子治家格言》。

朱柏庐（1627—1698），名用纯，字致一，自号柏庐，江南昆山（今属江苏）人。明朝生员，清初在家乡教授学生为生。生于书香门第、官宦世家。朱氏家族是昆山的名门望族，世人称之为"玉峰朱氏"。清顺治二年（1645），父亲朱集璜率门人及弟子死守昆山城，但最终还是被清兵攻陷，遂投河自尽。听到这个噩耗，朱柏庐昼夜恸哭，本想追随父亲以死明志，无奈家中上有年迈的母亲，下有年幼的弟弟妹妹，只能忍辱负重，艰难度日。后来，因仰慕东晋王裒庐墓、攀柏之义，自号"柏庐"，以缅怀父亲。

王裒的典故内容是什么呢？古人在父母或师长死后服丧期间，往往会在坟墓旁搭建草庐居住，守护坟墓，以表追思之情，称之为"庐墓"。王仪被司马昭杀害之后，其子王裒在父亲的坟墓旁筑庐，早晚在墓前跪拜，手攀着柏树痛哭不已，眼泪滴在柏树上，柏树为之干枯。

朱氏自号"柏庐"，正是出于永不入仕的坚定信念和对父亲的怀念之情。康熙十五年（1676）的状元彭定求誉其"始于志节，成于理学"。朱柏庐穷尽毕生精力著书立说，专

心研究程朱理学，康熙年间断然拒绝参加清廷举行的博学鸿词科考试的推荐，终生未仕。

（一）文本解读

尽管朱柏庐有多本著作存世，但影响最大的还是《朱子治家格言》。《朱子治家格言》全篇五百余字，言简意赅，通俗易懂，讲究对仗，朗朗上口，成文问世以后，广为流传，成为清代家喻户晓的经典家训。我先逐句大致解释《朱子治家格言》的文本，然后再归纳这份家训所包含的内容。

黎明即起，洒扫庭除，要内外整洁。既昏便息，关锁门户，必亲自检点。

天色刚刚亮的时候就要立刻起床，整理屋子，打扫庭院，把屋内外都收拾得整整齐齐。天黑以后就要停止工作，安心休息。在睡觉之前必须认真检查一下，看看该关的门有没有关好，该锁的门有没有锁牢。

一粥一饭，当思来处不易。半丝半缕，恒念物力维艰。

当我们喝一碗粥，吃一碗饭的时候，应当想到煮粥、煮饭的每一粒米，都是农民千辛万苦种出来的；不但要感激他们的辛劳，更要珍惜他们的劳动成果，不可以浪费食物，更不能随便糟蹋食物。在穿衣服的时候，看到半段丝，半段线，即使是很细小的一点东西，也要常常想到包括布匹、丝绸等的生产过程是非常艰难的，因此一定要珍惜。

宜未雨而绸缪，毋临渴而掘井。

应当在还没有下雨的时候，预先把房子修好，把门窗修结实；要事先把井掘挖好，如果拖延到觉得口渴的时候，再开始挖井就来不及了。这里用了两个语义相反的成语，即"未雨绸缪"和"临渴掘井"。

自奉必须俭约，宴客切勿留连。

在日常生活中，一定要尽量节俭，请宾客到家里来吃饭喝酒，绝对不要毫无节制地挥霍，甚至超越自己的经济能力范围。宴请客人的时候，也不能过于小气。

器具质而洁，瓦缶胜金玉。饮食约而精，园蔬愈珍馐。勿营华屋，勿谋良田。

日常用的生活器具不但要求结实，而且要保持清洁。即便用的是金碗玉盆，如果蒙上了一层污垢，看起来脏兮兮的，那还不如洗得干干净净的瓦罐好用；每天吃的东西不必品种太多，要尽量简单，但是要做得好吃。如果做得好吃，味美可口，即便就是用自家菜园里种的蔬菜，也胜过做得不好吃的山珍海味；不需花很多钱建造豪华的房屋，普通房屋只要收拾干净、整洁，住着也很舒服；不要绞尽脑汁地想着购买良田，即便是薄田，只要能多加灌溉施肥，辛勤耕耘，也可以有相当好的收成。

三姑六婆，实淫盗之媒；婢美妾娇，非闺房之福。

"三姑六婆"是什么意思呢？按照明朝陶宗仪著的《辍

耕录》的记载："三姑"是指尼姑、道姑、卦姑。"六婆"是指牙婆、媒婆、师婆、虔婆、药婆、稳婆。在传统社会的观念中，大部分的三姑六婆都能言善道，语言夸张，表情丰富，道德品质普遍不高，甚至诲淫诲盗，因此不能和她们常常来往，以免自己受到她们的影响。这一点，南宋叶梦得在《石林治生家训要略》中亦是如此要求的。女佣长得美貌，妾生得娇艳，这都不是家庭幸福的表现和征兆。

奴仆勿用俊美，妻妾切忌艳妆。

"奴仆"是指男性佣人。雇用男仆，不要求其容貌英俊秀美，自己的妻子和小妾要避免打扮得过分浓艳。

祖宗虽远，祭祀不可不诚；子孙虽愚，经书不可不读。

家族的先辈虽然去世很多年了，但是在祭拜他们时态度一定要虔诚。这里的"经书"有特定的含义，"经"是指《五经》，即《诗经》《书经》《易经》《礼记》《春秋》。"书"是指《四书》，即《论语》《大学》《中庸》《孟子》。这句话的意思是说，即使子孙再拙笨，《四书》《五经》是非读不可的，因为其中蕴含了大量为人处世的道理。

居身务期质朴，训子要有义方。

"义方"，是指有合适的教育方法。有正确的教育内容，还有既不过于严厉，也不过于溺爱的教育方式。这句话的意思是说：在我们的日常生活中，不论做事、说话还是和别人交往，一定要诚实。教育子孙一定要采取最适当的教育方式、方法。

勿贪意外之财，莫饮过量之酒。

不能贪图意外的钱财，不能过量饮酒，不仅会伤身，而且还会失态。

与肩挑贸易，毋占便宜。见贫苦亲邻，须加温恤。

向肩挑货物沿街叫卖的小贩买东西的时候，一定不要占他们的便宜，因为他们本小利微，家人要全靠他养活，生活很不容易。当我们看见亲戚、邻居陷入穷苦境况的时候，不但要尽可能地去照料他们，而且要给他们金钱或物质等方面的帮助。

刻薄成家，理无久享。伦常乖舛，立见消亡。

"伦常"的"伦"是指人伦，即君臣、父子、夫妇、兄弟、朋友。"常"是指"五常"，即仁、义、礼、智、信。"伦常"就是传统社会中人与人相处的道德规范。"乖"，冲突。"舛"，错乱。因刻薄而起家的人，按照常理，他绝对不可能长久地享用他的财富。如果家人与伦常发生了冲突错乱，这个家庭就会立刻败落。

兄弟叔侄，须分多润寡。

"分多"是从多分的家产里匀出一部分来，把多的家产减少。"润"的本意是"修饰"，在这里作"增添"解释；"寡"是少，在这里是"减少"的意思。在一个家庭中，兄弟叔侄之间要力求公平，分家产要尽量平均一点，尽量使付出和获得平等一些。

长幼内外，宜辞严法肃。

在一个家庭中，不论年老的人还是年轻的人，不论女性还是男性，都应该遵守家规。年老的人应当多关怀、指导年轻人，年轻人对年老的人应当恭敬，不能不分大小，没有礼貌。

听妇言，乖骨肉，岂是丈夫；重资财，薄父母，不成人子。

如果偏信妻子不负责任的话，而违背父母的意志，或虐待子女，这就不是一个有责任心、正直的男人应当有的行为。如果把钱财看得很重，甚至对父母的生活费用都一再克扣，这就突破了为人子女的底线。

嫁女择佳婿，毋索重聘；娶妇求淑女，毋计厚奁。

女儿到了待嫁的年龄之后，一定要选择品行端正、有进取心的女婿，不可以向男方索要太多的聘金。儿子到了该娶妻子的年龄之后，需要选择一位贤惠懂事、品行端正的女孩，不要计较对方是不是会带来丰厚的嫁妆。

见富贵而生谄容者，最可耻；见贫穷而作骄态者，贱莫甚。

见到有钱有势的人就做出一副拍马屁的样子，这种人是最可耻的；见到穷人就做出一副傲慢无礼的样子，这种人真是下贱到了极点。

居家戒争讼，讼则终凶；处世戒多言，言多必失。

居家过日子难免要跟别人交往，在交往过程中，应当尽可能忍让，避免与人争吵，更不能争斗和打官司。在人与人之间的交往过程中，语言是沟通的主要工具，但话不能说得太多。如果话说得太多，必然会顾此失彼，或疏于考虑，随口说出了不应当说的话，结果不但得罪了人，还可能给自己惹上麻烦。

毋恃势力而凌逼孤寡，毋贪口腹而恣杀牲禽。

不能凭着自己有钱有势，就去欺侮或逼迫无依无靠的孤儿寡母；不能为了满足食欲，就肆意屠杀牲畜和家禽。

乖僻自是，悔误必多；颓惰自甘，家道难成。

"乖"，不和谐。"僻"，不畅通。"乖僻"，形容一个人言行怪异。性情古怪偏激，言行孤僻不合众的人，常常会自认为他的所作所为都是对的，但是在事后往往因发现自己错了而后悔；如果一个人精神颓废，萎靡不振，又不想做事，而自己还觉得这样的日子过得挺舒服的，那么他的家境一定会每况愈下。

狎昵恶少，久必受其累；屈志老成，急则可相倚。

"狎昵"，不拘礼节的亲近。"恶少"，行为不良的少年。"屈志"，委屈自己的心志，这里是指恭敬自谦，虚心的人。如果和不良少年很亲密地交往，日子久了，时间长了，必然会受到他的影响，甚至被他牵连拖累；对于恭敬自谦，虚心的人，要主动地和他们亲近、交往，一旦遇到紧急疑难的事情，就可以靠他们的指导、帮助来解决。

轻听发言，安知非人之谮诉？当忍耐三思；因事相争，安知非我之不是？须平心再想。

"轻听"，轻信。"发言"，发表自己的意见。"谮"，用虚构的言辞诬陷别人。"诉"，诉说。"谮诉"，挑拨是非的话。轻信了他人的话，不加以思考和求证，就发表自己的意见，怎么就能知道不是别人在挑拨是非，故意说人家的坏话呢？在这种情况下，应当再三思考，推敲人家说话的用意。如果因为一点事情，就和别人发生了争执，怎么知道不是自己的不对呢？在这种情况下，一定要先进行自我反省。

施惠无念，受恩莫忘。

给了别人一些好处，应当忘记，不要念念不忘，希望别人报答；接受了别人的好处，不能忘记，要牢牢记住，只要有机会，就一定要报答。

凡事当留余地，得意不宜再往。

不论做任何事情，都不要做绝了，应当留些余地，以便有回旋的空间；不论处事做人，达到称心如意的时候，就应当知足，不能再进一步，或再做一次，更不能贪得无厌。

人有喜庆，不可生妒忌心；人有祸患，不可生喜幸心。

别人有了可喜可贺的事情，不能因为别人得到了好处而自己没有得到，就嫉妒、憎恨人家；别人发生了灾祸，或遭遇了困难的时候，一定不能因为自己平安无事而有幸灾乐祸的心理。

善欲人见，不是真善；恶恐人知，便是大恶。

如果做了好事就希望被别人看见，这完全是沽名钓誉的行为，不是为了做善事而行善的真善。做了坏事担心被别人知道而加以掩饰，这就是处心积虑地做坏事，那便是罪大恶极了。

见色而起淫心，报在妻女；匿怨而用暗箭，祸延子孙。

看见漂亮的女性，心头就产生邪念的男人，将来的报应一定会发生在他的妻子和女儿身上；心中记恨别人，暗中设计陷害别人，这会给子孙留下祸根。

家门和顺，虽饔飧不继，亦有余欢；国课早完，即囊橐无余，自得至乐。

"饔"，早餐。"飧"，晚餐。"国课"，国家向人民征收的赋税。"囊"，大袋子。"橐"，小袋子。如果家里的人能和睦相处，平安顺利地过日子，就算是穷得吃了早饭没晚饭吃，也会觉得欢乐无穷；家庭成员应当给政府缴纳的税赋要尽早缴纳完毕，在缴纳完税赋以后，就算是口袋里没有剩余的钱粮，也会有无债一身轻的快乐感觉。

读书志在圣贤，非徒科第；为官心存君国，岂计身家。

读书的目的是陶冶品德，做一个道德高尚、学问渊博的人，而不是一心为了参加科举考试博取功名；做官就应当把心思放在如何为大众服务，如何热爱国家上，哪能计较自身的安乐和家庭的利益。

守分安命，顺时听天。为人若此，庶乎近焉。

要安守本分，把自己应该做的事情努力做好，千万不要希望在应得的东西以外再得到什么。要顺从时代潮流，听其自然发展，不可以违背时势，强求意外的成就。做人的时候，如果这份家训上所要求的都能做到，那么道德、学问就接近古代圣贤的境界了。

（二）内容概括

仔细读完《朱子治家格言》里的每个字，我感觉到这篇家训就像一位老诚温厚的高龄长辈把治家、处世之道，用通俗易懂的言语，向一大群晚辈娓娓道来的言语的真实记录。归纳起来，《朱子治家格言》的内容主要有以下几个方面：

第一，要求勤俭、忠厚治家。在父亲殉难之后，母亲年迈多病，弟弟妹妹又年幼，生活非常拮据，朱柏庐勇敢地挑起养家的重担。他深刻地意识到勤俭治家的重要性。全篇五百余字，其中规劝子孙勤俭、忠厚的内容就有三百余字，超过全文的一半，完全可以说勤俭、忠厚治家是《朱子治家格言》的核心内容。《朱子治家格言》开头即云："黎明即起，洒扫庭除，要内外整洁。"这看似平常的一件小事，其实是我们的生活良方。人们在打扫、整理家庭的同时，陶冶了自身的情操，当把家里打扫整洁后，看着干净有序的环境，整个人的心情都会豁然开朗，这是勤劳最直接的好处。

朱柏庐要求子孙简朴持家。《朱子治家格言》分别从生活用品、饮食习惯，从不造华屋、不贪图良田，到不雇俊美的男仆、妻妾不化浓妆等，反反复复告诫子孙要懂得节制，学会俭朴。

朱柏庐告诫子孙不能忘本，要忠厚持家，"祖宗虽远，祭祀不可不诚"，强调对祖宗的敬畏之心应常存心中，祭祀时一定要诚敬，这是忠厚的表现。

第二，注重家庭的和顺、和睦。在朱柏庐看来，伦常是维系家门和顺最重要的条件，如果家中的伦常出现了混乱，家庭可能很快就会走向衰败。家庭的伦理关系出现混乱表现在很多方面，比如轻信妇人之言而破坏了骨肉亲情，过分看重钱财而怠慢父母等。因此，他在家训中告诫其子孙应该恪守伦常，各安其分，重视亲情。婚姻是家门和顺的重要表现，婚姻首先应该看重男女双方的人品，而不应该看重对方钱财的多少。

为了保证家庭的和睦，朱柏庐认为对家人不能过于刻薄，要"分多润寡"，更不能为了家庭琐事就你来我往地争吵不休，甚至吵得要打官司，结果肯定是大家都会受到伤害。家庭成员一定要宽厚互助，少争吵，多为他人考虑，这样才能做到家门和顺、家庭和睦。

要求子孙处世时宽厚友善、谨言慎行。朱柏庐告诫子孙要待人宽厚友善，与人为善。不管是对家人、对下人、对亲朋、对肩挑贸易者，还是对"穷苦亲邻"，都要秉持勿刻薄、多温恤的态度。

朱柏庐要求子孙尽量做到谨言慎行。处世一定不要多说话，更不要说人是非；话说多了很有可能会说错话，从而招来不必要的麻烦。不要轻易听信他人的话，听别人说话后要多想一想再去处理。如果与人因某件事起了争执，要心平气和地反思一下，是不是因为自己的错误造成的。

第三，要求子孙择友而交。交友必须谨慎，不能跟品行恶劣的年轻无赖交朋友，如果和这种人在一起，必然会被他们连累、影响，应该虚心地与那些阅历丰富、办事老实、规矩稳重的人交往。交朋友的时候，一定不能用金钱、权势作为衡量标准。

朱柏庐要求子孙树立起通过读书实现治国平天下的理想。他提出，读书的目的是学习圣贤之道，而不仅仅是为了考科举做官；即便是做官，也不是为了自身的荣华富贵，而是为了国家天下。因此，他要求子孙读《四书》《五经》等儒家经典。

读书时，朱柏庐认为不但要记住书中的章节和句子，而且要理解书中的义理。他认为那些为了功名利禄的人虽然也会去理解书中的义理，但主要目的是为了能写出好的应试文章。而为了做好人去读书的人则与之正好相反，他们在理解了书中的义理之后，则将其转化为自己的内在修养。

在注重读书方法的同时，朱柏庐又把书分为四个等级，小说、杂剧这类书是不祥之书，最是"自误并误子弟"，应当舍弃不读；"诗词歌赋"也是无关紧要的书；平常之人应该读《孝经》《小学》等书；那些"兼通六经及性理纲目、大学衍义诸书"才是上等之学。在朱柏庐看来，子孙们即便不学上等之学，平时也要多读第三种书，读书的同时能"身体而力行之"，就能成为好人。只要实实在在地读书，精通其义理，考取举人、进士就是手到擒来的事。即便是自己考不上，将来对子孙后世的读书应试也是有帮助的。

《朱子治家格言》在我国家教发展的历史上，虽然出现时间比较晚，但后来居上，它不但内容通俗易懂，篇幅短小，容易记诵，而且全篇用对偶句写成，每一句都由形式整齐、两两对偶的上下句组成，读起来顺口，听起来悦耳，很容易引起人们阅读的兴趣。这使得《朱子治家格言》自成篇以来，走出朱氏家族的小圈子，广泛地应用于蒙童教学中，风行全国。不仅如此，这份家训中"一粥一饭，当思来之不易""施惠无念，受恩莫忘"等名言警句，依然能在如今的街头巷尾、报纸杂志上随处可见。时至今日，《朱子治家格言》仍然对开展家教具有重要的借鉴意义。

三、张英为世家宦族家教的典范

清代有一首诗尽管不是出自诗词名家之手，但是流传却非常广，这首诗是："一纸书来只为墙，让他三尺又何妨？万里长城今犹在，不见当年秦始皇。"这首诗说的是清朝名臣张英让家人主动让出三尺地基，原本与张家争地基的人家也让出三尺，使两家进出的巷子达到六尺宽，"六尺巷"由此得名。六尺巷至今依然在，位于安徽桐城，是一个重要景点，吸引了不少参观者前往参观。从这个故事中，我们可以看到张英家教家风中的礼让之风。

张英（1637—1708），字敦复，号乐圃，安徽桐城人。康熙六年（1667）中进士，为康熙皇帝所信任，官至文华殿大学士兼礼部尚书，死后谥号"文端"，赠太子太傅。一生著作颇丰，其中《聪训斋语》《恒产琐言》是反映张英家教思想的重要文献。

《聪训斋语》按照写作时间的先后顺序分为两卷，卷一写于康熙三十六年张英在北京做官时，主要用来训示长子张廷瓒，正如张廷瓒所言："大人退食之暇，随所欲言，取素笺书之，得八十四幅，示长男廷瓒。"（《聪训斋语》卷一）卷二写于张英辞官归乡之后，主要是为训示四子张廷璐所作，以"读书者不贱""积德者不倾""择交者不败"为主要内容，来教育子孙后辈。

《恒产琐言》是张英治生思想的总结，内容围绕"守田者不败"展开，旨在教给子辈守田以及居家节用之法。

（一）教子处世和齐家之道

长期身居高位的张英对于儿子们的处世之道非常重视。择友是处世之道的重要内容，张英认为择良友是子辈能否实现保家的重要条件。在张英看来，人在二十岁左右的时候，心智逐渐开化，大多数已经成家立室，逐渐远离老师、父母的管教，却唯独把朋友之言视为像美酒一样，很愿意听朋友的话，而不大愿意听父母、老师的话。

但由于这个年龄段的人价值观并没有完全建立起来，见识也不成熟，很容易受到朋友言行的影响，如果不慎结交了淫朋匪友，难免不受他们的影响。在张英看来，匪友之于人，就像毒泉哑草，如"鸩之入口，蛇之螫肤，断断不易"（《聪训斋语》卷一），因此，应当避而远之。交朋友必须选择贤者，这种朋友人数不在多，如果能寻找到德行谨厚、读书好学的人，只要两三人就足够了。交友必然少不了酒食之费、应酬之扰、借贷之资、关说救援、争讼外辱之事，凡事崇尚节俭的张英对这些都是极力反对的。仕宦子弟，生来就衣食无忧，交朋友的时候，应与朋友在进德修业等方面互相切磋，以求共同进步。年轻人应将时间、精力更多地用在加强修身和读书应试上。假如在这一时间段终日与朋友嬉戏游玩、谈论政治，就会耗费精神，最终会荒废学业，甚至会滋生是非，得不偿失。张英的择友观对我们现在的年轻人结交朋友还有很积极的借鉴意义的。

张英还主张有"终身让路，不失尺寸"（《聪训斋语》卷二）的谦逊礼让的处世之道。他一生谨慎守礼，奉行谦逊礼让、不为人先、不与人争的处事原则。他训示后辈，仕宦子弟本来就比普通人家条件更加优越，待人接物更应谦逊礼让，不为人先，才可以称为"守理"。如果后辈不能以此自警，自恃家道殷实而产生骄傲自满的情绪，那么最终的结果就只能是咎由自取。他告诫子弟要以退为进，薄己厚人，退身让人才不会跟别人结怨，上文说的六尺巷的故事就是张英谦逊礼让的典型事例。应该说，这是张英三十余年仕宦生涯悟出的处世之道。

张廷玉深受父亲张英思想的影响，继承了谦逊礼让的家风。据方濬师《蕉轩随录》卷九《让探花》记载，雍正十一年（1733）癸丑科殿试结束，读卷大臣评阅完试卷之后，把他们初步确定的前十名的试卷进呈给雍正皇帝看，由他钦定前十名的最后名次。雍正皇帝发现读卷大臣预先取为第五名的试卷，不但馆阁体的楷体字写得非常好，而且答卷的内容也颇有古大臣之风，遂将这份试卷定为第三名，即取为殿试第三名探花。由于殿试卷是密封的，雍正皇帝看不到考生的名字，不知道这份试卷是谁的。等到拆开密封，雍正皇帝才知道这是大学士张廷玉的儿子张若霭的，因此特意派人去张廷玉家，恭喜张家又有一人高中探花，并且说这只是张廷玉一家的荣耀，也是值得举国庆祝的大事。让雍正皇帝万万没有想到的是，张廷玉以"我家已备受恩荣"为由，坚决推辞探花，要把探花让给更需要这一荣耀的天下寒士，也希望借此给张若霭一个求上进的机会。雍正皇帝见张廷玉言辞恳切，勉强答应了他的请求，将张若霭改为二甲第一名，将原拟二甲第一名沈文镐改为一甲第三名探花，并颁布谕旨，对张廷玉代儿子辞让探花之举予以表扬。

教子齐家之法是张英家教思想的另一个重要内容。在张英看来，孝敬父母的关键莫过于让父母安心。子辈要孝顺父母，首先应保持自身的身体健康，以免让父母担忧，尤其是在朝为官或是在外经商的后辈，因为与父母长期不见面，唯有保重自己的身体，才是对父母最起码的宽慰。不仅如此，为了能做到让父母安心，在外的子女应当经常与父母沟通交流，以消除父母的担忧。张英教导子辈，家里的事情，无论大小，都应经常向父母汇报，"以慰老怀"。在张英的教导下，张廷玉不但将每天的生活琐事记在日记中，而且无论是个人出行的见闻，还是日常生活饮食等，都会写信告诉父亲，"且每岁扈从避暑塞外，凡口外山川形胜，风土人物，以及道里之远近，气候之凉燠，草木之华实，饮食日用之微，游览登眺，寓目适情之趣，悉载日记中。越数日，邮寄数纸，以博堂上之一笑"（《澄怀园语》卷二）。

在儒家强调的五伦人际关系中，较之于君臣、父子、夫妻、朋友之情，兄弟相处时间为最长，张英认为"惟兄弟或一二年，或三四年，相继而生，自竹马游戏，以致鲐背鹤发，其相与周旋，多者至七八十年之久"（《聪训斋语》卷二）。这里的"鲐背"是九十岁的别称。兄妹从小相处，如果能活到九十岁，那么可以相处七八十年，远远超过与父母相处的时间。为此，张英告诫子辈，"交让虽分叶，连枝本一身"（《笃素堂诗集》卷二《寄和三兄三首》）。兄弟姊妹之间应"恩意浃洽，猜间不生"（《聪训斋语》卷二）。兄弟姊妹不要有猜忌，要融洽相处，这实在是人生一大乐事。在中国古代家教中，如此强调兄弟姊妹关系的实在不多见。

在家中排行第五的张英，自幼除了与父亲张秉彝的打铁声相伴外，便是与兄弟们的朝夕相处了。张英兄弟四人，长兄张杰品性方正纯良，一生未仕，是幼时陪张英最多的。对于年幼的张英来说，张杰既是兄长，也是老师，兄弟俩经常在山间、篱笆旁嬉戏游玩、吟诵诗文。长年的兄弟相伴，使得张英对于这份浓浓的兄弟之情非常惦念，在他所作的诗文中，有不少是怀念兄弟情谊的。一般来说，兄弟姊妹成年后，就各奔东西，很难朝夕相处。但张英却十分看重兄弟姊妹之间的这份亲情，并将之作为他远在异乡的精神依托。他经常与兄弟姊妹互通书信，"骨肉如相念，裁书莫厌迟"（《存诚堂诗集》卷十五《寄仲姊三首》）。在张英看来，兄弟姊妹之间的情谊除了相互理解、陪伴之外，更重要的是应相互提携，互相砥砺劝勉。他在《寄仲姊三首》中，建议二姊一定不要荒废读书作诗，要"礼遵慈母训，诗续大家篇"，这样一方面使她所学诗文不至于荒废，另一方面也可保张氏为学之风不坠。"读书兼教弟"，既是张英为父亲分担教育责任的孝心体现，也是他与家中兄弟姊妹互相劝勉的重要途径和相处之道。

为实现齐家，张英认为家庭成员必须谨肃，他说："治家之道，谨肃为要。"（《聪训斋语》卷二）谨，谨慎、小心。肃，恭敬。他在《聪训斋语》中警示后辈，居家行事应该要严肃、谨慎，甚至需要有些冷酷，虽然这看起来是过于严厉，但最终对居家、治家是有益的；反之，如果家庭成员整天嘻嘻哈哈，放纵安逸，则势必出现刚开始是宽松的，结果是无法收拾的局面，这会令人悔恨不已。据张廷玉回忆，张英一直以这种"不苟言，不苟笑，一举一动，系遵矩矱"（《澄怀园语》卷二）的居家谨肃之风对子辈进行悉心教导。

张英认为齐家之道，还在"惟肃乃雍"（《聪训斋语》卷二）。"肃"，肃穆、庄严。"雍"，和睦、和谐。只有质朴，家庭才能和睦、和谐。和谐家庭氛围的养成还应顺应自然淳朴之道，张英作对联告诫后辈："万类相感以诚，造物最忌者巧。"（《澄怀园语》卷一）居家立身应该遵守基本的规矩，一定不能有猎奇之心，不能有怪异的言谈举止。他坚持"得中之道"，主张要重视伦常之理，在起居、治家、接人、待物等方面都要依理而行，不能违反、违背，只有这样，他的行为才会被视为圣贤之举。他反对刻意将非常普通、平凡的事，借怪诞不经的言谈举止表现出来，在张英看来，这称不上是"不坠恒境"（不落窠臼）之行，而是"守偏文过"（追求不正之事物，掩饰错误）之举。

身居高位的张英认为"人生于珍异之物，绝不可好"，这里所谓"珍异"，大概就是指奇珍异宝，古董文物之类的价值、价格极高的东西。他之所以反对子孙喜欢、收藏"珍异"，主要原因有：

首先，珍异之物不容易保存、保管。与一般的物品相比，珍异之物很容易给持有者带来额外的负担。张英以上等瓷器为例，说家里的奴仆在手捧珍贵瓷器的时候，由于这些珍贵的瓷器显得脆薄，加上奴仆总是格外小心谨慎，反而容易被打碎。但是，如果奴仆手里拿着厚重的，而且价值不高的瓷器，即便是不小心摔跤打碎了，也没有什么可惜的。不仅如此，如果家里有珍贵的瓷器摆出来，无论是宾客还是主人，总是提心吊胆，担心打碎了，反而影响宾主之间的感情交流。

其次，这些珍异之物实际上容易招致祸端。张英指出，珍异之物在获取的时候，往往要花大价钱，动辄千金，可是等到要出售的时候，可能一文不值。不仅如此，珍异之物历来都是真假难辨，很容易被偷、被换，如果没有非常强的鉴别能力，以伪为真，以重金购买赝品，确实非常可惜。

再次，持有这些珍异之物的主人死了之后，一定会有权贵之家登门求索，还有不少人觊觎，这又何尝不是给后世子孙带来无穷无尽的烦扰呢？这一观点，不仅对于身居高位的张氏家族成员来说具有相当现实的意义，而且对于我们现在一部分喜欢收藏文物的官员、富商也有一定的启发作用。

（二）教子读书和治生之法

通过读书应试中进士，张英改变了自己和张氏家族的命运。之后，在为官期间，他又笔耕不辍，著书立说不断。正因为有这样的经历，他对子辈们读书为文的要求十分严格。张英在《聪训斋语》中告诫子辈，读书应试是继家声的重要途径，他说："父母之爱子，第一望其康宁，第二冀其成名，第三愿其保家。"在张英看来，如果子辈能科举高中，光耀门楣，就是回馈父母之爱的最好方式。

在能博取科举功名之外，张英认为读书还有一大好处是有益于修养"道心"，提升自己的道德修养。张英提出读书"为颐养第一事也"。读书可以使人的耳目、内心皆有所着落，不致于终日惶惶无所适，而且多读书可以增长人的阅历，帮助人们从先贤总结的处世方法中学到不少人生经验，以便在日常的生活、工作中更为理性地对待所遇到的种种事情。张英特别强调，尤其是身处逆境时，从书中学到的经验可以让人平心静观，消除心中原有的嗔、忿、怨、念。

之所以如此注重子辈的道德修养，与张英"积德者不倾"的观点密切相关。在张英看来，像子辈们这种仕宦子弟不同于普通寒士，他们在德行养成的教育方面要更加严格要求。张英在训示子辈时说，作为高门子弟，一生下来就过着非常优裕的生活，席丰履厚，乘舆趋肥，应当在言谈举止方面要比普通寒士更加敦厚谦谨、慎言守礼，只有这样，才可能真正成为"性情不乖戾，不溪刻，不褊狭，不暴躁，不移情于纷华，不生嗔于冷暖"的有德之人。张英要求子辈在日常生活中不可自视甚高，应当谦谨有加，尤其是对乡里商贩、家用僮仆等所谓的"下一等"人，一定不要轻视他们，在钱财上也不要有丝毫的怠慢，在精神上也要照顾周全。张英以自己生性疏懒、忌惮于迎合奉承作为反面经验，警示子辈要勤于交流，积极疏通与"下一等"人的关系。

既然读书有如此大的裨益，那么应当如何读书呢？

张英总结了两个方面的经验：首先，应多读熟文，也就是历代优秀科举应试范文。读书作文在数量上不可贪多，不要太追求广博，只有掌握范文的绝妙精神，使其内化于心，这样才能在应试作文时，不至于"思常窒而不灵，词常窘而不裕，意常枯而不润"。其次，根据个体生理、心理和智力发展的规律和人生所处的不同发展阶段，研读的文章书目等也应当各有侧重。比如人在幼年时，虽然还不具备辨识事物的能力，但思想单纯，精神专一，记忆力极佳，读过的书可以很多年都不会忘记。所以在这一年龄段，应以六经、秦汉时文这类行文深奥的书籍文章作为主要诵读对象。八岁到二十岁之间为人生读书最为关键切要的时期，应当研读典雅醇正、理纯词裕之类的文章，因为这类义理辞章是日后读书应试过程中作文的基础。在张英的教育下，其子张廷璐十岁就能诵读《尚书》《毛诗》，张英非常高兴，在《玉儿十龄能诵尚书毛诗喜赋二首》诗中写道："已通《典诰》兼《风雅》，远胜而翁十岁时。"

他在要求儿子们读书兴科举、继家声之外，对女儿读书、作诗也没有丝毫松懈。在给女儿的《寄三女》家诗中写道："稚女关情久别离，吾家道韫解吟诗。""道韫"，就是谢道韫，她是东晋时期的著名女诗人，为宰相谢安的侄女，安西将军谢奕的女儿，著名书法家王羲之次子王凝之的妻子。张英这是在教导女儿，即使嫁给别人做妻子，也仍然要以谢道韫这样的才女为榜样，坚持读诗作文。

与大多数思想家、家教践行者主要培养孩子道德、知识不同，张英家教思想另一个突出的特点是治生。《恒产琐言》是单独成篇章的论及治生思想的家教文献。张英遵循传统儒家治生思想，推行重"谋道"而轻"谋生"的治生理念。

首先，他认为田产可以保值，可以传承，因此应将田产作为居家收入的主要来源。在张英看来，世间之物，最初获得的时候，往往都需要花费重金，可是若干年之后，大多数都难逃由新转旧，进而转废的命运，但是唯有田产不会因时间变化让它的价值有任何减损，纵使数十年、百年不去耕种也不会废掉，只需重新施肥灌溉，就可恢复如初。因此守护祖辈所遗留的田产是子辈守家、保家的体现。

其次，与其他产业相比较，田产是最安全的。他说："天下货财所积，则时时有水火、盗贼之忧，至珍异之物，尤易招尤速祸。"而田产则不然，"虽有强暴之人，不能竟夺尺寸；虽有万钧之力，亦不能负之而趋"。所以田产不惧水火、不忧盗贼，而且可为世代世袭，易保值。

再次，与房租相比较，田租的收取是比较容易的。房租的收取对于租户而言是取其所无，加之租房子的商贾之人大多奸诈狡猾，一般不会愿意主动交付房租。而田租则是取农户之所有，加之农户多是朴实善良之辈，所以田租的收取也较为容易。

正因为如此，张英反对子辈做放债收息、经商贸易等事。他认为借贷、经贸的行为都是取之于人，而不是取之于地的事情。放债收息容易招致"怨于心，德于色"；经商贸易的时候，千万不能鬻（卖）田经商。无论是聪明能干之人还是愚笨颠顸之人，如果卖田经商，最终也逃不过败家的命运，所以这是子辈万万不能犯的大错。大多数要变卖田产的人，是因为负债后不得已而为之，而负债又往往是由于他们奢侈浪费、不善计划开支所导致的。因此，张英提出唯有从源头杜绝负债产生的可能，子辈们才不致变卖田产。张英非常强调节俭，力主宁可居家简陋寒酸，也不能因为奢侈浪费而负债。

身为高官的张英身体力行，归乡之后，不穿绸缎衣服、不吃人参。节俭的关键远不止在钱财、物力等方面节用有度，更重要的是在立身行事方面有所克制。张英告诫子辈应俭于饮食、俭于嗜欲、俭于言语、俭于思虑、俭于交游、俭于酬酢、俭于夜游、俭于饮酒等，惟其如此，才可能调养脾胃、聚气凝神、养气息非、蠲烦去扰、择友寡过、养身息劳、清心养德、安神舒体，这样必然对适体养性、进德修身大有裨益。由此可见，张英提倡的节俭，不仅是一种治生的方法，也是一种修身理念。

在如何做到节俭的具体办法上，张英效仿苏轼和陆象山居家节用的办法，将一年的花费分成十二份，并将每月所剩费用另作一份，或者作为应急之用，或者等到年底的时候用来周济贫困亲戚、乡党等，这种做法既可以在小处节俭处己，又能在外积善行德，非常符合他将治生与修身结合起来的思想。

在主张节俭的同时，张英又反对敛财、聚财，他将义田所得收入用来补贴整个家族的开销。张英在《聪训斋语》中告诫儿子："能多做好事一两件，其乐逾于日享大烹之奉多矣。"在他的教育下，其子张廷玉多次捐款修建家乡的紫来桥，造福于桐城的乡亲父老。张氏后辈相继设笃素公田、息济田、广惠田帮助当地的贫困者。每逢水旱灾年，张氏家族便设棚舍煮粥，接济流民饥民。

（三）家教对张氏家族的影响

在张英的家教影响下，张氏子孙无论在科举功名，还是人格、事功方面的表现都非常突出。张英与妻子姚氏共育有六子，其中四个儿子高中进士。长子张廷瓒，康熙十八年（1679）考中进士之后，授翰林院编修，历任日讲起居注官、詹事府少詹事，多次主持乡试，能秉公取士，选拔宿学之士，曾获康熙皇帝赐御膳、匾额等奖励。次子张廷玉中进士后，历官康熙、雍正和乾隆三朝，成为一代名臣。三子张廷璐，康熙五十七年榜眼及第，后入职南书房。雍正元年（1723），奉命主持福建乡试。雍正七年官至礼部侍郎，督江苏学政。因其德行淳厚，奖掖后学，多次为朝廷举荐贤才，得"三朝旧臣，后进楷模"的美誉。康熙皇帝曾当面称赞张廷玉、张廷璐兄弟说："汝兄弟其不愧家风矣。"四子张廷璪，雍正六年进士及第后，授编修，充日讲起居注官，后晋升为詹事府詹事，官至礼部侍郎。张廷璪为人敦笃诚朴，因病辞职告归后，便在家中赋咏吟读，教授诸子孙。他谨遵父亲的教诲，广施仁爱以善亲善邻，如添置族田、公田以接济乡党亲族。每逢水旱灾年，便设棚舍施粥以接济流民饥客。

在张英的儿子辈中，张廷玉是一代治世名臣。他的成就与家教，尤其与父母的言传身教是分不开的。张廷玉著有《澄怀园语》四卷，一共二百五十余条，以日月为先后次序，这是张廷玉一生不忘父训，终身诵读张英所撰《聪训斋语》，并根据自己做官、为人、处世的经验，及读书所得撰写的一本家训，主要用来训示子侄。张廷玉居住在雍正皇帝所赐的澄怀园中，又仿其父张英的《聪训斋语》，故取《澄怀园语》作为书名。他在乾隆十一年（1746）所写的《自序》中说：

> 先公诗文集外，杂著内有《聪训斋语》二卷以示子孙，廷玉终身诵之。雍正戊申、己酉间，扈从西郊，蒙恩赐居"澄怀园"，五侄筠随往，课两儿读书。予退直之暇，谈诵所及，侄逐日纪录，得数十条，曰："此可继《聪训斋语》曰《澄怀园语》也。"

《澄怀园语》是张廷玉继其父《聪训斋语》之后，明清仕宦家教文献的又一代表作。可以说，张廷玉的家教思想是张英的家教思想的延续。

张廷玉受他父亲张英的影响很深，受母亲姚氏的影响也非常大。姚氏是清初名臣姚文然的女儿，以贤淑见称。张英中进士做官后，家中仍不富裕。有一年张英担任会试同考官，进入贡院（科举的专用考场，明清乡试、会试需在贡院举行），半月未归，家里都揭不开锅了，姚氏只好用家里所剩之米做米汤，才不至于断粮。张廷玉兄弟做官以后，姚氏告诫他们做官一定要遵守"谨"字。姚氏跟随张英在北京住了二十多年，谦慎好善。她的贤淑美名传至内宫，康熙皇帝有一天对大臣们说："张廷玉兄弟，母教之有素，不独父训也。"（马其昶《桐城耆旧传》）可见母亲姚氏对他的影响之大。

张廷玉自幼生活在父母身边，耳濡目染，得益良多。张廷玉继承清白家风，又将这种家风传承下去，他教育其子辈："果能尊敬其父祖，当以服习教训为先。"在张廷玉的教育下，长子张若霭于雍正十一年考中二甲第一名进士（本为一甲第三名进士，后"辞让探花"，详见前文），被破例授编修，充日讲起居注官，后擢升至内阁学士兼礼部侍郎。二子张若澄于乾隆十年（1745）考中进士，朝考被选翰林院庶吉士。乾隆十二年授翰林院编修并入值南书房，历官至内阁学士，与长兄张若霭皆以书画闻名。三子张若淳虽然没有考中进士，但是以贡生身份授刑部主事，充军机章京，再迁郎中，累官至兵部尚书、刑部尚书。

桐城张氏一族贵胄满朝，大多行事清白，不受贿赂，不贪御赐帑金等。雍正皇帝对张廷玉谨遵父训的做法给予充分的肯定，上谕云："汝父清白传家，汝遵守家训，屏绝馈遗。"（《郎潜纪闻初笔》卷十三《赐金园》）张英通过对子辈立品、读书、交友、养身、治生等方面的教化和熏陶，成就了桐城张氏一族及其后辈科第传家、世代为仕的盛况。据学者研究，在明清两代，张氏家族出了二十五名进士，四十七名举人，四百八十三名贡生和监生，共计有五百五十四名。张氏家族在京城、乡里誉称四起，以致时人称赞："自祖父至曾玄十二人，先后列侍从，跻鼎贵，玉堂谱里，世系蝉联，门阀之清华，殆可空前绝后已。"（《郎潜纪闻初笔》卷五《桐城张氏六代翰林》）自张英、张廷玉后，张氏后裔相继为宦者，以数十百计，"一门之内，祖父子孙先后相继入直南书房，自康熙至乾隆，经数十年之久，此他氏所未有也"（吴振棫《养吉斋丛录》卷四）。张氏家族之所以能如此显赫，与张英、张廷玉的家教思想和实践是分不开的。

张英的家教思想不仅影响到张氏子孙，而且还对清朝仕宦之家的治家也产生了直接的影响。清代以家风家教闻名于世的"中兴四大名臣"之一的曾国藩，在家书中前后五次对张英的《聪训斋语》给予肯定。他认为《聪训斋语》是张英的肺腑之言，因此要求儿子曾纪泽、曾纪鸿读这本书，比如他在同治四年（1865）闰五月十九日写给儿子曾纪泽的家书中说："张文端（英）《聪训斋语》作于承平之世，所以教家者极精。尔兄弟各觅一册，常常阅习，则日进矣。"（《谕纪泽》）曾国藩要求儿子人手一本《聪训斋语》，每天都进行诵读，以提高自己。不仅要求儿子读《聪训斋语》，而且还要求侄儿们读这本书，同治四年九月二十五日在给弟弟的信中提到这一点，他说："张文瑞（端）公家训一本，寄交纪渠侄省览。渠侄恭敬谦和，德性大进，朱金权亦盛称之。将来后辈八人，每人各给一本。"（《致澄弟沅弟》）除曾国藩之外，清末王师晋、吴仁杰、陆以湉等人都深受张英家教思想的影响。

张英家教之所以能有如此大的影响，究其原因，在于他根据自己子弟的实际情况，进行谦恭守分教育，抑制了官宦子弟常见的骄奢之习，为子弟的立身和从政打下了良好的基础，而这种家教家风是官宦家族长盛不衰的重要保障。

四、汪辉祖以《双节堂庸训》教子

汪辉祖（1730—1807），字焕曾，号龙庄，浙江萧山人。幼年丧父，家庭贫困，在生母徐氏与继母王氏的艰辛抚养下成人。在连续三次乡试失利后，乾隆十七年（1752），二十三岁的汪辉祖进入岳父、江苏松江府金山县县令王宗闵的帐下当了一名师爷，从业长达三十四年之久。由于萧山属于绍兴府，他因此被称为绍兴师爷的典型。三十九岁考中举人，四十六岁考中进士。五十八岁赴湖南宁远担任知县，四年后卸任。之后担任道州知州一年，六十三岁致仕回乡。无论是为幕僚，还是做县令、知州，汪辉祖都能做到清正廉洁，颇受好评。

汪辉祖在《双节堂庸训·自序》中说："《双节堂庸训》者，龙庄居士教其子孙之所作也……居士扃户养疴，日读《颜氏家训》《袁氏世范》，与儿辈讲求持身涉世之方，或揭其理，或证以事，凡先世嘉言媺行及生平师友渊源，时时乐为称道，口授手书，久而成帙。"《双节堂庸训》是他退休在家养病期间，读《颜氏家训》和《袁氏世范》之后，为教育子孙编写的。

为什么要取名《双节堂庸训》呢？"居士自少而壮而老，循轨就范，庸庸无奇行也。庸德庸言之外，概非所知，故名之曰《庸训》。冠以'双节堂'者，获免于大戾，禀二母训也。诸所为训，简质无文，皆从数十年体认为法、为戒，欲令世世子孙、妇稚可以通晓。"汪辉祖之所以取名"庸训"，是因为他自谦地认为此为平庸的家训；之所以取名"双节"，是因为自己是由生母徐氏与继母王氏两位"贞节"妇女抚养教育长大的。

《双节堂庸训》一共有二百一十九条，按照类别分为六卷，纲目清晰，便于阅读和理解。第一卷《述先》，记载汪氏家世与祖父母、父母的生平事迹；第二卷《律己》，专讲律己修身之道；第三卷《治家》，主要讲家庭管理之道及妇女品行：第四卷《应世》，主要是教育后代如何处世做人；第五卷《蕃后》，专门阐述教子之道；第六卷《述师述友》，记载师友事迹。

汪辉祖在县衙做幕僚三十余年，可以说是在社会的漩涡中翻滚，对其中的酸、甜、苦、辣，对官场的阴险、狠毒的体会是特别深的。四十六岁中进士之后，又做了知县、知州之类的基层地方官员，官场的磨炼使他的目光更尖锐、老辣，对世态炎凉、治家应世的认识更加入木三分。《双节堂庸训》成书时汪辉祖已经六十五岁了，其内容不仅来自"圣贤书"，更多的还来自"人间事"，使这部家教文献的内容不但相当全面，而且与传统家教思想有比较明显的差异。

在修身方面，汪辉祖认为人生的道路往往是不平坦的，为人要能经得起困境的考验。他告诫子弟：

> 人生自少至壮，罕有全履泰境者，惟耐的挫磨，方成豪
> 杰。不但贫贱是玉成之美，即富贵中亦不少困境。此处立不
> 定脚根，终非真实学问。（卷二《律己·须耐困境》）

不仅如此，汪辉祖还要求子弟严于律己、注意小节，因
为一招不慎，就会坏了自己的一世英名。他说："着新衣者，
恐有污染，时时爱护。一经垢玷，便不甚惜。至于浣亦留
痕，则听其敝矣。儒者，凛凛清操，无敢试以不肖之事。稍
不自谨，辄为人所持，其势必至于逾闲败检。故自爱之士，
不可有一毫自玷，当于小节先加严慎。"（卷二《律己·贵慎小节》）
这里用穿新衣服的感受为例子来说明，新衣服如果被弄脏
了，觉得非常可惜，即便洗干净了，也会留下痕迹，慢慢也
就变旧了，不好看了。汪辉祖这是告诉子孙要注意小节，以
免造成大错。

在治家方面，汪辉祖一方面强调持家要节俭，"不惟寒
素之家用财以节，幸处丰泰，尤当准入量出。一日多费十
钱，百日即多费千钱，'不节若则嗟若'。富家儿一败涂地，
皆由不知节用而起。"（卷三《治家·谨财用出入》）另一方面，又
认为不能过于吝啬："俭，美德也。俗以吝啬当之，误矣。省
所当省曰俭；不宜省而省，谓之吝啬。"（卷三《治家·俭与吝啬不
同》）省在可以省的地方是节俭，省在不当省的地方是吝啬。

关于子女教育，汪辉祖一反传统家教以父教为主的观
点，认为母亲应该在家教中扮演重要的角色。他指出：

妇人贤明，子女自然端淑。今虽胎教不讲，然子禀母气，一定之理。其母既无不孝不弟之念，又无非道非义之心，子女禀受端正，必无戾气。稍有知识，不导以诳语、引以詈人，后来蒙养较易。妇人不贤，子则无以裕其后，女则或以误其夫，故妇人关系最重。（卷三《治家·佳子弟多由母贤》）

母亲十月怀胎，子女遗传母亲之气，母亲如果是好的，那么孩子就容易教育了。汪辉祖又认为父严不如母严，他说：

家有严君，父母之谓也。自母主于慈，而严归于父矣。其实，子与母最近，子之所为，母无不知，遇事训诲，母教尤易。若母为护短，父安能尽知？至少成习惯，父始惩之于后，其势常有所不及。慈母多格，男有所恃也。故教子之法，父严不如母严。（卷五《蓄后·父严不如母严》）

他强调母亲在家教中的重要地位，这是比较有道理的，因为母亲和孩子应该是关系最亲密的，最了解孩子，如果母亲善于教子，会有意想不到的效果，这一点是十分有见地的。与司马光的"慈母败子"的观点不同之处在于，而汪辉祖认为母亲更能发现孩子的不足，严母的教育效果更好。

此外，《双节堂庸训》还有两点需要特别注意，第一是汪辉祖主张妇女要保全节操，丈夫死了之后，尽量不要改嫁。他说："妇人嫠居而能矢志不贰，或抚孤，或立后，其遇可矜，其行可敬，虽有遗资，总当善遇。若遭贫窭，更为无告，房族不幸而有是人，必须曲意保全，俾成完行。"（卷三《治家·保全节操》)但对于改嫁的寡妇，汪辉祖又能持一种宽容的态度，他说："秉节之妇，固当求所以保全之矣。其或性非坚定，不愿守贞，或势逼饥寒，万难终志，则嫠妇改适，功令亦所不禁，不妨听其自便，以通人纪之穷；强为之制，必有出于常理外者，转非美事。"（卷三《治家·无志秉节者不可强》）在当时整个社会深受"饿死事小，失节事大"理学思潮影响的情况下，汪辉祖认为寡妇实在因为生活困难，或者意志不坚定，也可以改嫁。他对女性的宽容、理解在这部家训中表现得非常清楚。

第二，汪辉祖虽然以幕僚起家，又以幕名见重于时，但他在家训却明确反对子孙以幕僚为业。他说："幕之为道，负荷甚重，必心术正、才识敏、周于虑、勤于力、廉于守、安于分者，方可为之。不则，逐响依声，误人自误。谚云：'作幕吃儿孙饭。'非幕之必损德也，乃不可为幕；而漫为之者，德必损也。"（卷五《蕃后·幕道不可轻学》）在汪辉祖看来，幕僚并不是仕宦正途，往往被别人看不起，因此他谆谆告诫子孙，要通过读书应试做官，这才是正途。"命运亨通，能由科第入仕固为美善；即命运否塞，借翰墨糊口，其途尚广，其品尚重。故治儒业者，不特为从宦之阶，亦资治生之术。"（卷五《蕃后·业儒亦治生之术》）在这里，汪辉祖强调能通过科举做官是最理想的，即便不能实现这一理想，只要有知识也可以谋生。

汪辉祖一生大半浪迹官场，对社会与人生有相当深刻的认识和了解，因此书中所谈的内容有相当一部分就是他本人的人生经验的概括与总结，因而具有重要的价值。

五、曾国藩以家教维系家族长盛不衰

曾国藩（1811—1872），原名子城，字伯涵，号涤生，湖南湘乡荷叶塘（今属湖南双峰）人。道光十八年（1838）中进士，改名曾国藩。曾任翰林学院检讨、内阁学士兼礼部侍郎、礼部右侍郎等职。咸丰二年（1852）底开始办团练，旋扩编为湘军，为湘军首领。累官至两江总督、直隶总督，授武英殿大学士，封一等毅勇侯。谥号"文正"。曾国藩在晚清有着极高的地位，与李鸿章、左宗棠、张之洞并称"晚清四大名臣"。与左宗棠、彭玉麟和胡林翼并称为"晚清中兴四大名臣"。

曾国藩留下的家教文献数量众多，主要有两种：一是从道光二十年（1840）到北京任官起，曾国藩所留下的一千五百多封家书。这些家书主要是写给祖父曾星冈，父亲曾麟书，四个弟弟曾国潢、曾国华、曾国荃和曾国葆，以及两个儿子曾纪泽、曾纪鸿的。二是从道光十九年正月初一日开始，到他去世前所写的一百三十余万字的日记。这些家教文献比较全面地展示了曾国藩的家教思想和实践。

（一）做读书明理之君子的家教思想

作为一位进士出身的高级官员，曾国藩通过读书应试，确实改变了曾氏家族五六百年以来都是农民出身的命运。但是，曾国藩要求家中的兄弟子侄不要把读书应试做官作为读书的首要目标，而是希望他们通过读书首先明白做人的道理，即"明理"，并且把学到的知识内化为修养，成为真正的君子。他在咸丰六年（1856）九月二十九日给儿子曾纪鸿的家书中说：

> 凡人多望子孙为大官，余不愿为大官，但愿为读书明理之君子。勤俭自持，习劳习苦，可以处乐，可以处约，此君子也。（《谕纪鸿》）

在曾国藩看来，不希望子孙做大官，自己也不愿意做大官，他教弟弟们读书的目的是明理，勤俭持家，要习惯于劳苦的生活，优越或艰苦的环境都能接受。只有这样，才能成为一个可以自立，不会有骄矜习气，品德高尚，有知识、有文化，对社会有贡献的君子。道光二十四年（1844）五月十二日，曾国藩在写给四个弟弟的家书中说："吾所望于诸弟者，不在科名之有无，第一则孝弟为端，其次则文章不朽。诸弟若果能自立，当务其大者远者，毋徒汲汲于进学也。"（《致澄弟温弟沅弟季弟》）"大者远者"在曾国藩看来即为孝悌，这是做人的基本道德；"小者近者"即为科名，这是现实的追求。因此，他主张读书的目的应将"明理"放在最重要的地位，之后再追求"有用"。

这一思想在道光二十二年（1842）九月十八日写给四个弟弟的信中再次得到体现：

> 吾辈读书，只有两事：一者进德之事，讲求乎诚正修齐之道，以图无忝所生；一者修业之事，操习乎记诵词章之术，以图自卫其身。（《致澄弟温弟沅弟季弟》）

曾国藩强调了读书有两大好处：第一，通过读书可以提升道德修养，可以实现儒家诚意、正心、修身和齐家之道，让人能区别于动物。第二，读书可以获得谋生的本领。"修业"就是通过寒窗苦读，谋取科举功名，让自己获得立身扬名的本领。应该说，前者是"明理"，后者是"有用"。道光二十四年（1844）八月二十九日写给弟弟们的信中，他强调：

> 吾人只有进德、修业两事靠得住。进德，则孝弟仁义是也；修业，则诗文作字是也。此二者由我作主，得尺则我之尺也，得寸则我之寸也。今日进一分德，便算积了一升谷；明日修一分业，又算余了一文钱；德业并增，则家私日起。至于功名富贵，悉由命定，丝毫不能自主。（《致澄弟温弟沅弟季弟》）

在这里，曾国藩强调，读书的目的是为了进德和修业这两件靠得住的人生大事。要修业，无疑必须刻苦读书。通过苦读搞好学业，既可以"自卫其身"，又可以使"家私日起也"，就是可以使家庭逐渐兴旺发达。

与"有用"相比，曾国藩强调读书的目的更在于"明理"。同治元年（1862）四月二十四日，曾国藩在写给曾纪泽和曾纪鸿的信中说：

> 人之气质，由于天生，本难改变，惟读书则可变化气质。古之精相法者，并言读书可以变换骨相。欲求变之之法，总须先立坚卓之志。（《谕纪泽纪鸿》）

读书可以改变一个人的气质，这就是我们常说的苏轼在《和董传留别》中的那句诗，"腹有诗书气自华"。不仅如此，曾国藩还告诉儿子们，古代精通相面的人说，读书可以让一个人的面相发生变化。很显然，曾国藩希望儿子们通过读书，提升自己的道德修养，实现"明理"。

到晚年，曾国藩希望子孙们通过读儒家圣贤之书能更清楚地明白人生之道。同治九年（1870）六月初四日，曾国藩在前往天津处理教案前，写给两个儿子的家书中说：

> 余生平略涉儒先之书，见圣贤教人修身，千言万语，而要以不忮不求为重。忮者，嫉贤害能，妒功争宠，所谓怠者不能修，忌者畏人修之类也。求者，贪利贪名，怀土怀惠，所谓未得患得，既得患失之类也。……余于此二者常加克治，恨尚未能扫除净尽。尔等欲心地干净，宜于此二者痛下工夫，并愿子孙世世戒之。（《谕纪泽纪鸿》）

"忮"，嫉妒贤能之士，陷害忠良。"求"，贪图名利，在利益面前斤斤计较。在曾国藩看来，"忮"在平时不常看见，而常常是在名誉、功业、势力、地位相同的人之间暴露出来。"求"平时也不常看见，而常常是在财物、仕途等利益发生冲突的时候暴露出来。要想造福于己，必先除去妒忌之心；要想养成好的品德，必先除去求取之心。妒忌之心不去，满心就都是烦恼；求取之心不去，满心都是卑污。虽然自己在这两点上经常加以克制，但是非常遗憾，还没有能够戒除干净。你们要想心地纯净，养成君子，就应当在这两点上痛下功夫，并且希望子孙后代能引以为戒。为了能让子孙做到不妒忌，不贪名利，真正通过读书成为明理的君子，曾国藩把自己写的《不忮诗》和《不求诗》附在这封信后面寄给他们，希望他们能认真学习。

在强调读书明理作为重要目的的同时，曾国藩并不反对兄弟、子侄读书应试，博取科举功名。作为一个进士及第者，并且曾经担任过四川乡试正主考官、会试同考官，对科举应试的知识、程序了如指掌的官员，曾国藩还多次指导弟弟、儿子读书应试。比如道光二十四年（1844）三月初十日在给弟弟曾国华、曾国荃的信中，曾国藩首先指导曾国荃写八股文的技巧，他说："九弟来书，楷法佳妙，余爱之不忍释手。……古人每笔中间必有一换，如绳索然。第一股在上，一换则第二股在上，再换则第三股在上也。……二曰结字有法。结字之法无穷，但求胸有成竹耳。"（《致温弟沅弟》）曾国藩在肯定曾国荃楷书水平极高的同时，又从撰写八股文出发，指出八股文不同部分的写法应该有所变化。

为了帮助弟弟们能尽快地考取科举功名，曾国藩还将科举考试用书寄给他们。道光二十三年（1843），曾国藩被任命为四川乡试正主考官，之后他把此次担任主考官所收集的备考资料全部寄回家中。道光二十四年四月二十二日写给弟弟们的信中说：

> 前黄仙垣归，托带四川闱墨四十部，共二包，无家信。……兹安化梁萸庄同年（献廷）南还，又托带四川闱墨四十部，共一包。有一包系油纸封的，内装钉闱墨二十部、

彭王姑墓志铭一幅（内"业"误"叶"、"慄"误"慄"），龙翰臣写散馆卷三开，自写白折一本（试笔写的，故大小不匀），又布包鹿胶一包，重三斤。又乡试录、题名录共一包照收。并附大挑单一纸。其进士题名录及散馆录随后交折差带回，统俟后信详述。(《致澄弟温弟沅弟季弟》)

"闱墨"，是乡试取中的优秀考生的八股文的出版物。"乡试题名录"，是取中举人的名册。"进士题名录"，是取中进士的名册。"散馆录"，是翰林院结束考试之后，取中者的名册。这些都是跟科举有关的材料。曾国藩把这些资料寄回家，让弟弟们能尽快熟悉科举考试的相关情况。

在曾国藩的家教思想中，读书明理，修身成君子是第一位的。在此基础上，他鼓励弟弟、子侄们读书应试，博取科举功名，这种明理有用的理念与宋明理学家所强调的德业与举业并举的思想是一致的。

（二）让长辈欢心的孝悌思想

曾氏家族有重孝的家风。曾国藩的父亲曾麟书就是一个典型的孝子，他对曾国藩祖父曾星冈的教诲，在任何情况下、任何时间和地点都是毕恭毕敬、不敢有丝毫违抗的，就算曾星冈在大庭广众、众目睽睽之下对他呵斥痛责，他不但不顶嘴，而且还能始终保持和颜悦色的表情。曾星冈晚年瘫痪在床，说不出话来。曾麟书和家人便不分昼夜地尽心照顾，三年如一日，不曾有任何间断。这在曾国藩晚年所写的回忆父母的《台洲墓表》中有清楚的描述。曾麟书的这种孝敬之心也深刻地影响了曾国藩及其家人。

作为一名进士出身的官员，曾国藩长期离家在北京任官；作为湘军的创建者和统帅，曾国藩率军与太平军作战十余年；作为晚清重臣，曾国藩长期担任两江总督、直隶总督。应该说，他与家人相处的时间是很少的，但是他依然孝敬父母长辈，友爱兄弟姊妹，关心孩子的成长。孝悌在曾国藩心中有着极其重要的地位，其重要性超过功名及其他一切身外之物。比如，咸丰二年（1852）六月，曾国藩被任命为江西乡试正主考官。七月二十五日，在前往南昌的路上，刚到安徽太湖县小池驿的曾国藩接到母亲江氏过世的噩耗，他不顾一切地"急急回乡"为母亲办理丧事。咸丰七年（1857）二月十一日，在江西瑞州湘军大营办理军务的曾国藩接到父亲曾麟书过世的消息时，"不待谕旨委军而去"，没有得到朝廷的批准，就置军务而不顾回湘乡老家奔丧，并且再三请求"在籍终制"，以尽孝心。

受祖父、父亲和母亲等的影响，曾国藩在家书、日记中多次论及孝悌。归纳起来，其孝悌思想主要表现在以下四个方面：

其一，曾国藩把孝视为最高的学问，或者说是学问的根本。曾国藩在道光二十三年（1843）六月初六给四个弟弟的信中说：

> 若细读"贤贤易色"一章，则绝大学问即在家庭日用之间。于"孝弟"两字上尽一分便是一分学，尽十分便是十分学。今人读书皆为科名起见，于孝弟伦纪之大，反似与书不

相关。殊不知书上所载的，作文时所代圣贤说的，无非要明白这个道理。(《致澄弟沅弟季弟》)

曾国藩强调孝悌是学问的根本，需要弟弟们在孝上用功，并体现在家庭的日常生活中。让长辈们每天都开心、舒心、顺心地生活，才是真正的大学问。他批评当时片面追求科举，忽视孝悌教育的学风，认为孝悌是圣贤之学的关键。在明清时期，读书人只要通过科场竞争考取功名，就可以光耀门楣，让父母光彩，亲友光鲜。然而，曾国藩却从另外的一个视角教育弟弟们，科名不可尽得，而孝悌不可不得。

其二，曾国藩提出并践行"事亲以得欢心为本"，让长辈欢心是他践行孝悌的标准。曾国藩在写给弟弟的信中说："贤弟性情真挚，而短于诗文，何不日日在'孝弟'两字上用功？《曲礼》《内则》所说的，句句依他做出，务使祖父母、父母、叔父母无一时不安乐，无一时不顺适；下而兄弟、妻子皆蔼然有恩，秩然有序，此真大学问也。"(《致澄弟沅弟季弟》)"安乐"，安心、欢乐。"顺适"，顺心、舒适。让父母、长辈"欢心"的具体表现，即是让他们安心、欢乐、顺心、舒适。

咸丰十一年（1861）三月十三日，曾国藩在给儿子曾纪泽、曾纪鸿的信中提出了"治家八本"：

八者曰：读古书以训诂为本，作诗文以声调为本。养亲以得欢心为本，养生以少恼怒为本。立身以不妄语为本，治家以不晏起为本。居官以不要钱为本，行军以不扰民为本。

（《谕纪泽纪鸿》）

　　"治家八本"至今仍然挂在曾国藩老家富厚堂正中间的八本堂。"养亲以得欢心为本"，只有孝敬、孝顺才可能让长辈欢心。

　　由于长期在外地做官，曾国藩觉得自己在孝敬父母、长辈方面做得不够好，总是心存愧疚。为了让自己能充分尽到为人子的责任，他几次计划要把父母接到北京侍奉，但是最终因为种种原因没有实现。为弥补自己心中的遗憾，曾国藩经常叮嘱弟弟们和子侄们在侍奉长辈之时，一定要尽心，不能有丝毫倦色。咸丰元年（1851）八月十九日，他在写给弟弟们的信中说："季弟又言愿尽孝道，惟亲命是听。此尤足补我之缺憾。我在京十余年，定省有阙，色笑远违，寸心之疚，无刻或释。若诸弟在家能婉愉孝养，视无形，听无声，则余能尽忠，弟能尽孝，岂非一门之祥瑞哉？"（《致澄弟温弟沅弟季弟》）

　　刚到北京任官时，曾国藩手头上是比较拮据的，生活开销也常常是东拼西凑，甚至要从朋友手中借钱来维持生活。但是，不管生活多么艰难，曾国藩总是牵挂父母、长辈，每年总要寄一定数量的银子回家，补贴家用，以弥补自己不能回家尽孝的缺憾。

　　不仅如此，曾国藩还关心家里长辈们的身体。为了帮长辈们调理身体，曾国藩会花大价钱去购买一些食补药材寄回家里。后来，随着自己步步高升，经济状况逐渐好转，曾国藩寄回的贴补家用的银子更是成为曾家的主要经济来源。道光二十三年（1843）三月二十三日，在写给祖父母的信中，曾国藩明确告诉祖父母，他从北京给他们寄了阿胶一斤半、鹿胶一斤，同时寄了五十两银子。道光二十四年正月二十五日，他在给父母的信里又说，托人带回了三百两银子，还有一个叫兴仁的人还会给家里带回一百两银子，实际上这次他给家里寄回了四百两银子。与此同时，他寄回的还有鹿胶二斤半、阿胶二斤共一包，高丽参半斤一包，荆七银四十两一包。

其三，曾国藩将孝悌与修身联系起来，认为孝敬父母是做人做事的底线。咸丰十年（1860）八月十六日，曾国藩在批牍中说：

> 凡子之孝父母，必作人有规矩，办事有条理，亲族赖之，远近服之，然后父母愈爱之，此孝之大者也。若作人毫不讲究，办事毫无道理，为亲族所唾骂，远近所鄙弃，则贻父母以羞辱，纵使常奉甘旨，常亲定省，亦不得谓之孝矣。敬神者之烧香酬愿，亦犹事亲者之甘旨定省，实无大益。若作人不苟，办事不错，百姓赖之，远近服之，则神必鉴之佑之，胜于烧香酬愿多矣。（《批霆副左营冯副将标贺秋节禀》）

凡是孝敬父母的人，一定是做人、做事有底线的人，一定是亲族邻里所信赖的人，无论是身边的人，还是远方的朋友都会佩服他，父母也会喜欢他，这才是真正的孝子；但是，如果做人、做事没了底线，就会招致亲戚邻里的唾骂，无论是身边的人，还是远方的朋友都会鄙视、抛弃他，这样一定会让父母蒙羞。如果真是这样，哪怕是他每天给父母奉上美食，让父母有极好的物质享受，经常定期看望问候父母，他都不是真正的孝子。曾国藩的这一思想对我们现在仍然有借鉴意义，这要求我们平时做任何事情的时候，先需要有一个最基本的判断——会不会伤害到自己的父母、妻子、丈夫、儿女，会不会让他们感到担心。如果有了这个判断，我想做人做事的时候就一定会有底线。

其四，曾国藩还认为孝友是立家、兴家、传家的法宝。孝是对长辈的尊敬、敬重，友是团结友爱家人。孝友是一个家庭兴旺发达的重要条件。在同治九年（1870）六月初四日写给曾纪泽、曾纪鸿的家书中，他说："孝友为家庭之祥瑞。凡所称因果报应，他事或不尽验，独孝友则立获吉庆，反是则立获殃祸，无不验者。"（《谕纪泽纪鸿》）在曾国藩看来，孝友是家庭和睦幸福、繁荣发展的吉祥征兆。曾国藩在写给其亲人们的信中，就多次以"三致祥"等内容告诫诸弟及子侄，所谓的三致祥即"孝致祥，勤致祥，恕致祥"（《谕纪泽纪鸿》）。

在曾国藩看来，孝敬不仅对立家、兴家极其重要，而且也是传家的重要法宝。随着官场地位的逐渐提高，曾国藩思考较多的是如何使曾氏家族能世世代代传承下去。他在道光二十九年（1849）四月十六日写给弟弟们的信中说：

> 吾细思凡天下官宦之家，多只一代享用便尽。其子孙始而骄佚，继而流荡，终而沟壑，能庆延一二代者鲜矣。商贾之家，勤俭者能延三四代；耕读之家，谨朴者能延五六代；孝友之家，则可以绵延十代八代。我今赖祖宗之积累，少年

早达，深恐其以一身享用殆尽，故教诸弟及儿辈，但愿其为耕读孝友之家，不愿其为仕宦之家。诸弟读书不可不多，用功不可不勤，切不可时时为科第仕宦起见。若不能看透此层道理，则虽巍科显宦，终算不得祖父之贤肖，我家之功臣。若能看透此道理，则我钦佩之至。(《致澄弟温弟沅弟季弟》)

写这封家书时，曾国藩只有三十九岁，已经在这一年的正月二十二日升为礼部右侍郎，品级为正二品。如此年轻官至二品，确实是平步青云、官运亨通。但是，他并没有忘乎所以、得意忘形，还是关心曾家怎么传下去。曾国藩在这封家书中谈到了四种家庭的传家情况：

第一种是官宦之家，这类家庭大多一代就享用尽了，他们的子孙刚开始骄奢淫逸，接着胡作非为，最后欲壑难填、无法自拔，这种官宦之家能够传一二代的都非常少。为什么会有这样的结果呢？在曾国藩看来就是官员自己不懂得孝敬，没有敬畏之心，只懂得享福。在这种家教家风之下，他们的子孙更没有孝敬、敬畏之心，就胡作非为，这种家庭肯定无法传下去。其实，这也为"官不过三代"做了注脚。

第二种家庭是商贾之家，也就是商人的家庭，曾国藩认为如果他们的子孙能勤俭持家，可以延续到三四代。如果按照每一代二十五至三十年计算，那么三四代就是百年之家；商贾之家也就可以成就百年企业了。

第三种家庭是耕读之家。"耕"就是农耕、自给自足，"读"就是读书，重视教育。耕读之家就是自给自足而且重视教育的家庭。在曾国藩看来，这种家庭如果子孙能谨慎朴实，那可以延续到五六代。

第四种家庭是孝友之家，也就是既孝敬父母、长辈，家庭成员又团结友爱的家庭，曾国藩认为这种家庭可以传承十代八代，能够长期传下去。

从传家的角度而言，曾国藩认为商贾之家优于官宦之家，耕读之家优于商贾之家，而孝友之家则是造福子孙后代的最好家庭。曾国藩反复告诉弟弟们，一定不要把考科举、做官、发财看得太重了，保持目前曾氏家族的耕读局面，延续孝友的家风，是曾氏家族能够长期延续的头等大事。

在这一封家书里，年轻得志、春风得意的曾国藩仍然表现出了自己对家族、家庭的敬畏之心，他非常担心曾家到他这一代就终结了。他告诉弟弟们，自己不希望曾氏后辈靠做官传家，而是希望靠耕读、孝友传家。位高权重的曾国藩能有如此清醒的认识是非常难得的，这也是他的孝悌之心的真实表现。

（三）兄弟和睦友爱的家教思想

在强调要孝敬长辈的同时，曾国藩认为兄弟之间要友爱。兄弟姊妹九个，大姐曾国兰，曾国藩排行第二，其下有四个弟弟，分别是曾国潢、曾国华、曾国荃和曾国葆，还有三个妹妹，曾国藩以家里的长兄自居。

曾国藩晚年在给两个儿子的"遗令"中说：

> 吾早岁久宦京师，于孝养之道多疏，后来展转兵间，多获诸弟之助，而吾毫无裨益于诸弟。余兄弟姊妹各家，均有

田宅之安，大抵皆九弟扶助之力。我身殁之后，尔等事两叔如父，事叔母如母，视堂兄弟如手足。凡事皆从省啬，独待诸叔之家则处处从厚，待堂兄弟以德业相劝、过失相规，期于彼此有成，为第一要义。……尔辈若能从"孝友"二字切实讲求，亦足为我弥缝缺憾耳。(《谕纪泽纪鸿》)

在遗嘱中，曾国藩认为自己为弟弟、姊妹所做的事情极少，表扬九弟曾国荃在兄弟姊妹中发挥了极好的带头作用，他要求儿子们在自己死了之后，不但要孝敬叔父母，而且还要友爱堂兄弟。

尽管曾国藩说自己亏待了兄弟姊妹，但作为长兄的他担负起了如父的职责，事事为诸弟考虑，深信兄弟和睦、友爱可以让家庭兴旺发达。道光二十三年（1843）二月十九日，他在写给父母的信中说："兄弟和，虽穷氓小户必兴；兄弟不和，虽世家宦族必败。男深知此理，故禀堂上各位大人俯从男等兄弟之请。男之意实以和睦兄弟为第一。"(《禀父母》)

道光二十三年（1843）正月十五日，曾国藩接到四弟曾国潢、六弟曾国华和九弟曾国荃在上一年十二月初五写来的家书，其中曾国荃指责曾国藩：

> 责我待人不恕，甚为切当。谓月月书信，徒以空言责弟辈，却不能实有好消息，令堂上阅兄之书，疑弟辈粗俗庸碌，使弟辈无地可容。[《致澄弟温弟沅弟季弟（正月十七日）》]

从这一段话中我们可以看出，弟弟们不满曾国藩总是对他们提出要求，实际给他们的照顾、好处极少，他们认为这是曾国藩沽名钓誉，用压低弟弟们的方式来抬高自己。面对弟弟们的埋怨、指责，曾国藩既不摆长兄的架子予以呵斥，也不以翰林院官员的身份不屑一顾，而是以宽容、理解的态度来处理。他在回信中，将弟弟们怨恨的原因归咎到自己身上，并进行自我反省，归纳出了弟弟们可能对自己的"五怨"，这充分体现出了长兄的大度。曾国藩之所以能做到这一点，应该与他个人的学问和修养密切相关。从他的这种反思中，我们可以看到曾国藩作为一个儒家学者的"行有不得，反求诸己"的形象。

不只是这一次，对于弟弟们的不理解甚至误解，曾国藩总是耐心解释、开导，以化解兄弟之间的矛盾。同治二年（1863）正月十八日，曾国藩在给九弟曾国荃的回信中充分说明了这一点。在这封家书中，曾国藩写了三件事，第一件事：

> 二日未寄信与弟，十七夜接弟初九日信，知弟左臂疼痛不能伸缩，实深悬系。兹专人送膏药三个与弟，即余去年贴右手背而立愈者，可试贴之，有益无损也。（《致沅弟》）

曾国藩此时在安徽安庆大营，而曾国荃在南京城外，正在率湘军作围困南京的最后一战。曾国藩从弟弟的来信中知道他左手臂疼痛，十分牵挂，专门派人从安徽安庆送三个膏药到南京城外给他。因为这种膏药他自己曾经用过，效果极好。送膏药这件事充分说明他极为关心弟弟的身体。

第二件事：

　　拂意之事接于耳目，不知果指何事？若与阿兄间有不合，则尽可不必拂郁。弟有大功于家，有大功于国，余岂有不感激、不爱护之理？余待希、厚、雪、霆诸君，颇自觉仁让兼至，岂有待弟反薄之理？惟有时与弟意趣不合。弟之志事，颇近春夏发舒之气；余之志事，颇近秋冬收啬之气。弟意以发舒而生机乃王，余意以收啬而生机乃厚。平日最好昔人"花未全开月未圆"七字，以为惜福之道、保泰之法莫精于此。曾屡次以此七字教诫春霆，不知与弟道及否？星冈公昔年待人，无论贵贱老少，纯是一团和气，独对子孙诸侄则严肃异常，遇佳时令节，尤为凛不可犯。盖亦具一种收啬之气，不使家中欢乐过节，流于放肆也。余于弟营保举、银钱、军械等事，每每稍示节制，亦犹本"花未全开月未圆"之义。……故将余之襟怀揭出，俾弟释其疑而豁其郁。此关一破，则余兄弟丝毫皆合矣。(《致沅弟》)

　　在这里，曾国藩说，听说九弟曾国荃对自己有意见，但他并不知道弟弟到底是因为什么事对自己有意见。面对这种情况，曾国藩并没有因为感到委屈而以长兄、湘军统帅、两江总督的身份来斥责弟弟，而是进行耐心细致的解释。他首先表扬曾国荃有大功于家，自己作为长兄，于私要感激、爱护他；弟弟有大功于国，自己是湘军最高统帅，是节制四省兵权的两江总督，于公要感激、爱护他。曾国藩认为于私、于公都没有不感激、爱护曾国荃的理由，怎么还会对他有意见呢？他接着把曾国荃与湘军的重要将领来比较。这里说的"希、厚、雪、霆诸君"，"希"是指李续宜（字希庵），"厚"是指杨载福（字厚庵），"雪"是指彭玉麟（字雪琴），"霆"是指鲍超（字春霆）。曾国藩说对待湘军这些重要将领，自己都觉得做到了仁至义尽。曾国荃既是像李续宜、杨载福、彭玉麟和鲍超一样的湘军的重要将领，又是自己的弟弟，自己对其他湘军将领都非常好，怎么可能对弟弟反而不好呢？他这是对弟弟动之以情地解释。

接着曾国藩又对弟弟晓之以理。他认为兄弟之间之所以会有一些意见不一致的地方，主要原因是两人的性格、处事态度和方法不同而已。曾国荃的性格像春夏舒发之气，性格外向，处事急躁；曾国藩的性格像秋冬收啬之气，性格内敛，处事稳重。在这封家书中，曾国藩向曾国荃解释，自己的收啬之气是向祖父曾星冈学的，做事不过分，不放肆，因此他对弟弟的湘军吉字营在保举、银钱、军械方面管得更严格一些，是依据"花未全开月未圆"的思想来的，实际是对他真正的爱护、保护。曾国藩希望把兄弟之间产生不同意见的根本原因开诚布公地告诉弟弟，希望弟弟能理解他的苦衷，尽快消除之前的误会，依旧和睦友爱。

第三件事：清廷赏给曾国藩一个荫生名额，他让给了曾国荃的儿子。为了表彰有功的大臣，清廷往往会赏给他们的子孙官员名额，等子孙长大之后，再通过吏部的考核，再任命官职。应该说，这是一份实实在在的奖赏，曾国藩完全可以留给自己的儿子曾纪鸿，但是他没有这么做，而是把这个名额给了曾国荃的儿子曾纪瑞，以此来感谢曾国荃为他、为曾氏家族所作出的巨大贡献和牺牲。曾国藩这么做,事先并没有告诉国荃,等他知道以后,吏部的批文也都下达了。通过这件事,我们可以清楚地看到,曾国藩爱弟、让弟之情更是不言自明。

湘军在曾国荃的带领下,于同治三年(1864)六月攻克南京。曾国荃是攻打南京的前线最高指挥官,劳苦功高,曾国藩甚至说是曾国荃帮他打下了一个一等侯的爵位。按常理,曾国藩应该把曾国荃留在自己身边,或者让他继续做官,进一步扩充曾家在清朝官场的势力。实际上,曾国荃在率军围攻南京之前就已经被任命为浙江巡抚,打完太平军之后,他就可以去杭州上任了。

然而,因为湘军攻破南京之后大肆烧杀抢夺,幼天王洪福瑱逃出南京,导致清廷对曾国荃非常不满,甚至不信任。对局势有清醒认识的曾国藩为了保全曾国荃,在同治三年(1864)的七月二十日、八月二十七日先后两次向朝廷上奏折,请求朝廷批准曾国荃回家养病,让其离开官场。九月初六日,清廷正式下谕旨,允许曾国荃回家养病,并赏给人参六两,以示奖励。十月初一日,在曾国荃离开南京的时候,曾国藩送给他一副对联:"千秋邈矣独留我,百战归来再读书。"这副对联怎么理解呢?上联是说湘军经过十余年的战争,死者无数,我们这些人是从死人堆里爬出来的,能看到最后的胜利,这是多么幸运的事情啊。应该说,这是曾国藩从一介书生磨砺为二十万湘军统帅,封侯拜相,左右东南大局的封疆大吏的一种气概。下联是说,曾国荃身经百战之后,应该保持一种恬静的心情去读书,修身养性。这充分体现出曾国藩对于弟弟的期望。直到清廷对曾国藩的态度明确了，湘军的局势稳定之后，曾国荃才于同治五年（1866）出任湖北巡抚。在纷繁复杂的政局中，作为长兄的曾国藩首先想到的是要保全自己的弟弟曾国荃，而不是自己，这是友爱兄弟的最直接表现。

曾国藩对弟弟们的友爱，表现在不但直接指导弟弟们的学习，在官场上关心、照顾弟弟，而且还对他们的不足进行教育。在老家操持家务的大弟弟曾国潢常常流露出满腔骄傲之气。咸丰十一年（1861）正月初四日，在祁门军营的曾国藩给曾国潢写了一封家书，直接指出其有骄傲之气，经常看不起人家，总是议论人家的长短，嘲笑人家的不足。曾国藩认为这都不是好事，要曾国潢和家里的晚辈们引以为戒。面对曾国潢插手地方事务，干预地方公事的情况，同治三年（1864）四月二十四日在安庆的曾国藩写信告诉曾国潢：

> 凡官运极盛之时，子弟经手公事格外顺手，一倡百和，然闲言即由此起，怨谤即由此兴。吾兄弟当于极盛之时预作衰时设想，当盛时百事平顺之际预为衰时百事拂逆地步。弟此后若到长沙、衡州、湘乡等处，总以不干预公事为第一义。此阿兄阅历极深之言，望弟记之。（《致澄弟》）

曾国藩在这封家书里指出了官员的亲属干预公务有便利条件。他说以他们的身份，很多事情确实容易办成，但是事后会招致人家背后议论，有损官员声誉。曾国藩坚持自己的一贯观点，即在家庭兴盛的时候，一定要想到衰败的时候。

他要求曾国潢以后无论是在省城长沙，还是衡州、湘乡，都不能干预公务。此时身为一品大员、两江总督的曾国藩还有如此清醒的认识，确实非常难得。曾国藩对弟弟的教诲，实际也体现出他对弟弟的关心、关爱。

（四）以勤俭持家的家教思想

克勤克俭、勤俭持家是中华民族几千年来一脉相承的家庭教育思想的精粹。历代贤德之士，都曾经把勤俭作为家教的重要内容。曾国藩也不例外，勤俭持家是曾氏的家风。曾国藩常常将"勤"与"俭"并举，认为勤俭是惜福之道。

曾国藩常常将前辈们的俭朴精神告诉兄弟、子侄。同治二年（1863）十二月十四日，他在写给侄儿曾纪瑞的家书中说，曾氏家族一直有孝悌勤俭的家风，从自己的高祖父曾辅臣开始就是这样，曾祖父曾竟希、祖父曾星冈都是每天天还没亮就起床，一天都在劳作，没有闲暇时间。他们不但勤奋，而且还非常节俭。曾竟希小时候去上学，父亲曾辅臣给了他一百文钱做零花钱，但是四个月之后回到家里，曾竟希带回九十九文钱还给父亲，仅仅用去一文钱。祖父曾星冈也是如此，在曾国藩考中进士，被选为翰林院庶吉士之后，依然自己种菜、收粪。曾国藩告诫弟弟、子侄们，尽管曾家现在家庭条件变好了，但是勤俭之风不能丢，不能忘本。在这封家书中，曾国藩还进一步说明了什么是勤，什么是俭，他告诉子侄辈："勤字工夫，第一贵早起，第二贵有恒；俭字工夫，第一莫着华丽衣服，第二莫多用仆婢雇工。"（《谕纪瑞》）

在曾国藩看来，家里不用奴婢和仆役，不仅仅是省一些钱的问题，更重要的是能培养家人爱劳动和爱惜劳动成果的习惯，培养勤俭的家风，培养俭朴的精神。在同治十年（1871）十一月初二日所写的遗书中，其中一条就是"习劳"，他说：

> 四曰习劳则神钦。凡人之情，莫不好逸而恶劳，无论贵贱智愚老少，皆贪于逸而惮于劳，古今之所同也。人一日所着之衣、所进之食，与一日所行之事、所用之力相称，则旁人题之，鬼神许之，以为彼自食其力也。若农夫织妇终岁勤动，以成数石之粟、数尺之布，而富贵之家终岁逸乐，不营一业，而食必珍羞，衣必锦绣，酣豢高眠，一呼百诺，此天下最不平之事，鬼神所不许也，其能久乎？……故勤则寿，逸则夭；勤则有材而见用，逸则无能而见弃；勤则博济斯民，而神祇钦仰；逸则无补于人，而神鬼不歆。（《谕纪泽纪鸿》）

人应当用自己的劳动来换取生存和社会地位。圣君贤相，以自己的智慧给天下百姓带来福祉；升斗小民，则凭一己之才技为家庭谋取生活物资。无论智慧也好，才技也好，都来自勤劳艰苦，困知勉行。在曾国藩看来，人所付出的劳动与得到的报酬如果是相一致的，就不会招来嫉妒与怨恨，家庭、家族就可以长期延续下去。反之，家庭、家族就难以长久存在。

因此，曾国藩要求家里的兄弟子侄一定要学会干农活，不能忘本。他在咸丰四年（1844）四月十四日写给弟弟们的信中说："吾家子侄半耕半读，以守先人之旧，慎无存半点官气。不许坐轿，不许唤人取水添茶等事。其拾柴收粪等事，须一一为之；插田莳禾等事，亦时时学之。庶渐渐务本而不习于淫佚矣，至要至要，千嘱万嘱。"（《致澄弟温弟沅弟季弟》）这句话的意思是说，家中的子侄辈子，一定不要丢掉曾家务农的传统，不能有半点官气，不能坐轿子，不能让别人侍候自己，拾柴、收粪、插田、莳禾等农活都要学会，这样才不会忘本。曾国藩要求儿子、侄儿千万要记住这一点。

曾国藩不仅要求家中的男性勤劳，还要求女性也要参加劳动，还会亲自检查她们的劳动成果。他为女性制定了功课单，也就是每天要完成的几件事：

第一件事："早饭后，做小菜点心酒酱之类"，这个被称为"食事"。

第二件事："巳午刻，纺花或绩麻"，这个被称为"衣事"。巳时是上午九点到十一点，午时是上午十一点到下午一点，"巳午刻"应是指吃中饭之前。

第三件事："中饭后，做针黹刺绣之类"，这个被称为"细工"。

第四件事："酉刻（过二更后），做男鞋女鞋或缝衣"，这个被称为"粗工"。酉时是下午五点到七点，"酉刻"是指晚上。

从这个功课单来看，要求女性一整天都要劳动。对她们的劳动成果的数量，曾国藩也有明确的要求，同治七年（1868）五月二十四日规定："自后每日立定功课，吾亲自验功。食事则每日验一次，衣事则三日验一次，纺者验线子，绩者验鹅蛋，细工则每日验一次，粗工则每月验一次。每月须做成男鞋一双，女鞋不验。上验功课单谕儿妇、侄妇、满

女知之，甥妇到日亦照此遵行。"（《崇德老人自订年谱》，《曾宝荪回忆录》附）

曾国藩熟读经史，常常为奢侈亡国或历代世家大族的衰落和豪门权贵的破败心惊不已。他发现，凡是能恪守勤俭的家族，大多能持续长久；而奢侈放纵的家族，很少能过两代，而且都不得善终。为此，他在《日记》中总结了居家四败，其中第一败就是"奢败"，即"妇女奢淫者败；子弟骄怠者败；兄弟不和者败；侮师慢客者败"。正是基于这样的认识，曾国藩对家人的日常生活有严格的要求，他在咸丰八年（1858）十一月十二日写给弟弟们的信中说："嗣后诸男在家勤洒扫，出门莫坐轿；诸女学洗衣，学煮菜烧茶。少劳而老逸犹可，少甘而老苦则难矣。至于家中用度，断不可不分。凡吃药、染布及在省在县托买货物，若不分开，则彼此以多为贵，以奢为尚，漫无节制。此败家之气象也。千万求澄弟分别用度，力求节省。"（《致澄弟沅弟季弟》）他不仅要求家里的男性和女性都要劳动，而且明确提出生活不能奢侈，要有节制。

曾国藩继承祖父、父亲的传统，认为要给子孙后代留下耕读家风，而不是钱财。祖父星冈公在世时，常常讥笑那些喜欢积攒私财的人家，他认为积攒私财是败家之兆。对此，曾国藩十分信服，他也认为与其给子孙留下大笔遗产，不如教子孙走正途。在咸丰五年（1855）八月二十七日写给弟弟们的家书中，他说：

> 生当乱世，居家之道，不可有余财，多财则终为患害。

又不可过于安逸偷惰。如由新宅至老宅，必宜常常走路，不可坐轿骑马。又常常登山，亦可以练习筋骸。仕宦之家，不蓄积银钱，使子弟自觉一无可恃，一日不勤，则将有饥寒之患，则子弟渐渐勤劳，知谋所以自立矣。(《致澄弟温弟沅弟季弟》)

曾国藩特别强调，仕宦之家，一定不要过多存钱，这样才能让子弟心里没有依赖。如果他们一天不勤奋，就会有饥寒之忧，就会有忧患意识。只有让子弟有了忧患意识，然后能逐渐变得勤劳，他们才会想尽办法自立。只有孩子自立，家庭、家族才有可能长久延续。我想这与晚清名臣林则徐的一副对联所反映的家教思想是一致的，这副对联上联是："子孙若如我，留钱做什么？贤而多财，则损其志。"下联是："子孙不如我，留钱做什么？愚而多财，则增其过。"

如果家人没有按照他的要求去做，曾国藩会予以严厉斥责。同治二年（1863）十月十四日写给弟弟曾国潢的信说："即如四轿一事，家中坐者太多，闻纪泽亦坐四轿，此断不可。弟曷不严加教责？即弟亦只可偶一坐之，常坐则不可。篾结轿而远行，四抬则不可；呢轿而四抬则不可入县城、衡城，省城则尤不可。"(《致澄弟》)对于家里人坐四抬大轿的事，曾国藩认为居家操持家务的曾国潢是有责任的，他应该严加管教，不能让家里的人如此张扬、奢侈。尤其对于自己的儿子曾纪泽居然也坐四抬大轿这件事，曾国藩斥责曾国潢对侄儿管教不严，让他滋长骄奢之气。

对于家里修房子、祠堂等，曾国藩也强调不能过度奢侈。咸丰九年（1859）二月，曾国藩收到曾国潢的来信，说家里准备修祠堂，但是有人因此诽谤曾家。曾国藩便给曾国潢写信，告诉他祠堂可以修，但不能修得过于华丽。他说：

> 余则谓外间之訾议不足畏，而乱世之兵燹不可不虑。如江西近岁凡富贵大屋无一不焚，可为殷鉴。吾乡僻陋，眼界甚浅，稍有修造，已骇听闻，若太闳丽，则传播尤远。苟为一方首屈一指，则乱世恐难幸免。望弟再斟酌，于丰俭之间妥善行之。（《致澄弟沅弟季弟书》）

对于修祠堂这件事，外面的风言风语并不可怕，但动乱年月的战火，不能不考虑。比如江西近年来正在遭受战事，当地凡是富贵之家的大房子，没有一家不被战火烧掉的，这是必须引以为戒的。我们家地处偏僻简陋的山村，邻居们没有见过什么世面，如果房子建得大一些，装饰稍微好一些，他们就觉得这是了不得的大事。如果房子建得太宏伟、太华丽了，消息很快就会传开，会说曾家修了一座豪宅。如果把房子建成当地首屈一指的豪宅，那么在动乱年代，恐怕难以幸免。因此，希望弟弟们反复斟酌一下，建祠堂最好在丰裕和俭朴两者之间来考虑，会比较妥当。其实，这段话的意思就要求建祠堂从俭，不能过度奢华。

在节俭方面，曾国藩能做到以身作则。他本人曾做了一件青缎马褂，只是在节庆时才舍得穿上，珍藏了三十年。他平时穿的衣服十分简朴，布袍、鞋袜多是由夫人、儿媳妇亲自做的。曾国藩不但穿得极为朴素，吃得也非常简单。赵烈文是曾国藩做两江总督期间关系非常密切的幕僚，他在日记中记载了自己与曾国藩关于其食谱的一段对话：

> 材官持一纸示师（编者注：曾国藩），师颔之。顾余曰："此何物？足下猜之。"余谢不敏。师曰："此吾之食单也。每餐二肴，一大碗，一小碗，三蔌，凡五品，不为丰，然必定之隔宿。"余称佩俭德，因曰："在师署中久，未见常馔中有鸡鹜，亦食火腿否？"师曰："无之。往时人送皆不受，今成风气，久不见人馈送矣。即绍酒亦每斤零沽。"余曰："大清二百年，不可无此总督衙门。"师曰："君他日撰吾墓铭，皆作料也。"相笑而罢。（赵烈文《能静居日记》同治六年八月二十八日日记）

通过赵烈文的记载，我们可以看到此时身为一等毅勇侯、两江总督的曾国藩，平时的生活非常节俭，每餐只有两个荤菜，也就是上文说的"二肴"，而且是一大碗，一小碗，外加三个蔬菜，共计五个菜。赵烈文发现曾国藩平时基本没有吃过鸡鸭肉之类的菜，喝的酒都是在街上零买的散黄酒。然而，曾国藩奉父母长辈时却从不吝啬，这又充分体现出他的"克己尽孝"的精神和境界。

（五）善待亲族邻里的家教家风

曾国藩从道光二十年（1840）正式到北京做官起，直到咸丰二年（1852）八月才回到湖南湘乡老家，他在北京足足待了十二年之久。在北京期间，曾国藩非常热心地帮助左邻右舍。他喜欢帮人家写挽联，当时京师湖南同乡有"代送灵枢江岷樵（即湘军早期的重要将领江忠源），包写挽联曾涤生（即曾国藩）"的说法。不仅如此，曾国藩还积极参与公益事业。道光二十九年，他主持扩建北京湖广会馆，建成后的会馆建筑精美，布局非常合理，是当时北京城里比较有名的会馆。

曾国藩热心帮助邻里和公益事业源于祖父曾星冈对他的影响。曾国藩在给曾国潢的家书中说：

> 家中兄弟子侄，惟当记祖父之八个字，曰："考、宝、早、扫、书、蔬、鱼、猪。"又谨记祖父之三不信，曰："不信地仙，不信医药，不信僧巫。"（《咸丰十一年二月二十四日致澄弟》）

曾国藩要求家里的兄弟、儿子、侄儿等都需要牢记祖训。这八个字怎么理解呢？"考"，供奉祖先。曾国藩自己的解释是："考者，祖先祭祀，敬奉显考、王考、曾祖考，言考而妣可该也。"（《咸丰十年闰三月二十九日致澄弟》）之所以要供奉祖先，就是要求子孙讲孝。"早"，早起。"扫"，打扫房子。"书"，读书，重视教育，古代也叫做"读"。种蔬菜、养鱼、喂猪是实现自给自足的重要内容，自给自足称为"耕"。这种既重视读书、重视教育的家庭，又能自给自足的家庭，叫做耕读之家，这种家风被称为"耕读传家"的家风。

那么，"宝"是什么意思呢？"宝"就是要处理好跟亲族邻里之间的关系。咸丰十年（1860）闰三月二十九日，曾国藩写给弟弟曾国潢的信中对这个"宝"字也有解释,他说:"宝者,亲族邻里,时时周旋,贺喜吊丧,问疾济急,星冈公常曰人待人无价之宝也。"在为祖父撰写的《大界墓表》中,曾国藩直接引用了祖父曾星冈曾经对自己讲的"宝"的含义,曾星冈说:

> 乡党戚好,吉则贺,丧则吊,有疾则问,人道之常也,吾必践焉,必躬焉。财不足以及物,吾以力助焉。邻里讼争,吾尝居间以解两家之纷。其尤无状者,厉辞诘责,势若霆摧而理如的破,悍夫往往神沮。或具樽酒,通殷勤,一笑散去。君子居下则排一方之难,在上则息万物之嚣,其道一耳。津梁道途废坏不治者,孤嫠衰疾无告者,量吾力之所能,随时图之,不无小补。若必待富而后谋,则天下终无成之事。
>
> (《大界墓表》)

"乡党",家乡的朋友,也就是邻居。"戚"是亲戚,"好",好朋友。"乡党戚好"即亲族邻里。曾星冈说,对于这些人,如果他们家里有喜事,我一定会去祝贺。如果他们家里有丧事,我一定会去凭吊。如果他们家里有人生了重病,我一定就会去看望问候。这些事情我都会亲自去做,这是人之常情,是关心亲族邻里。不仅如此,"财不足以及物",人家经济上有困难,我一定会尽力去帮助他们。不止关心和帮助人家,曾星冈还热心于当地事务:"吾尝居间以解两家之纷。""间"就是"中间人"的意思。邻里之间有矛盾,我还会作为中间人去调解两家之间的矛盾。假如碰到那种蛮不讲理的"无状者",我会严厉地骂他。"势若霆摧而理如的破",气势上压倒对方,道理上驳倒对方。被我骂过之后,再彪悍的人也会因此神情落寞而服输,矛盾因此就可以得以解决。更多的有矛盾的邻里都是讲道理的,曾星冈的办法则不同,"或具樽酒,通殷勤",拿出酒杯,劝双方喝一杯,相逢一笑泯恩仇,矛盾也就解决了。从曾星冈的这段自述中,我们可以看到一个关心亲族邻里,并且在当地有威望的老者形象。

曾星冈关心亲族邻里,还表现在他热心当地事务,帮助当地修桥、修路,照顾一些鳏寡孤独等弱势群体。曾国藩曾经在写给祖父的信中说:"伏念祖父平日积德累仁,救难济急,孙所知者,已难指数。如廖品一之孤、上莲叔之妻、彭定五之子、福益叔祖之母及小罗巷、樟树堂各庵,皆代为筹画,曲加矜恤。凡他人所束手无策、计无复之者,得祖父善为调停,旋乾转坤,无不立即解危。"[《禀祖父》(道光二十一年四月十七日)]尽管我们不知道廖品一、上莲叔、彭定五等人到底是谁,但是可以肯定的是,他们都是曾星冈的亲戚、族人或者邻居,由此可以清楚地看到曾星冈是乐于助人的。

曾星冈善待亲族邻里的家教家风对曾国藩的影响极大,不仅自己这么做,而且还谆谆告诫家里的兄弟子侄,一定要注意跟亲族邻里处理好关系。道光二十四年(1845)十二月十八日,在北京做官的曾国藩在写给弟弟们的家书中说:

> 至于宗族姻党,无论他与我家有隙无隙,在弟辈只宜一概爱之敬之。孔子曰"泛爱众而亲仁",孟子曰"爱人不亲反

其仁"，"礼人不答反其敬"。此刻未理家事，若便多生嫌怨，将来当家立业，岂不个个都是仇人？古来无与宗族乡党为仇之圣贤，弟辈万不可专责他人也。（《致澄弟温弟沅弟季弟》）

对于同宗同族、亲戚等，无论他们家是不是跟我们家有矛盾，弟弟们都要跟他们处理好关系，并且尊敬他们。他引用孔子和孟子的话来说明自己的道理之后，说古往今来，绝对没有以宗族、邻里为仇的圣人，弟弟们万万不可总是把问题推在别人身上，总是指责别人，应该更多地反思自己。

曾国藩又将处理好与亲族邻里的关系和传家联系在一起，他在写给曾国潢的家书中说：

> 凡家道所以可久者，不恃一时之官爵，而恃长远之家规；不恃一二人之骤发，而恃大众之维持。我若有福罢官回家，当与弟竭力维持。老亲旧眷、贫贱族党不可怠慢，待贫者亦与富者一般。当盛时预作衰时之想，自有深固之基矣。
>
> [《致澄弟》（同治五年六月初五）]

一个家庭、家族能够长久延续下去，所依靠的并不是家庭、家族成员一时做了多大的官，有多高的爵位，应该主要依靠有远见的家规；一个家族能长期存在下去，所依靠的不是家族成员中有一二个人突然致富发迹了，而是需要靠全体家庭成员共同来维护。写这封家书的时候，曾国藩是两江总督，是正一品的封疆大吏，他认为自己如果能够致仕回家，那也是自己的福分，就可以回家与弟弟们一起来管理曾氏家族，让整个家族长久地延续下去。他说，如果能回家管理整个家族，对于"老亲旧眷"（曾氏家族的老亲戚、已经故去亲戚的眷属）、"贫贱族党"（曾氏家族中家庭贫困的、地位不高的族人），他一定都不会怠慢他们、轻视他们，对待贫困的人要像对待富裕的人一样，一视同仁。曾国藩告诉弟弟，在曾氏家族兴盛时，一定要想着曾氏家族衰败的时候，要有忧患意识，要看得远一些，这样曾氏家族才能长久地延续下去。

曾国藩不但要求弟弟们要善待亲族邻里，而且对并不长期生活在湘乡老家的儿子们也有同样的要求。咸丰十年（1860）闰三月初四，曾国藩在写给曾纪泽的家书中说：

> 昔吾祖星冈公最讲求治家之法，第一起早，第二打扫洁
> 净，第三诚修祭祀，第四善待亲族邻里。凡亲族邻里来家，
> 无不恭敬款接，有急必周济之，有讼必排解之，有喜必庆贺
> 之，有疾必问，有丧必吊。（《谕纪泽》）

这封家书是要求曾纪泽按照曾星冈的方法来治家。如果老家的人到我们家来，一定要恭敬地对待，不能怠慢他们。如果老家的人生活有困难，一定要尽可能地帮助他们。如果老家的人之间有些矛盾，一定要帮忙调解。老家的亲族邻里有喜事，一定要去庆贺。他们中有人生病，一定要去看望；有人过世，一定要去悼念。我想这对于作为官二代的曾纪泽来说，是极为重要的教诲。他在北京长大，跟湘乡老家亲族邻里的关系毕竟没有曾国藩那么密切，他对于老家的人也可

能不会那么看重，曾国藩教育的目的是，使曾氏家族的善待亲族邻里的家风不会因为曾纪泽离开湘乡老家就中断了。

曾国藩不但这么说，也是这么做的，对于曾氏家族的亲族邻里都是非常尽心照顾的。他在北京做官期间，尽管自己并不富裕，甚至还经常借钱，但是坚持给家里寄钱，补贴家用和资助亲族邻里。比如道光二十四年（1844），曾国藩给家里寄了一千两银子，并且明确表示，其中六百两留给自家用，四百两分给亲戚。对此，在家的弟弟们并不理解他，认为曾国藩只寄回了"区区千金"，还不够家里还债，竟然还要分这么多钱给亲族邻里，好像是在沽名钓誉。为此，曾国藩在道光二十四年三月初十日写信给弟弟们的家书中，进行了耐心细致的解释。摘抄几条，看看曾国藩是怎么对待亲戚的。

第一，解释为什么要分钱给舅舅家。他说："而十舅且死矣，及今不一援手，则大舅、五舅又能沾我辈之余润乎？十舅虽死，兄意犹当恤其妻子；且从俗为之延僧，如所谓道场者，以慰逝者之魂而尽吾不忍死其舅之心。我弟我弟，以为可乎？"（《致温弟沅弟》）在曾国藩看来，分钱给舅舅们，既可以在生活上帮助他们，也可以给死去的舅舅做道场，体现出外甥们对舅舅的追思之情。

第二，解释为什么要分钱给自己的姐姐曾国兰和妹妹曾国蕙。他说："兰姊、蕙妹家运皆舛。兄好为识微之妄谈，谓姊犹可支撑，蕙妹再过数年则不能自存活矣。同胞之爱，纵彼无觖望，吾能不视如一家一身乎？"（《致温弟沅弟》）他认为姐姐、妹妹家里的生活都非常困难，一定要给她们一些资助，帮她们渡过难关，以体现出同胞之爱。

第三，解释为什么要给自己的岳父分钱。他说："欧阳沧溟先生夙债甚多，其家之苦况，又有非吾家可比者。故其母丧，不能稍隆厥礼。岳母送余时，亦涕泣而道。兄赠之独丰，则犹徇世俗之见也。"曾国藩说，岳父欠了很多外债，甚至没有能力安葬好自己的母亲，现在他的家庭情况比曾家要差多了，因此要给他们家分一部分钱。

第四，解释为什么要分钱给楚善八叔。他说："楚善叔为债主逼迫，抢地无门。二伯祖母尝为余泣言之。又泣告子植曰：'八儿夜来泪注，地湿围径五尺也。'而田货于我家，价既不昂，事又多磨。尝贻书于我，备陈吞声饮泣之状。此子植所亲见，兄弟尝欷歔久之。"楚善八叔因为欠债，被迫低价把田卖给了曾家。虽然极不情愿，但他也只能忍气吞声。曾国藩认为曾家现在有了钱，一定要给他们家资助，也算是对楚善八叔的一点补偿。

第五，解释为什么要分钱给丹阁叔、宝田表叔和任尊叔。他说："丹阁叔与宝田表叔昔与同砚席十年，岂意今日云泥隔绝至此！知其窘迫难堪之时，必有饮恨于实命之不犹者矣。丹阁戊戌年曾以钱八千贺我，贤弟谅其景况，岂易办八千者乎？以为喜极，固可感也；以为钓饵，则亦可怜也。任尊叔见我得官，其欢喜出于至诚，亦可思也。"曾国藩说，丹阁叔和宝田表叔都曾经是自己的同学，他们对自己非常好，现在虽然没有什么往来，但是他们家有困难，一定要资助他们。

第六，解释为什么要分钱给曾国华和曾国荃的岳父家。他说："六弟、九弟之岳家皆寡妇孤儿，槁饿无策。我家不拯之，则孰拯之者？我家少八两，未必遂为债户逼取；渠得八两，则举室回春。贤弟试投身处地而知其如救水火也。"曾国藩说：六弟曾国华和九弟曾国荃的岳父家都是寡妇孤儿，生活极其困难，给他们分点钱就能极大地改变他们家庭的境况。一般来说，曾国藩与曾国华、曾国荃的岳父母家关系是比较疏远的。按常理，如果要分钱给他们，也不应该是曾国藩主动提出来，而应该是曾国华、曾国荃自己提出来。曾国藩主动提出来要给他们分钱，说明他既照顾曾国华、曾国荃兄弟的情感，也是真正关心亲族的表现。此外，曾国藩还解释了要把钱分给彭王姑家、陈本七、邓升六家的原因。

咸丰四年（1854）十一月初七，有一位名叫魏荫亭的亲戚从湖北回湖南，曾国藩就让他带回一百五十两银子，并且特别交代，将这些银子"以三分计之。新屋人多，取其二以供用；老屋人少，取其一以供用。外五十两一封，以送亲族各家，即往年在京寄回之旧例也。以后我家光景略好，此项断不可缺。家中却不可过于宽裕。处此乱世，愈穷愈好"（《致澄弟温弟沅弟季弟》）。在这封家书中，他提到一百两银子要分成三份，新屋人多一些，分三分之二；老屋的人少一些，分三分之一。另外还有五十两，要分给亲族各家。他还强调，这个做法一定要坚持下去，等以后自己家庭经济情况好转了，还要给亲族家多分一些。从这些内容，我们可以清楚地看到，曾国藩完全继承了祖父曾星冈善待亲族邻里的家风。

在曾国藩的家教家风的影响下，曾氏家族代有英才，是罕见的长盛之家。在曾国藩的八个子女中，二儿子（曾国藩长子曾纪第两岁多夭折，因此曾纪泽也被视为长子）曾纪泽在曾国藩的教导下，从二十岁起，下苦工夫学习英语和西方科技知识，最终成为一位知识渊博、中西贯通的难得人才。光绪四年（1878）出任驻英法大臣，是继郭嵩焘之后第二位驻英法大臣。光绪六年，曾纪泽以兼任驻俄大臣的身份赴俄罗斯彼得堡谈判索还中国新疆伊犁。曾纪泽从"替国家保全大局"出发，在复杂尖锐的外交斗争中据理力争，于光绪七年正月二十五日签订《中俄伊犁条约》（又称《中俄改订条约》），收复了中国新疆的伊犁地区。曾纪泽是中国近代史上一位杰出的爱国外交家。

三儿子曾纪鸿遵照父亲的教导，在读书应试科举的同时，注意学习科学技术方面的知识，致力于钻研数学，先后撰写了《对数详解》（五卷）、《圆率考真图解》、《粟布演草》（二卷）、《炮攻要术》（六册）、《电学举隅》等著作。他汲取古今中外的学术成果，反复推算圆周率到一百多位，在当时国际数学研究领域处于领先地位，李约瑟在《中国科技史》等书上都充分肯定了曾纪鸿在数学史上的重要地位。

最小女儿曾纪芬是著名的民族资本家聂缉椝的夫人，家庭富裕，但她牢记曾国藩的教训，还是坚持勤俭持家。针对社会上奢侈之风盛行的状况，特意在病中口述，由儿子聂其杰撰录成《廉俭救国说》。这篇文章有理有据，见解独特，很有说服力，可以看出曾氏子女的学识和智慧。

曾国藩的第三代、第四代、第五代也是人才辈出。曾广钧是曾纪鸿的长子，也是曾国藩的长孙。十五岁时父亲过世，在母亲的教导下，二十三岁的曾广钧于光绪十五年（1889）考中进士，并且被选为翰林院庶吉士。他是曾家继曾国藩之后的第二位进士、翰林。曾广铨为曾纪鸿第四子，因曾纪泽当时膝下无子，于是曾纪鸿将他过继给曾纪泽为子。1904 年，以二品衔钦差出任韩国大臣，在韩国任职两年。回国后相继担任过福建兴泉永兵备道、云南迤西兵备道、云南粮储道等职，其间又曾以候补三品京堂任出使德国大臣，未就任。1911 年辛亥革命爆发，他辞官归乡。

曾氏后人中出色的还有：曾广钧的女儿、毕业于英国伦敦大学并致力于女子教育事业的曾宝荪，曾广铨的儿子、著名教育家、台湾东海大学首任校长曾约农，曾国潢曾孙女、著名考古学家、担任南京博物院院长十五年之久的曾昭燏，曾国潢曾孙、著名化学家、教育部副部长、高教部副部长曾昭抡，曾国荃玄孙女、著名革命家、叶剑英的夫人曾宪植，曾国荃重孙、著名画家曾厚熙等。二百多年来，曾氏后裔中有成就者多达二百余人。

曾国藩的家教思想和实践是在汲取中国历代家教思想精华的基础上，秉承曾氏家族长期发展过程中形成的家风，结合自身的修养和人生经历所形成的，不仅有理论的高度，而且还相当接地气，有较强的可操作性，对我们现在的家庭教育都还有十分重要的借鉴意义。

六、左宗棠以家书教子成人与治家

左宗棠（1812—1885），字季高，一字朴存，号湘上农人，湖南湘阴人。历任浙江巡抚、闽浙总督、陕甘总督，官至两江总督，封二等恪靖侯。与曾国藩齐名，二人被合称为

"曾左"。年轻时博览群书,在重视学习应试知识的同时,留心舆地、兵法、水利、农事等经世致用之学。参与镇压太平天国运动,兴办洋务,镇压西捻军,收复新疆等。光绪十一年(1885)在福州病逝,谥号"文襄"。

(一)读书穷理致用的家教思想

左宗棠虽然出身于没落的书生之家,但是其家族有着良好的家风。据罗正钧所编《左宗棠年谱》记:左氏家族在当地有一定声望,左宗棠的曾祖父左逢圣为县学生员,即秀才,以孝义闻名乡里,著有《存塾文稿》数卷。祖父左人锦为国子监生,曾经为族人建立粮仓,让族人在灾荒之年免受饥寒之苦。左宗棠之师贺熙龄曾称赞说:"今年秋,季高来送余行,坐次述其尊祖斐中先生律躬之严,闲家之肃,敦睦家族、推济邻里之义。余于是而又知其世德相济,积累深厚,宜其发祥流庆,钟美后人,将见其蒸蒸日起而未有已也。"(贺熙龄《左斐中像赞》)父亲左观澜也是秀才出身,曾经就读于岳麓书院,担任私塾先生二十多年。祖父、父亲对于左宗棠兄弟的学业都非常重视。据《左宗棠年谱》记:五岁时,左宗棠就与两个哥哥进入父亲所办私塾读书。六岁开始读《论语》《孟子》《大注》(即朱熹《四书章句集注》)。九岁开始学习写作八股文,同时也读史书。贺熙龄曾说:"其教于家者,必本于身,肃然翼然,尊卑上下,罔敢稍越。"(罗正钧《左宗棠年谱》)贺熙龄认为左宗棠的学问是得益于家学,主要是其父亲孜孜不倦的教诲。

受祖父、父亲的影响,左宗棠对家教也非常重视,他明确提出：

> 一国有一国之习气，一乡有一乡之习气，一家有一家之
> 习气。有可法者，有足为戒者。心识其是非，而去其疵以成
> 其醇，则为一国一乡之善士，一家不可少之人矣。[《与癸叟
> 侄》(咸丰六年正月二十七日)]

二十七岁的左宗棠第三次应会试落第之后，决定放弃科
举仕进之路，在家教书务农，研读经史，教子女读书。道光
二十年（1840），受两江总督陶澍之托，左宗棠携侄儿左世
延前往陶澍的老家湖南安化县小淹陶家当私塾先生，主要教
育陶澍之子、未来的女婿陶桄，时间长达八年之久。回到
长沙之后，左宗棠继续设私塾教授学生。咸丰二年（1852）
起，左宗棠开始了幕僚、征战和仕宦生涯，他主要通过书信
来对子侄进行教育。刘泱泱等人点校的《左宗棠全集》收录
了左宗棠从咸丰二年到光绪九年（1883）写的一百六十三封
家书，其中一百五十余封是写给四个儿子左孝威、左孝宽、
左孝勋、左孝同的，其中写给长子左孝威的至少有一百〇九
封。从这些家书中，不仅可以看到一位常年在外忙于军务、
政务的父亲对儿子的谆谆教诲与殷切期望，也较为充分地体
现出了他的家教思想。

教子读书穷理致用是左宗棠家教思想中的重要内
容。左宗棠对儿子们的读书情况是非常关注的。咸丰十年
（1860），左宗棠率楚军出征江西，他在写给左孝威、左孝
宽的家书中说：

惟刻难忘者，尔等近年读书无甚进境，气质毫未变化，恐日复一日，将求为寻常子弟不可得，空负我一片期望之心耳。夜间思及，辄不成眠，今复为尔等言之。尔等能领受与否，我不能强，然固不能已于言也。[《与孝威孝宽》（正月三十日）]

左宗棠认为儿子们的学习没有长进，如果长此以往，他们可能会辜负自己的期望，这让他焦虑万分，忧思难眠。

为了能让儿子们在读书的过程中真正有所得，左宗棠对儿子们的学习进行了具体的指导，他首先要求孩子们树立正确的读书目标。在科举时代，大多数读书人将实现金榜题名作为读书的主要目标。然而，仅仅是举人出身的左宗棠对于读书应试与科举功名的态度是比较明确的，要求儿子们既不排斥科举，但也不能仅仅为追求科举功名而读书，即便是追求科举功名，也应该对读书学习是有正面推动作用的。

在对待科举的态度方面，左宗棠在咸丰六年（1856）正月二十七日《与癸叟侄》中说："读书非为科名计，然非科名不能自养，则其为科名而读书，亦人情也。"在左宗棠看来，尽管读书不能仅仅为了科举功名，但是如果读书人不考科举就无法养活自己，他们全力读书应试也是人之常情。

光绪二年（1876），他在给次子左孝宽的信中说："不过望子孙读书，不得不讲科名。是佳子弟，能得科名固门闾之庆；子弟不佳，纵得科名亦增耻辱耳。"[《与孝宽》（光绪二年五月初六日）]左宗棠自己之所以不反对子侄们参加科举，主要希望利用科举功名来激励他们发奋读书。咸丰十一年（1861），左宗棠在给长子左孝威的家书中说："生尔等最迟，盼尔等最切。前因尔等不知好学，故尝以科名歆动尔，其实尔等能向学作好人，我岂望尔等科名哉？"[《与孝威》(正月二日)]

在光绪二年（1876）五月的一封家书中，左孝勋、左孝同请求从西北回湖南参加乡试，左宗棠表示同意，认为儿子们参加科举是有志上进的表现，他说："吾以秀才应举亦本分事，勉诺之，料尔在家亦必预乡试。世俗之见方以子弟应试为有志上进，吾何必故持异论？"[《与孝威》(五月初六日)]

正因为如此，左宗棠对于子侄们是否能考中科举功名并不太在意。他在同治元年（1862）给长子左孝威的另一封家书中认为，读书人先需要参加学政主持的院试，之后还要参加乡试，应考耗费的时间过多，读书时间太少，这太不值得了。他说："我欲尔等应考，不过欲尔等知此道辛苦，发愤读书。至科名一道，我生平不以为重，亦不以此望尔等。"[《与孝威》(五月十七日)]

同治四年（1865）七月初一日，得知左孝威会试落榜的消息以后，左宗棠不但没有责备，反而安慰他说："会试不中甚好。科名一事太侥幸、太顺遂，未有能善其后者。况所寄文稿本不佳，无中之理乎？"[《与孝威》(七月初一日)]同治七年正月，左宗棠妻子的脚气病越来越严重，左孝威为参加会试去了北京，未能照顾生病的母亲，这引起左宗棠的极度不满，他要左孝威停止考试立即回家，大骂说："尔断不准入闱赴试，天下有父履危地、母病在床，而其子犹从容就试者乎？汝安则为之矣！"[《与孝威》(正月初六日)]在左宗棠看来，应试科举的重要性远远低于回家照顾母亲。

左宗棠告诫儿子们读书最要紧的是明白事理，而不是为了科举功名。他在咸丰十一年（1861）正月给左孝威的信中说：

> 尔年已渐长，读书最为要事。所贵读书者，为能明白事理，学作圣贤，不在科名一路，如果是品端学优之君子，即不得科第亦自尊贵。若徒然写一笔时派字，作几句工致诗，摹几篇时下八股，骗一个秀才、举人、进士、翰林，究竟是甚么人物？尔父二十七岁以后即不赴会试，只想读书课子以绵世泽，守此耕读家风，作一个好人，留些榜样与后辈看而已。[《与孝威》（咸丰十一年正月二日）]

光绪二年（1876），在西北征战的左宗棠依然强调这一观点，他在写给左孝威的信中说："诸孙读书，只要有恒无间，不必加以迫促。读书只要明理，不必望以科名。"[《与孝威》（五月初六日）] 左宗棠还精练地总结出"读书在穷理，做事须有恒"的联语来告诫自己的儿孙们。

在左宗棠看来，要读懂圣贤之书，必须从认真识字开始，再进一步明白其中所包含的道理，否则只不过是学舌之鹦鹉，即便是能获取很高的科举功名，对社会、对家庭又有什么好处？因此，他强调读书的目的就是为了明白圣贤所说的做人做事的道理，用以指导自己的实践。他谆谆教导自己的儿子：

> 吾儒读书，天地民物，莫非己任。宇宙古今事理，均须融澈于心，然后施为有本。[《与孝威》（咸丰十年正月三十日）]

左宗棠不鼓励儿子读死书，死读书，主张把读书穷理与做事、做人，即日常言行结合起来，要求儿子们必须从学会料理家务做起，要懂得人情世故。他在给长子左孝威的信中说："我在外于家事一切全未念及，亦实无暇，尔可渐学料理。陆文安当家三年，所学大进，可知人情世故上有真学问、真经济在，只要人遇事留心耳。"[《与孝威》（咸丰十一年二月三日）]

为了实现这一目的，左宗棠告诉儿子们要多读经世致用之书。他在给左孝威的信中说：

> 非多读经书，博其义理之趣，多看经世有用之书，求诸事物之理，亦不能言之当于人心也。……且尔欲为有用之学，岂可不读书？欲轰轰烈烈作一个有用之人，岂必定由科第？[《与孝威》（同治三年八月初六日）]

我想，这与左宗棠自己的经历有关，一方面左宗棠年轻的时候就开始大量阅读经世致用之书。据左孝同所写《先考事略》记：左宗棠十八九岁的时候，购买了顾祖禹《方舆纪要》、顾炎武《郡国利病书》、齐道南《水道提纲》等经世之书认真研读，掌握了大量的经世致用的知识。另一方面，左宗棠自己三次会试落第，最终放弃科举仕进之路，但是他依然能凭借自己掌握的经世致用之学在晚清官场叱咤风云，这一点让他有足够的信心来告诉儿子们应该多读经世致用之书。同治三年（1864）八月初六日，他写信告诉左孝威："汝父四十八九犹一举人，不数年位至督抚，亦何尝由进士出身耶？"当年十月二十九日写给左孝威的家书中，左宗棠再次告诉儿子们读书应试与读有用之书并不矛盾。他说：

> 至科第一事无足重轻，名之立与不立，人之传与不传，并不在此。儿言欲早得科第，免留心帖括，得及早为有用之学。（《与孝威》）

他也明确反对等到考取科举功名之后再读有用之书的观点。同治五年，左宗棠在为左氏宗祠撰写的楹联中充分地表达了这一思想，联云："纵读数千年奇书，无实行不为识字；要守六百年家法，有善策还是耕田。"

不仅如此，左宗棠还对儿子们的读书进行具体的指导。他要求儿子们在读书时要做到目到、口到、心到"三到"，并且指出了他们"三不到"的具体表现。他说：

> 读书要目到、口到、心到。尔读书不看清字画偏旁，不辨明句读，不记清首尾，是目不到也。喉、舌、唇、牙、齿五音并不清晰伶俐，蒙笼含糊，听不明白，或多几字，或少几字，只图混过就是，是口不到也。经传精义奥旨初学固不能通，至于大略粗解原易明白，稍肯用心体会，一字求一字下落，一句求一句道理，一事求一事原委，虚字审其神气，实字测其义理，自然渐有所悟……总要将此心运在字里行间，时复思绎，乃为心到。

他对左孝威、左孝宽读书不用心提出了严厉的批评，他说："尔等读书总是混过日子，身在案前，耳目不知用到何处，心中胡思乱想，全无收敛归着之时。悠悠忽忽，日复一日，好似读书是答应人家工夫，是欺哄人家、掩饰人家耳目的勾当。昨日所不知不能者，今日仍是不知不能；去年所不知不能者，今年仍是不知不能。孝威今年十五，孝宽今年十四，转眼就长大成人矣。从前所知所能者，究竟能比乡村子弟之佳者否？试自忖之！"[《与孝威》（咸丰十年正月三十日）] 左宗棠对儿子们学习的这种状况非常担心，希望他们能体会到他作为父亲的一片苦心，然后感到愧疚和悔恨，再痛改前非，认真读书。

左宗棠对儿子们的书法也进行指导。他从左孝威的来信所写的字字迹潦草就判断出他最近读书"少静、专两字工夫"。左宗棠说：

> 尔从前读书只是一味草率，故穷年伏案而进境殊少。即如写字，下笔时要如何详审方免谬误。[昨来字，"醴陵"之"醴"写作"澧"，"何必"之"必"写作"心"，岂不可笑？年已十六，所诣如此，吾为尔惭。] 行书点画不可信手乱来，既未学写，则端正作楷亦是藏拙之道，何为如此潦草取厌？

左宗棠希望以此告诉儿子们，读书跟写字是一样，都需要循序渐进，他说："读书先须明理，非循序渐进，熟读深思不能有所开悟。"[《与孝威》（咸丰十一年六月廿三夜）]

左宗棠对于孙子们的读书也非常重视，一再交代儿子们要以身作则，让孙辈们耳濡目染，能认真学习，希望能将左氏家族读书穷理的家风延续下去。他说：

> 丰孙辈当渐有知晓，尔等能以身作则，庶耳濡目染，日有长进，不至流入纨绔恶少一派，否则相习成风，不知所底矣。吾所望于儿孙者，耕田识字，无忝门风，不欲其俊达多能，亦不望其能文章取科第。[《与孝勋孝同》（光绪三年五月初四夜）]

（二）力保寒素家风的家教思想

左宗棠出生于一个没落的书生之家，家境清贫，他出生的时候，母亲没有足够的奶水喂养，只能用米汁来代替。同治三年（1864）八月初六日，左宗棠在给左孝威的家书中回忆了左氏家族的贫苦生活，他说："吾家本寒素，尔父生而吮米汁，日夜啼声不绝，脐为突出，至今腹大而脐不深。吾母尝言育我之艰、嚼米为汁之苦，至今每一念及，犹如闻其声也。"（《与孝威》）同治元年十月二十三日，他在写给左孝威的家书中谈到自己年幼的家庭生活状况时，说：

> 吾家积代寒素，先世苦况百纸不能详。尔母归我时，我已举于乡，境遇较前稍异，然吾与尔母言及先世艰窘之状，未尝不泣下沾襟也。吾二十九初度时在小淹馆中曾作诗八首，中一首述及吾父母贫苦之状，有四句云："研田终岁营儿铺，糠屑经时当夕飧。乾坤忧痛何时毕？忍属儿辈咬菜根。"至今每一讽咏及之，犹悲怆不能自已。（《与孝威》）

左宗棠幼年时期连基本的温饱问题都得不到保障，每次回忆起这段生活，都会非常伤心。

左宗棠继承和保持了这种寒素家风，没有随着自己地位和身份的变化而发生改变，他说："自入军以来，非宴客不用海菜，穷冬犹衣缊袍，冀与士卒同此苦趣，亦念享受不可丰，恐先世所贻余福至吾身而折尽耳。"[《与孝威》（同治元年十月二十三夜）]左宗棠对于自己身居高位之后，能否保住寒素家风总是心存恐惧，他说："吾家积代寒素，至吾身而上膺国家重寄，忝窃至此，尝用为惧。"[《与孝威》（同治四年正月初八日）]之所以会感到恐惧，左宗棠是出于两方面的考虑，一是自己虽然辛苦半生，生活条件明显改善，已经享受了先辈们没有享受到的生活，他担心左氏家族累积的福分到他这里就全部被消耗殆尽了；二是因为儿子们的学业未成，却能得到科举功名，更会因为自己的地位被人以世家子弟相待，这样人家规劝的话就少了很多，他们也就容易滋生骄傲之心，沾染纨绔子弟的习气。

左宗棠从同治二年（1863）四月担任闽浙总督起，先后二十年担任总督或以上级别的高官，按照清朝的规制，一般总督的正薪加养廉银应该不少于两万两。但是，左宗棠以诸葛亮的"不使内有余帛，外有赢财"格言激励自己，严格要求自己，宣称"不欲以一丝一粟，自污素节"。同治三年八月初六日，身为闽浙总督的左宗棠写家书告诉左孝威，说自己带兵打了五年仗，自己没有挪用、克扣过一分钱军饷。担任总督三年以来，所剩余的养廉银子也不过一万多两，而且他还准备上缴一万两作为京饷，剩余的钱不过几千两了。左宗棠在这封家书中还明确告诉儿子，浙江的战事结束，将到福建任职一年，然后就准备退休回家，不可能带太多的钱回家，要求儿子"知自为计"，各自为生活做打算，不要指望他带钱回家。[《与孝威》（同治三年八月初六日）]

左宗棠生活非常节俭，当时流传有"宫保袖"的故事。据说，现在办公室人员上班时戴的套袖，就是左宗棠的发明。左宗棠的曾孙左景伊在其所著的《左宗棠传》中记：左宗棠多年亲自书写奏疏信件，经常用布衣套保护衣袖，怕把衣袖磨坏。其门人王家璧的衣袖也经常坏，当他看到左宗棠带的套袖后，很受启发，写信给左宗棠说：

> 璧时见客，亦衣袖露两肘，盖苦肘常据案，袖着处洞然。昨天营中见我师治军书，着布护袖，归而仿为之，因号"宫保袖"。拟赋一诗，比之周公舄、夫子袷、诸葛巾、李西平绣帽，以彰勤邦俭家之美德，为后世法式，且借以解嘲焉。

他随即写了一首《宫保袖歌》，送给左宗棠，左宗棠也很幽默，回信给他说：

> 奉读大著《宫保袖》一首，兴会飙举，为方袍幅巾大增声价，读之不禁为之起舞。乃一舞而袖长，屡舞而肘见，不如先生之袂良矣，其将敛手以退乎？（左景伊《左宗棠传》）

"宫保袖"因此传开了，人们都知道了左宗棠生活俭朴，对他更加敬重了。

为了让这种寒素的家风得到传承，左宗棠告诫子孙一定要勤俭持家，不能沾染纨绔子弟的恶习。他非常明确地告诫子弟，要有"咬得菜根，百事可做"的精神，要求他们做到"衣无求华，食无求美"。他说："然子弟欲其成人，总要从寒苦艰难中做起，多蕴酿一代多延久一代也。"[《与孝威》（同治八年四月二十四日）] 光绪五年（1879），左宗棠督师新疆哈密，幼子左孝同按照他的要求携家眷到兰州。在十二月初五的家书中，他对左孝同在总督府的生活提出了明确的要求："在督署住家，要照住家规模，不可沾染官场气习、少爷排场，一切简约为主。署中大厨房只准改两灶，一煮饭，一熬菜。厨子一、打杂一、水火夫一，此外不宜多用人。"（《与孝威》）

在严格要求的同时，左宗棠还从经济上对家人进行严格控制。同治元年（1862）八月初九日在写给左孝威的家书中说：

> 付今年薪水银二百两归，未知接得否。念家中拮据，未尝不思多寄，然时局方艰，军中欠饷七个月有奇，吾不忍多寄也。尔曹年少无能，正宜多历艰辛，练成材器。境遇以清苦澹泊为妙，不在多钱也。（《与孝威》）

此时的左宗棠已经担任闽浙总督，养廉银多达两万两以上，但他每年只给家里每年二三百两。同治十二年二月初一日，身为钦差大臣、陕甘总督的左宗棠仍然要求儿子们节俭，并且表示为了控制儿子们的开支，他不会把过多的钱寄回家里，他说：

> 古人教子必有义方，以鄙吝为务者仅足供子孙浪费而已。吾之不以廉俸多寄尔曹者，未为无见。尔曹能谨慎持家，不至困饿。若任意花销，以豪华为体面；恣情流荡，以沉溺为欢娱，则吾多积金，尔曹但多积过，所损不已大哉！
> （《与孝威》）

他认为仕宦之家给子孙过多银钱，有可能在害了孩子的同时，也让自己受到牵连，他说："仕宦而但知积金遗子孙，不过供不肖之浪荡，并其同气亦受其累，可胜慨叹。"[《与宽勋同》（光绪五年正月二十九日）]他还经常告诫家人要勤俭持家："'勤俭忠厚'四字时常在意，家门其有望乎！"[《与威宽勋同》（同治十一年五月十二日）]

对于家人讲排场、铺张浪费，左宗棠非常反感，并加以严厉的制止。同治十一年（1872），左孝宽在家中擅自扩建旧宅，花费了大笔的银子，这明显违背了左宗棠所坚持的寒素家风，左宗棠非常生气，在家书中予以严厉斥责：

> 家中加盖后栋已觉劳费，见又改作轿厅，合买地基及工料等费，又须六百余两。孝宽竟不禀命，妄自举动，托言尔伯父所命。无论旧屋改作非宜，且当此西事未宁，廉项将竭之时，兴此可已不已之工，但求观美，不顾事理，殊非我意料所及。[《与孝威》（二月十一日）]

西北战事非常紧张，军费更捉襟见肘，而左孝宽居然在家中大兴土木，铺张浪费，有违寒素家风，这是左宗棠不能容忍的。更让左宗棠恼怒不已的是，左孝宽将扩建房屋的理由归到为其庆祝六十大寿上，左宗棠说：

> 据称欲为我作六十生辰，似亦古人洗腆之义，但不知孝宽果能一日仰承亲训，默体亲心否？养口体不如养心志，况数千里外张筵受祝，亦忆及黄沙远塞、长征未归之苦况否？贫寒家儿忽染脑满肠肥习气，令人笑骂，惹我恼恨。[《与孝威》(同治十一年二月十一日)]

左宗棠认为左孝宽完全是找借口，把自己平日的教诲当作耳边风，全然没有体会到远在西北的父亲的艰辛，大骂左孝宽这个寒素家庭子弟沾染了脑满肠肥的恶习，让他恨得咬牙切齿。于是，左宗棠明确告诉家里人，他六十岁生日"不准宴客开筵，亲好中有来祝者照常款以酒面，不准下帖"。

为了保持寒素的家风，在子孙婚嫁上，左宗棠要求多找寒素勤俭人家子女。他在家书中曾告诫儿子说："吾意总以寒素、勤俭、忠厚人家为相宜，不屑攀附世宦也。"[《与宽勋同》(光绪五年闰三月二十四日)]左宗棠认为左氏家世寒素，科举方面也只是举人出身，家里的田产有限，左氏子孙大多为人俭朴、忠厚，并没有沾染奢靡的恶习，因此，左氏家族才得以绵延。如果跟官宦之家联姻，可能让子弟沾染上贵族子弟的习气，让左氏家族的寒素家风无法传承。

左宗棠认为寒素家风是传家的重要条件。他在写给左孝威的家书中说："谚云：'富贵怕见开花。'我一书生忝窃至此，从枯寂至显荣不过数年，可谓速化之至。绚烂之极正衰歇之征，惟当尽心尽力，上报国恩，下拯黎庶，做完我一生应做之事，为尔等留些许地步。尔等更能蕴蓄培养，较之寒素子弟加倍勤苦努力，则诗书世泽或犹可引之弗替，不至一旦渐灭殆尽也。"[《与孝威》(同治四年七月初一日)]

曾国藩对于左宗棠的这种勤俭治家的家教非常认同，他曾经说："季高言，凡人贵从吃苦中来。又言，收积银钱货物，固无益于子孙，即收积书籍字画，亦未必不为子孙之累云云。多见道之语。"[《曾国藩日记》(咸丰十年四月初四日)]很明显，曾国藩的勤俭持家的家教思想也受到了左宗棠的影响。

(三)广惠济困的家教思想

左宗棠在强调保持寒素家风的同时，主张用多余的银钱接济包括同族、朋友和贫民。同治二年（1863）三月十九日，他在写给左孝威的家书中说："惟崇俭乃可广惠也，识之!"（《与孝威孝宽》）不仅如此，他甚至提出："用财有道，自奉宁过于俭，待人宁于过厚，寻常酬应则酌于施报可也。"[《与癸叟侄》(咸丰六年正月二十七日)]宁愿自己非常节俭，也要尽可能帮助、接济别人，这与左宗棠年轻时就有的"身无半亩，心忧天下"的理想是一致的。

左氏家族自左宗棠曾祖起即有这种家风。据《湘阴县图志》记，左宗棠的曾祖父左逢圣，以孝义闻名。左逢圣虽然自己生活贫苦，但十分乐于助人。他自己的生活非常节俭，但是曾在高华岭设立茶铺，为过往路人免费提供茶水多年；

一旦碰到灾荒歉收的年份，他就去当铺典当衣物，换回钱粮后，与其他乐善好施的人在袁家铺向邻居免费提供米粥。不仅曾祖父左逢圣如此，祖父左人锦也秉承此家风。左人锦曾效法社仓法，编制《族仓条约》，并带头倡导族人捐献粮食到族仓之中，以备灾荒之年粮食歉收的不时之需。得益于左人锦倡议建设的族仓，"岁歉而左氏无饥人"（罗正钧《左宗棠年谱》）。父亲左观澜，曾带头把自己当私塾先生赚来的一点钱捐出，用于左氏宗祠的建设。

左宗棠继承了左氏家族的这种家风，他在咸丰六年（1856）正月二十七日《与癸叟侄》中对于周济他人的方法有清楚的描述，他说：

> 济人之道，先其亲者，后其疏者；先其急者，次其缓者。待工作力役之人，宜从厚偿其劳，悯其微也。广惠之道，亦远怨之道也。（《与癸叟侄》）

宗族亲戚是左宗棠周济的重要对象。光绪四年（1879）十二月在写给左孝宽、左孝勋和左孝同的家书中说："族众贫苦患难残废者，无论何人，皆宜随时酌给钱米寒衣，无俾冻饿。至吾五服之内必更有加，愈近则愈宜厚也。九、十两伯老而多病，除常年应得外，每年酒肉寒衣不可不供也。吾每念及，心滋戚焉，尔曹体之。"[《与宽勋同》（光绪四年十二月十九日）] 次年，模十伯去世之后，他的儿子们只给了二十缗钱办丧事，左宗棠知道后立刻去信批评，并重申了他的济贫原则。他说："模十伯穷愁以死，二十缗小丧葬，未免太薄。

凡我五服之内兄弟贫苦者，生前之酒肉药饵，身后之衣衾棺木，均应由我分给。否则路人视之，于心何忍？至亲亲之杀，虽有权衡，却以从厚为是。丁叟媳妇之丧，同以百缗应之；十伯之丧，以二十缗应之。可乎？尔辈思之。"[《与宽勋同》(光绪五年正月二十九日)] 从这两封家书来看，左宗棠要求儿子们对左氏的宗族叔伯兄弟进行救济，不但要承担他们生前的伙食费和医药费，而且他们身后丧事的一切费用都应一并承担。光绪五年四月二十一日，左宗棠在写给儿子们的家书中再次强调："族中伯叔兄弟贫苦者多，尔辈既能留意照料，随时赒给，足慰我心，近支尤宜从厚也。"(《与宽勋同》)

左宗棠接济的对象不仅有自己的宗族，而且还有故交旧友。比如，在光绪五年（1879）六月二十二日写给儿子们的信中，左宗棠要求儿子们接济周文荆和金有成。周文荆到甘肃见到左宗棠，向左宗棠诉说自己在长沙开了一个小碓行，结果亏了本，子女又多，无以为生。左宗棠认为周文荆为人非常老实，祖上是谨慎、忠厚之人，应该对他进行接济。所以左宗棠写信告诉儿子们："大约除此间给盘川外，应由家中付银百两与之（或须再优，临时有信）。"(《与宽勋同》) 左宗棠不仅支付了周文荆回湖南老家的路费，而且还要家里儿子们再资助他一百两银子。同年金有成因为穷困潦倒，饥寒交迫而死，几个儿子也相继去世，只留下一个守寡的儿媳妇和一个孙子，她们生活无依无靠，沦为了乞丐，左宗棠决定请人带一百两银子给这对母子。

对于家里穷困的仆人，左宗棠也要求儿子们予以接济。

同治十年（1871）正月三十日，尚在甘肃平凉大营的左宗棠给儿子们写信，告诉他们，何三在家里看门的时间非常长，他为人老实，而且晚景又不好。在福建任闽浙总督的时候，左宗棠曾经答应夫人的请求，要给何三享受兵勇的待遇。但是，当时规定兵勇的口粮是不能给仆人的，所以并没有发放给他，后来左宗棠自己也忘记了这件事。为了能让何三安享晚年，左宗棠说："今寄信若农观察，请其划拨二百十两零六钱交尔给何三，以了此项，盖四年勇费之数也。此项当由驻陕局作收于养廉项拨填。"（《与孝威孝宽》）这也就是说，给何三的钱是从左宗棠的收入中支取。

光绪五年（1879）闰三月二十四日写给儿子们的家书中，左宗棠说："旧仆中所亟宜怜恤者周光照、曾昆厚两人，当极留意。光照近状何如？须另择佳处，俾其耕种获利。曾昆厚未与娶妇，已闻其腰脚受病，步履维艰，当急思所以恤之，俾得饱暖终身为要。便中可详以告我。"（《与宽勋同》）对于周光照，左宗棠要求儿子们尽快给他找好土地，让他能够获利谋生。对于尚未结婚的曾昆厚因为生病，走路不方便，左宗棠要求儿子们要照顾他，让他能过上温饱的生活。

对于曾与自己并肩作战的同僚、战友、下属，左宗棠更是关怀备至，一旦他们遇到困难或是丧事，他总是会解囊相助。光绪五年（1879）正月二十九日写给儿子们的信中，他提到给多位朋友、亲戚以抚恤的事。第一个是自己的老朋友、得力助手刘典。刘典过世之后，左宗棠非常伤心，他要求"划廉五千两解交其家，并附一千两交诸弟，为太夫人百岁建坊之用"。左宗棠一次性从自己收入里拿出六千两银子用于为刘典办理丧事和抚恤其家属，可见左宗棠对于刘典的关照之情。在这封家书中，左宗棠还提到了"计人树、子偁、之纯三处奠项共需八百两，已请若农［观察］寄家，在于存廉划抵。到后可即分致勿漏。老年朋旧凋零，曷胜悲感，况值边关萧寂，尤难为怀也"（《与宽勋同》）。左宗棠给这三个去世的亲戚或朋友送了八百两慰问金。

左宗棠曾经三次进京参加会试，最终都以落第告终，深知应试之艰辛，因此他周济的对象还包括素不相识的进京赴考的贫寒同乡士子。同治七年（1868），左孝威到北京参加会试，左宗棠在三月初一日特地写信告诉儿子："同乡中会试寒士可暗地查明告我。"（《与孝威》）闰四月十九日，他写信告诉左孝宽："同乡下第寒生见则周之。尔父三试不第，受尽苦辛，至今常有穷途俗眼之感，尔体此意周之为是。"（《与孝威》）左宗棠通过描写自己三次进京赴考之艰辛来解释自己要资助贫寒士子的原因，他说："下第公车多苦寒之士，又值道途不靖，车马难雇，思之恻然。吾当三次不第时，策蹇归来，尚值清平无事之际，而饥渴窘迫、劳顿疲乏之状，至今每一忆及，如在目前。"［《与孝威》（同治七年闰四月十九日）］正是因为能够体会到应试士子的艰辛，所以他要求儿子将五百两银子分送给应试的贫寒士子。之后，左宗棠又了解到在京应试的部分湖南贫寒士子因为无力支付七八十两银子的差旅费，只能滞留在北京，他又"以千金交儿分赠同乡寒士为归途川费，或搭轮船，或俟秋间车马价贱再作归计，均听其便"［《与孝威》（同治七年闰四月十九日）］。左宗棠给这次参加乡试的贫寒同乡士子资助了一千两，作为他们回乡的差旅费。

同治八年（1869）下半年，湖南发生特大洪灾，身在甘肃平凉大营的左宗棠得知消息后心急如焚，立即写信给左孝威，表示要从自己的养廉银子中捐助万两银子，帮助家乡救灾。在这封家书中有三个方面的内容值得我们注意。首先，他说："今岁湖南水灾过重，灾异叠见，吾捐廉万两助赈，并不入奏。"左宗棠明确表示，自己捐赠一万两银子之事不要上报朝廷。他完全把这件事当个人的私事，不愿意让朝廷知道，更不求朝廷的表彰。其实，对于年收入二万多两银子的总督来说，一次性捐赠一万两确实是一笔巨款。其次，他告诉儿子们，自己这次捐助是义不容辞的责任，不必张扬，更不要借此向当地索取什么东西。他说："回思道光二十八九年，柳庄散米散药情景如昨，彼时吾以寒生为此，人以为义可也；至今时位至总督，握钦符，养廉岁得二万两，区区之赈，为德于乡亦何足云？有道及此者，谨谢之，慎勿如世俗求叙，至要至要。"再次，他告诉儿子们救助百姓是应尽职责，自己身为总督做得还非常不够，他说："吾尝言士人居乡里，能救一命即一功德，以其无活人之权也。若居然高官厚禄，则所托命者奚止数万、数百万、数千万？纵能时存活人之心，时作活人之事，尚未知所活几何，其求活未能、欲救不得者皆罪过也，况敢以之为功乎？"［《与孝威等》（同治八年十二月十六日夜）］

在左宗棠看来，如果将钱财用来为家庭购置田产、新建房子不是真正地爱子孙，只有钱财用来周济别人，造福一方才是最有意义的，他的这一思想是贯穿始终的。同治九年（1870）闰七月十六日，左宗棠在写给左孝威、左孝宽的家书中说：

尔等所说狮子屋场庄田价亦非昂，吾意不欲买田宅为子孙计，可辞之。吾自少至壮，见亲友作官回乡便有富贵气，致子孙无甚长进，心不谓然，此非所以爱子孙也。（《与孝威孝宽》）

其实，这也完全可以解释左宗棠要广惠济困的原因。左宗棠要求儿子们把这种思想时刻记住，并且加以践行，做一个对社会、国家有用的人。他教育儿子们说，将广惠之心"存之胸间，纵常居乡里，亦足称善人也"[《与孝威等》（同治八年十二月十六日夜）]。

应该说，左宗棠既是左氏家风的传承和发扬者，又形成了自己的家教思想，并且将这种家教思想用于实践，产生了极好的效果。左宗棠的子孙后代中没有出现过膏粱纨绔、危害国家社会的不肖之徒。

左宗棠的四个儿子中，长子左孝威跟随他，在军中做了一名随军文书。在军中，左孝威的衣食住行与普通士兵相比，并没有丝毫特殊之处。进军新疆时，左孝威即便是感染风寒也没有要求获得照顾，最终因病重被送回湖南老家，不久病逝。

次子左孝宽立志学医，潜心研读医书，经过多年的实践，终于成为一位颇有名望的郎中，并发挥一技之长，免费救治了不少乡邻，受到贫苦老百姓的一致赞誉。

三子左孝勋曾经任兵部主事。

四子左孝同在左宗棠去世之后被清廷恩赏为举人，后纳资捐官，踏入仕途。他在中日甲午战争中，随湖南巡抚吴大激出关赴东北对日作战，曾积极献计献策，但是没有被采纳。后来又随魏光焘协办山海关防务。在戊戌变法中，他积极参加湖南的新政，协助黄遵宪、熊希龄等人创办湖南保卫局，改革湖南的司法制度，建立新式警察。戊戌政变后，左孝同受到牵连，被劾削职。但是，因为他是左宗棠之子，不久又被重新启用，历任光禄寺少卿、顺天府丞、太常寺太卿等官职，1907年升任河南按察使，次年调任江苏按察使。左孝同为官清廉正直，办事严明，特别是在按察使任上，能够秉公执法，为民申冤，受到当地百姓的称颂。不仅如此，左孝同通过勤学苦练，还是有名的金石书法家。

在左氏的孙辈中，还出了不少教授、学者、医生，他们在各自的领域内都颇有建树。左宗棠的曾孙左景伊，是我国腐蚀与防护领域的著名科学家。他对科研有执着的追求，常常对身边的同事说，"努力是向科学进军的唯一保证"。他攻克了裂缝腐蚀机理这一世界性难题，把我国对应力腐蚀的研究推上了一个新台阶。左宗棠嫡系后裔人丁兴旺，目前已延续至第九代，后人达数百人。他们秉承左氏家教家风，大多投身于教育、科研、医疗、文化、艺术等领域，出了数十位知名的专家学者，于此可见，左氏家风和左宗棠家教影响之深远。

结　语

一、中华传统家教家风的主要特点

家风与家教是密切相连、不可分割的。家风是耳濡目染式的家教，是家庭、家族成员在繁衍的过程中形成的比较稳定的生活方式、处事精神；家教则是对家风的一种传承方式，是在家庭、家族生活中对家庭、家族成员涵养的日常教化。家风、家教或明或暗地存在于人们成长的每一个发展阶段。

强调教子以德为先，兼具才华，并且将教子与家、国、天下结合起来，这是中华传统家教家风的第一个主要特点。

自先秦以来，家教就开始受到重视，以家训、家规、规范、世范、家书、族规等形式出现的家教文献层出不穷，使得中华传统家教的内容十分丰富，涉及的领域极其广泛，但核心内涵始终以敬祖宗、孝父母、尚勤俭、勤耕读、勉读书、敦善行、慎交游等为主。

在中华传统家教家风中，孝被摆在极其重要的位置。《礼记·曲礼》提出"冬温而夏清，昏定而晨省"，即要精心侍奉父母，让父母感到精神的愉悦。柳玭的"柳氏家法"教子孙"立身以孝悌为基，以恭默为本"（《旧唐书·柳玭传》）。范仲淹亲自侍奉母亲，并立范氏义庄，使得范氏家族的人老有所依、老有所养。司马光提出只有发自内心地尊敬父母、长辈，才是孝道的核心所在。曾国藩提出治家"事亲以得欢心为本"[《致澄弟沅弟季弟》(咸丰十一年三月初四日辰正)]的家规，要求子女、晚辈一定要让父母、长辈欢心才是真正的孝。

在中国传统家教家风中，孝是修身的基础，而修身又是治国的基础，由此凸显孝道教育的重要性。汉代司马迁的父亲司马谈认为，只有以一己之身，成就立功、立德、立言的伟大事业，特别是像著述集"三不朽"为一体的著作，名垂青史，光耀门楣，并因此使父母之名也显扬于后世，才是最大的孝。北宋的司马光认为，如果国家是一棵参天大树，那么孝就是树木的根；如果国家是一条奔流不息的大河，那么孝就是河水的源头。

在强调子女、晚辈对父母、长辈发自内心尊敬的同时，中国传统家教中也提出要"父慈子孝"，作为父母、长辈要悉心呵护子女、晚辈的生活起居，要关注他们的情感变化，要抚养、教育他们长大成人等；作为子女、晚辈理应对父母、长辈的教导和抚育有感恩之心，长大后尽自己所能孝敬父母、长辈，而且要把孝敬父母、长辈转化为尽职尽责工作、为国尽忠之上。朱熹《朱子家训》开篇即强调"父之所贵者，慈也。子之所贵者，孝也"。

对父母、长辈需要讲孝，兄弟之间则需要讲友爱，这在中华传统家教家风中也特别受到重视。杨继盛在自己的遗言中多次要求他的两个儿子以同胞兄弟的情谊为重，始终和好。曾国藩不但通过动之以情、晓之以理的方式消除弟弟们对他的不满，而且还指导弟弟们读书应试，在官场、战场上关照、扶持弟弟们，以实现兄弟和睦。

强调勤俭持家也是中华传统家教非常重要的内容。《颜氏家训》提出，一个家庭在财物、金钱的使用上要适度，不可奢侈浪费，坚持"施而不奢，俭而不吝"的原则。柳玭强调治家要"以勤俭为法"。司马光为教子司马康节俭，专门撰写了《训俭示康》。杨继盛在写给儿子的遗嘱中强调"衣服要朴素，房屋休高大，饮食使用要俭约"（《谕应尾应箕两儿》）。清初影响最大的家训——朱柏庐的《朱子治家格言》全篇仅有五百余字，其中规劝勤俭忠厚的内容就有三百余字，超过全文的一半。身居高位的张英强调居家应恪守以俭为宝，力主宁可居家简陋寒酸，也不能奢侈浪费。曾国藩在日记中所写的"居家四败"中，首先就强调"妇女奢淫者败"；他还强调不要给子孙留有太多的钱财，让子孙无所依赖，才能使他们自立。他认为能恪守勤俭的家族，大多能持续长久；反之，奢侈放纵的家族，很少能过两代，而且都不得善终。

此外，教育子孙、晚辈读书向学，通过读书提升道德修养和文化水平，博取功名，以实现家庭、家族的延续也是中华传统家教的重要内容。

培育良好家风，有效开展家庭教育是长辈，尤其是父母的重要责任，这是中华传统家教家风的第二个主要特点。

良好的家教是维系家庭、保证世系相续和培养德才兼备的家庭继承人的重要手段。先秦时，中华民族重视家庭教育的风气已经比较普遍了，父母担负教育子女责任的观念已经成为共识，上自帝王，下至黎民百姓，从著作等身的大学者到目不识丁的乡野村夫，大都将教育子女作为为人父母的主要责任。《三字经》有言："养不教，父之过。""苟不教，性乃迁。"

在中国历史上，善于教子、勤于教子的人物比比皆是。周公以礼贤下士教子，孙叔敖将死诫子，孔子庭训孔鲤，汉高祖刘邦撰《手敕太子》，司马谈教子司马迁著史，郑玄教子读经，马革裹尸的马援训诫侄子，诸葛亮教子"淡泊明志"，"竹林七贤"之一的嵇康教子立志与守志，陶渊明教子和睦相处，《颜氏家训》专列《教子》篇教子，唐太宗李世民撰《帝范》十二篇教太子李治，名将郭子仪教子谦谨收敛，柳玭教子高门"可畏不可恃"（《旧唐书·柳玭传》），范仲淹教子"在天下人忧之前先忧，在天下人乐之后才乐"，欧阳修教侄子以临难死节为荣，司马光以《温公家范》教子，陆游以诗教子爱国，朱熹以"养正于蒙"教子，袁采以"为父兄者通情于子弟"教子，方孝孺以"正学"教子，遭受酷刑的杨继盛以遗嘱教子，"南国儒林第一人"王夫之以"从严"教子，朱柏庐撰《朱子治家格言》以修身、齐家为主旨教子，张英以礼让教子，曾国藩教子家书成为近现代家教的必读书目，左宗棠以"崇俭广惠"教子等，诸如此类教子的父亲，都是中国历史上认真教子的杰出代表。

除父亲之外，母亲也承担了家教的重任。太任以胎教育文王，敬姜以"勤劳有益"教子，孟母三迁、断机杼教子，柳玭的祖母以苦药丸激励儿子苦读，寇准母亲以《寒窗课子图》教子，大理学家程颢、程颐兄弟的母亲侯夫人严苛教子，大文豪欧阳修母亲以荻画地教子，抗金名将岳飞母亲以"精忠报国"教子，清代名臣张廷玉的母亲教子谦慎好善……她们成为天下教子母亲的典范。尽管对于母亲在家教中的作用，也有类似"慈母败子"的观点，但是有人认为在开展家庭教育的过程中母亲的作用超过父亲，比如汪辉祖在《双节堂庸训》中提出父严不如母严。正是在这些父亲、母亲的教育之下，不少子弟终成大器，家风也保持不坠，家庭兴旺，家族绵延数代不绝。

强调以身作则、严以教子是中华传统家教家风的第三个主要特点。

《易经》的《家人》卦特别要求家长在开展家教时，勤于反省，严于律己，以身作则，这样威严自然就有，家人自然尊敬和服从。曹操严于律己，以身作则，为在家中倡导节俭之风，写了《内诫令》，直接强调节约，更是以自己不喜欢装饰美丽的箱子、不用银制品、不用香熏房屋、一床被子盖十年，年年拆洗、缝补等具体事例影响家人。诸葛亮在蜀国劳苦功高，地位崇隆，但他对自己的要求却非常严格，从不搞特殊化，生活非常节俭，为家人树立了良好的榜样。颜延之在《庭诰》中提出家长在家教中应以身作则，父亲、哥哥必须先做出表率，这样可以让儿子、弟弟表现出孝敬和恭敬来。《颜氏家训》提出父母应该关注子女的人格养成，而要做到这一点，父母必须以身作则，有良好的自我修养。《郑氏规范》提出家长总管一切事务,因此必须以身作则。但是,孟子认为如果家长不能做到以身作则,就应该放弃对儿子的教育,让别人来教自己的儿子,即"易子而教"。朱熹在自己和门人都无法教好自己的长子朱塾时,将其从福建送至浙江金华吕祖谦处,请吕祖谦教育他,这是典型的易子而教的例子。

教子要从严几乎是中国古代家教思想家和实践者的共识。《易经》的《家人》卦强调作为一家之主,治家过于严厉,难免会有后悔的情形,甚至会带来不好的效果,但是总的来说,结果是吉利的。相反,如果放纵家里妇女、孩子嬉笑无节制,即治家不严厉,总是不好的,最终会后悔,甚至会带来羞辱。因此,《家人》卦主张宁可严厉,也不能过于松懈。《颜氏家训》提出不能只爱不教,一味溺爱自己的孩子,这样最终会害了他,对他们严加管教才是真正的、长远的爱。为了能做到严格教子,颜之推认为父母跟子女之间,一方面要亲爱周到,另一方面又要保持适当的距离,不可以过于亲昵。司马光认为父亲要对儿子有足够的威严,"严"可以出孝子、出才子。正因为如此,在中国古代执行严格家教的父亲被称为"家严"。南宋的袁采从"遇强则避,遇弱则肆"的人之常情出发,认为父亲不能过于仁慈、慈爱,否则可能导致子弟不孝,更不能"曲爱"和"妄憎"。王夫之与古代许多父母一样,认为家教从严,如果以溺爱、顺从、阿谀的方式教子,不但可能陷子弟于不义,同时会损害了家庭、家族的长远利益。

然而,在中华传统家教思想中,家教从严并不提倡打骂、体罚子孙，而是必须与慈爱相结合，这样才能使从严教育更加有效。孟子提出"父子不责善"，也就是说哪怕是父子这么亲近之人，都不可对他们有道德强制，即便是出于善意、为他们好也不行，更不要说从别的方面来强制了。《颜氏家训》提出做父母的既要威严又要慈爱，这样子女才会敬畏，并由此产生孝心。司马光认为"严"必须讲方法，过于粗暴的严，可能导致父子相残，父母的慈爱也会荡然无存。对孩子的"宽"要藏在心底，"严"则显于表面，这样才能收到良好的效果。袁采的《袁氏世范》强调父亲要实现"父慈"，儿子要实现"子孝"，不是一味地指责、打骂，而是父亲和儿子都需要换位思考。王夫之家教的"严"亦并非打骂和体罚，而是严格要求，注重以理服人，使子弟能自省之后改过。

尽早开展教育，蒙以养正是中华传统家教家风的第四个主要特点。

儒家的重要经典《周易》说："蒙以养正，圣功也。""蒙"的本义是指事物刚开始、刚出生后的蒙昧状态，放到人身上就是懵懂的童年时期。"蒙以养正"就是从童年开始，就要施以正确的教育。在先秦时期，有人就提出在形成胚胎的时期就要进行教育，周文王的母亲太任即提出加强胎教。孔子基于"少成若天性，习贯如自然"的认识，认为从小养成的习惯就像人的天性一样，非常稳定，一旦自幼染上坏习惯就很难改变。贾谊提出"赤子而教"的观点，即儿童在褓褓期就需要开始教育。《颜氏家训》认为平民家庭的子女教育也应该及早施教。司马光继承了我国古代"慎始敬终"的家教思想，认为对子女的家庭教育要及早施教。朱熹强调及早教育的重要性，认为蒙以养正才能起到良好的教育效果。

在如何教蒙童的问题上，朱熹的《童蒙须知》要求蒙童的学习从仪容、仪表开始，然后是讲话、走路的规矩，接下来是培养良好卫生习惯，最后才是读书写字，主要目的是规范蒙童的行为。王守仁认为激发儿童的兴趣，让儿童开心，是开展儿童教育的重要前提。他明确反对不顾儿童身心发展特点，把儿童当作"小大人"的做法，提出最好通过咏诗唱歌来诱导孩子，以激发他们的志向和兴趣，引导他们学习礼仪，以使他们仪表严肃；教导他们读书讽诵，以开发他们的智力。他把知识、礼仪、歌诗的传授和儿童的生理、心理特征相结合，同时把儿童的身体锻炼和道德涵养联结在一起，这样就在传授知识的同时兼顾了儿童的身心发展特点。

中华传统家教家风凝结了中国传统文化的精华，彰显了崇德向善的核心价值取向，铸就了中华民族特有的精神品质，它是中华民族最珍贵的文化遗产之一，必将薪火相传，历久弥新。

二、中华传统家教家风对当代家教的启示

当今时代，无论在办学的软硬条件，还是在教学的方式方法上，我国的基础教育都取得了突飞猛进的发展，这一点毋庸置疑。然而，不能否认的是，现在的中小学教育普遍重视知识的传授，升学率仍然是考核、评价教学的重要指标，

对学生的道德品质的养成、习惯的培养等的重视仍然不够，甚至出现部分学生高分低能、分高品劣的情况。我认为可以借鉴中华传统家教家风的理论、经验、教训，结合当下的现实，通过家庭教育加强学生的道德品质和习惯等方面的培养，以家庭教育弥补学校教育的不足应该是一种可行的选择。

首先，借鉴中华传统家教重视道德教育的特点，在开展家庭教育时，父母应当将孩子的道德品质养成和习惯培养作为重要内容。我认为应该养成孩子的诚实、仁爱、包容、敬畏四个方面的品质。诚实是为人的最基本品质，曾国藩曾经要求兄弟子侄要诚实，他说：诚是"不欺人，不自欺"。曾国藩在写给儿子曾纪泽、曾纪鸿的信中，在为曾家所定的"治家八本"中强调"立身以不妄语为本"，要求孩子不要说假话，不欺骗别人，也不欺骗自己。仁爱是对人同情、爱护、宽厚等的思想情感。包容是能够容忍他人的不同观点和意见，这是一个人有修养的重要表现。敬畏的本意是既敬重又害怕。孝与敬联系在一起，也就要求从内心尊崇、敬重长辈、父母，这有利于培养孩子的敬畏之心。孩子有了这种敬畏之心，在家能敬畏父母、长辈；在学校能团结同学，能尊敬老师；以后走上工作岗位，能敬畏自己的工作、岗位和职业。有了这种敬畏之心，就能尽职尽责地工作，也就是忠于事业，至少能成为所在单位的合格者，更有可能成为优秀者。在社会上，能敬畏国家、社会、法律、法规，也就能忠于国家、忠于社会、遵纪守法。因此，在父母的影响下，孩子养成诚实、仁爱、包容和敬畏的品质，不但能具备为人处世的基本道德，还能具备立足社会、为社会贡献自己力量的素养。

除此之外，家教还应该培养孩子勤奋、有恒、读书和沟通的习惯。无论地位的高低，家庭的贫富，家庭成员的勤奋是一个家庭维系与发展的重要保障。有恒是让孩子有专心致志、学有所长的恒心，这一点在当今社会中也非常重要。读书是一个人获取知识的主要途径，对他们安身立命有必不可少的作用，这一点是古今同理的。培养孩子的沟通能力，以及乐于与人沟通的心态也是非常重要的。由于现在的家庭结构单一化、小型化，以三口、四口之家为主，孩子在这种家庭中往往被视为中心，习惯于被宠爱，以自我为中心，使得孩子既不愿意沟通，也不善于沟通，因此培养孩子的沟通习惯在当下有重要的现实意义。

在开展家庭教育的过程中，父母应该认识到，培养孩子的良好品质、习惯与学校教育不是对立的，不能认为家庭注重培养孩子的品质、习惯就会影响孩子的成绩，甚至会影响孩子的升学。我认为如果一个孩子具备诚实、仁爱、包容和敬畏的品质，同时养成了勤奋、有恒、读书和沟通的良好习惯，学习成绩和在学校的表现一般不会差，应该会是一个品学兼优的学生，考上好的学校只是水到渠成的事。

此外，父母应该将眼光放得更长远一些，对待孩子的学习和成长不能过于功利，更要避免以考试成绩作为评价孩子的唯一指标。考试成绩仅仅是孩子学习和成长过程中的一个组成部分，良好的道德品质和习惯在这一过程中更为重要，是影响更为深远的内容。

其次，借鉴中华传统家教中重视父母作为家教主体责任的特点，在开展家庭教育的过程中，父母应该承担起家庭教育的重任。随着社会竞争越来越激烈，工作压力和强度也越来越大，父母每天都忙于工作，清晨出门上班，傍晚下班回家，有的甚至还要加班到深夜才能回家，跟孩子极少有交流的时间和机会，根本谈不上教育孩子，家教更是无从谈起。他们往往把带孩子、教育孩子的任务交给了爷爷奶奶、外公外婆、保姆等。一般来说，爷爷奶奶、外公外婆、保姆往往文化水平相对较低，教育观念比较陈旧，他们很难承担起教育孩子的重任。因此，客观地说，现在不少父母在教育孩子上所投入的时间和精力都不太够。

从主观而言，有的年轻父母对家庭教育的重视程度也不够，现在有少数的年轻父母每天手机不离手，玩游戏、网上购物、网上聊天，整天泡在虚拟世界里，不愿意把时间和精力花在孩子的教育上。他们为了让孩子不打搅自己，给孩子打开电视，或者给孩子一个手机，一个iPad，任由孩子看节目，任由孩子玩游戏，使得孩子也沉溺于动画片、网络游戏中，从小没有养成阅读的习惯，这种"只管生，不管带，不管教"的情况并非个例。

在孩子的成长过程中，父母不能缺位，父母应该把教育孩子的重担勇敢地、负责任地挑起来。父母应该将孩子的家庭教育纳入自己的工作、生活计划之中，不能因为自己工作辛苦，而忽视对孩子的家庭教育，更不能以工作为借口而推卸责任。苏联著名教育家苏霍姆林斯基曾经对此有非常精辟的论述，他说："无论您的工作或生产岗位多么重要、复杂或需要创造性，请您记住，家里还有一项更重要、更复杂、更细致的工作在等您去做，这就是育人。您的工作可以找人替代，无论您从事的是什么职业——从畜牧场的看门人到部长。而真正的父亲是无可替代的！"(《苏霍姆林斯基选集》)

父母应该尽可能陪孩子学习，陪孩子成长。有一项研究成果表明，父母的学历直接影响孩子受教育的程度，"父亲受教育水平处于最高20%分位，且子女同样处于最高20%分位教育水平的比例，由2002年的33%快速上升至2013年的52%，这说明城镇地区高学历的父母对子女受教育程度的影响在加强"。"父亲的受教育程度在最低20%分位，且子女的受教育程度也处于最低20%分位的比例，由26%上升至38%，这说明处于最低教育水平的父母的子女获得更高教育水平的可能性在降低。也就是说低收入家庭的代际流动性也在减弱。"(杨娟、杨钰《教育代际流动的城乡差异分析》，《教育经济评论》2017年第6期)这种量化研究的结果直观地表明，父母学历与孩子受教育程度是成正比的。

根据这一研究成果，我们可以看到，高学历的父母如果投入时间和精力陪伴孩子，应该会收到事半功倍的效果。即便是学历相对较低的父母，如果能陪孩子读书，在家营造阅读的氛围，也能直接影响孩子。具体而言，父母陪伴孩子读书应该至少有两个好处：

其一，让孩子感觉到父母跟他是平等的，既能促使他读书，也让他比较容易静心下来读书。我们可以想象，如果在同一段时间内，父母自己在看手机、看电视，却要求孩子读书，孩子能真正静心、安心地读书吗？答案应该是否定的。

其二，父母可以和孩子一起成长，不但可以获得更多的知识，而且在这一过程中会学习到、体会到很多教孩子的方法。因此，做用心的、有心的父母，多陪孩子学习，陪孩子成长，父母会有意想不到的收获，不仅会让家庭关系更加和谐，而且更有利于孩子的健康成长，这是一个良性循环的过程。

再次，借鉴中华传统家教中强调父母以身作则的特点，要求我们现在的父母更要真正做到以身作则：要求孩子做到的，一定要自己先做到。以身作则说起来容易，做起来难，有相当一部分父母做得是不够好的。比如，有的父母经常给孩子提出种种要求，一旦孩子没有做到，连孩子的解释也不听，也不会去找其他原因，而是立马就把孩子臭骂一顿，甚至进行体罚、打骂。其实，很多时候，要孩子做到的，父母也不一定能做到。比如，我们很多父母不让上小学、初中的孩子玩手机，一旦孩子在家里、在学校玩了手机，家长就会严厉批评，甚至毫不留情地予以收缴。然而，父母在家里的时候，往往是手机不离手，而且并非都是为了工作，很多时候也是在玩。父母都如此，怎么可能让孩子不玩手机呢？再比如，对孩子出现的问题，父母总是把原因归到孩子身上，而不是反思自己对孩子的影响。我们现在不少家长总是指责孩子品位不高，素养不够，却从来没有想过自己在生活中言谈举止粗俗不堪，甚至极不文明，对此孩子都看在眼里，记在心上，他们会模仿、会学习，很容易就会学到这些不文明的行为。因此，父母在发现孩子身上问题的时候，尽可能先找找自己的原因，不能一味指责孩子。我们应当学习一些历史名人，在开展家庭教育的时候，以身作则，以身教来影响孩子，影响其他家庭成员，这是最为有效的家庭教育方法。

通过对历代中华传统家教家风思想和实践的梳理，我们可以清楚地看到，每个家庭情况并不相同，开展家庭教育的父母、长辈和受教育的子女、晚辈的身份、职业、地位、知识素养、性格等方面存在极大的差异，因此没有一套放之四海而皆准的家庭教育的思想和理论，更没有适合所有家庭的教育方式方法。尽管如此，重视道德教育、强调父母在家教中的责任，以及父母以身作则开展家教仍是中华传统家教家风的精华。如果我们能结合当下教育的实际情况和家庭结构的特点，进行创造性的转化，使其成为开展家庭教育的理论支撑，对当下开展家庭教育一定会大有裨益。

主要参考书目

1. 马镛：《中国家庭教育史》，湖南教育出版社1997年版。

2. 徐梓：《中华文化通志·家范志》，上海人民出版社1998年版。

3. 李保民、夏云青：《古代家教故事》，百家出版社1990年版。

4. 陆林：《中华家训》，安徽人民出版社2000年版。

5. 朱明勋：《中国家训史论稿》，巴蜀书社2008年版。

6. 徐梓：《家风的意蕴》，《寻根》2014年第3期。

7. 戴永新：《〈周易·家人〉卦家庭教育思想探微》，《济南大学学报》2004年第1期。

8. 唐翼明：《唐翼明解读〈颜氏家训〉》，湖南科学技术出版社2012年版。

9. 张梦然：《范仲淹家庭美德思想研究》，苏州科技学院2014年硕士学位论文。

10. 李胜飞：《〈朱子家训〉研究》，华中师范大学2017年硕士学位论文。

11. 熊瑜：《朱熹家庭教育简论》，《四川大学学报》（哲学社会科学版）2002年第5期。

12. 张祥浩：《王守仁评传》，南京大学出版社1997年版。

13. 欧阳祯人、张翅飞：《王阳明家训思想研究》，《人文论丛》2018年第1期。

14. 霍韬：《霍渭厓家训》，广西师范大学出版社2015年版。

15. 付新：《礼臣与乡宦——霍韬（1487—1540）研究》，东北师范大学2009年硕士学位论文。

16. 仇苏家：《吕坤家庭伦理思想探析》，浙江财经大学2016年硕士学位论文。

17. 唐卫红、阳海燕：《试论王夫之的"齐家"思想》，《船山学刊》2013年第1期。

18. 谭锁锁：《清代桐城张氏科举家族研究》，广西师范大学2016年硕士论文。

19. 周庆许：《〈双节堂庸训〉主体思想研究》，青岛大学2010年硕士学位论文。

20. 唐浩明：《唐浩明评点曾国藩家书》，岳麓书社2002年版。

21. 黎庶昌：《曾国藩年谱》，岳麓书社1986年版。

22. 徐孟林：《曾国藩治家思想研究》，安徽大学2010年硕士学位论文。

23. 陈松林：《曾国藩家训思想研究——以〈曾国藩家书〉为视角》，山东大学2017年硕士学位论文。

24. 左景伊：《左宗棠传》，华夏出版社1997年版。

25. 罗正钧：《左宗棠年谱》，岳麓书社1982年版。

26. 盛健：《〈左宗棠家书〉思想研究》，青岛大学2016年硕士学位论文。

27. 彭大成、杨浩：《左宗棠的家教思想及其当代启示》，《湖南师范大学教育科学学报》2015年第3期。

后　记

　　尽管我在厦门大学攻读博士学位时的专业是教育学，但导师刘海峰教授考虑到我之前是学专门史的，就让我以科举史、书院史为研究方向。之后，我主要从事中国科举史的学习与研究，与中国教育史好像总是有点距离。

　　但2009年儿子阿犇的降生，不但使原有的生活、习惯瞬间颠覆，而且在抚育、陪伴他成长的过程中，我自己的学习和研究方向也在悄然发生变化。

　　其实，这种变化是因为一件不经意的小事。大概是阿犇快上小学的时候，他上的幼儿园比较重视中华传统文化教育，鼓励孩子诵读儒家经典，建议家长陪孩子一起诵读。作为一名历史专业的高校教师，我积极响应幼儿园的号召，于是拿出《论语》，一个字一个字教他读，一句话一句话地解释给他听。起初两天，看到阿犇诵读的时候有些心不在焉，眼神也有些茫然，对此我并不感到意外，认为这是正常的表现，小孩的学习热情、专注度都需要慢慢培养，不能着急，我也自信有能力让他喜欢读《论语》。

　　然而，阿犇第三天的表现大大出乎我的意料。这一天，我又像往常一样，把《论语》拿出来，然后叫他一起来读。没想到，他一看到我手里的书，立马就掉头往别的房间跑，好像看到了他最不喜欢的怪兽一样，脸上甚至有惶恐之色。

"怎么啦？"真是"孺子不可教"！怒火瞬间就往上蹿，然而中年人的理性又让我忍住了，没有发作，回到书房坐下来。阿犇刚才的动作、表情一遍一遍在我头脑中闪过，为什么会这样呢？难道是我讲得、读得不好吗？或者是他根本不喜欢我来教吗？

应该不是！一则从阿犇出生起，基本都是我和妻子自己带，平时我跟他相处的时间很多，他也很喜欢我和他聊天，陪他玩游戏，他没有理由不喜欢我；二则我当了多年的老师，平时讲课也不算太差，相信自己讲的《论语》也不至于太难听，他没有理由反感啊。

"你要知道，《论语》是记录孔子和他的弟子、再传弟子言论的著作，明显是成年人说成年人的事，谈成年人的学问，小孩子哪里听得懂呢？你现在跟他讲就只能是对牛弹琴！"妻子来到书房提醒我。

有道理！像"学而时习之，不亦说乎"之类的语句，对一个毫无知识基础，更无社会阅历的孩子而言，既没有语言的韵律美，又不能真正理解其意涵，更不可能有感而发，有什么理由能让他喜欢呢？除非是天才，估计大多数孩子是不可能会真正喜欢的。这样，阿犇害怕《论语》就完全可以理解了，他刚才的表现也就再正常不过了。原来是我自己没有考虑到孩子的特点，生搬硬套别人的方法，很庆幸自己刚才没有怒斥他。

那阿犇以后该学习什么呢？该阅读什么书呢？从自己的专业和职业出发，我的第一反应就是去找古圣先贤教子的理论和事例，向他们学习。经过一段时间的学习，我发现明代心学大师王守仁的儿童教育思想非常契合我的情况，他提出孩子的教育应该基于"童子之心"，在儿童的教育方法上，最好先通过咏诗唱歌来诱导孩子，以激发他们的志向和兴趣。

于是，我决定按照王守仁的做法来试着教阿犇。把《论语》收起来，我和妻子开始教阿犇古诗，从最简单的五言绝句教起，在给他讲诗人或者诗歌相关故事的同时，尽量用通俗的语言解释诗歌的意思，然后再陪他一起大声诵读，每背完一首，就表扬他，鼓励他。阿犇对这种学习方式非常感兴趣，他认为这是父母在陪他做游戏，与读《论语》的那种方法完全不同，能跟爸爸妈妈一同学习，而且还能得到表扬，很快乐。

他通过学习古典诗词，不但实实在在地增长了历史文化知识，而且还因为积累了大量的诗词，被同学称为小"诗仙"，从而增加了他的自信心。八岁的时候，阿犇参加长沙市教育局举办的"青春诗词大赛"，在不分年级、年龄的比赛中，最终取得了全市第二名的好成绩，这算是对他坚持诵读古典诗词的最好奖励了。

通过诵读古典诗词，阿犇有了一定的历史知识基础和浅显的文言文阅读能力。在他四年级暑假期间，我每天抽四十分钟左右的时间，陪他一起读《论语》。在跟他讲解的时候，有不少典故他都能接上话，理解能力也明显增强了，《论语》对他来说似乎也不大难读了，一个暑假学完《论语》，重要的章节也能背诵了。

在抚育、陪伴阿犇成长的过程中，我真正感觉到家长掌握一定的教育方法和理论，向古圣先贤学习家教思想是非常有必要的。于是，我把自己的一部分学习、研究的时间和精力转移到中华传统家教家风上来，在学习先贤家教思想和实践成果的同时，也整理历代家教思想，并且结合自己抚育、陪伴阿犇成长过程中的得失，编写出"中华传统家教家风"课程的讲稿，之后又录制成视频慕课，在中国大学慕课网（MOOC）上运行，受到选课者的欢迎，自2018年年底上线以来，选课人数日益增长。

在开课期间，很多线上学习者在讨论区留言，希望能有与课程配套的教材公开出版，以便他们将线上学习和线下学习真正结合起来，进而提高学习的效果。为了满足学习者的需求，我认真修改了录制课程前编写的讲稿，并且补充了部分内容，希望能把中华传统家教家风的重要内容呈现出来。

作为课程讲稿，在编写过程中吸收了诸多方家的研究成果，主要参考书目在书后的参考文献中列出，又因编排体例所限，无法在引用处一一注明，谨此特致谢忱。

中华书局的几位局领导和责任编辑胡正娟老师在选题策划、书名的确定和语句校正等方面，投入了大量的时间和精力，在此向他们表示由衷的感谢。

因原稿为课程讲稿，尽管经过认真修改，口语依然较多。中华传统家教的文献汗牛充栋，涉及面非常广，我只是择其重要内容进行介绍，无法予以全面呈现。限于学力和精力，书中的错漏难免，恳请方家、读者不吝赐教。

陆游在其教子诗《冬夜读书示子聿》中说："纸上得来终觉浅，绝知此事要躬行。"每个孩子都是一个独特的个体，每个家庭都是一种独特的家教环境，我们可以从中华传统家教家风中汲取营养，学习传统家教家风的理论，但我并不认为有一种放之四海而皆准的家教模式或理论，唯有家长在不断学习的基础上，用心、尽心、尽力去陪伴和引导才是家教的真正秘诀。

在全书的结尾，我把在家教过程中经常用来激励自己的话送给亲爱的读者们。第一句是晚清名臣曾国藩所言："莫问收获，但问耕耘。"（《曾国藩日记》咸丰元年七月十二日）第二句是清华国学研究院导师、号称"一门三院士，九子皆才俊"的梁启超写给儿子的信中的话，他说："至于将来能否大成，大成到怎么程度，当然还是以天才为之分限。我生平最服膺曾文正两句话：'莫问收获，但问耕耘。'将来成就如何，现在想他则甚？着急他则甚？"（《梁启超家书》）以曾国藩、梁启超两位家教成功者的名言与各位父母、未来的父母共勉，让我们与孩子共同学习，一起成长，无愧于孩子们的那一声"爸爸、妈妈"。

李 兵

2020 年 6 月